엄마는
절대 모르는
10대
속마음

엄마는 절대 모르는 10대 속마음

사춘기 딸이 묻고
심리학자 엄마가 답하다

김현지 + 이우경 지음

◆ 들어가며 ◆

십대, 우리들의 이야기

"뭔가에 몰입하는 경험을 꼭 한번 해봐."라는 학원 원장님의 한마디 말로 시작되었다. 원장님은 심리학에 관심이 많은 내게 십대들의 심리에 대해 써보는 게 어떻겠냐고 했다. 물론 처음에는 "내가 어떻게 글을 써?" 하며 크게 신경 쓰지 않았다. 그러나 며칠이 지나자 막연하게나마 '서툰 솜씨지만 책을 써보면 어떨까?'라는 생각이 스멀스멀 올라왔다. 어려서부터 공부하고 책 쓰는 엄마를 봐온 탓인지도 모르겠다.

엄마에게 책을 써보고 싶다고 이야기했더니 듣던 중 반가운 소리라며 한 권의 책을 함께 쓰는 게 어떻겠냐고 했다. 나는 친구들 사이에서 '말발이 센' 아이로 통하는 편이라 그거 하나 믿고 엄마와 책을 쓰기로 덜컥 약속을 해버렸다. 하지만 책을 쓰는 일은 여간 힘든 것이 아니었다. 처음 몇 달은 컴퓨터 앞에만 앉으면 머리가 하얘지는 까닭에 한 페이지도 제대로 쓰지 못했다. 괜히 엄마에게 글을 쓴다고 했구나 하는 후회가 밀려와 내 발등을 찧고 싶은 날의 연속이었다. 처음에는 느긋하게 기다려주던 엄마도 때로는 은근한 압력으로, 때로는 노골적인 강요로 글을 마무리할 것을 주문했다. 글이 잘 풀리지 않을 때 내가 생각해도 지나치다 싶을 정도로 엄마에게 신경질을 많이 부렸다. 그 신경질을 받아주며 한 줄이라도 더 쓰게 하려는 엄마를 볼 때마다 한편으로는 자극을 받기도 했다.

많은 시행착오에도 불구하고 십대를 살고 있는 나의 이야기, 누구나 거쳐 가지만 어른이 되면 깡그리 잊어버리는 인생의 통과의례 한가운데에 놓인 우리들의 이야기를 글로 풀어 쓰는 과정은 커다란 의미가 있었다. 특정한 주제를 놓고 어떤 내용의 글을 쓸지 엄마와 토의하고 의견을 공유하는 과정은 나름 즐겁기도 했다. 엄마는 집에서는 내가 아는 보통 엄마이지만 대외적으로는 심리학자이자 전문가임을 실감할 수 있었고 존경심마저 들었다. 어떤 때는 학원 공부와 숙제 등으로 지쳐 단잠을 자고 있는데 책을 쓰자고 깨우는 엄마를 보면서 고행하는 사람들의 마음을 헤아릴 수 있을 것도 같았다.

호흡이 긴 책 한 권을 엄마와 나누어 쓰면서 넓게 보고 깊게 생각하는 훈련을 하게 되었다. 한 가지 일에 인내심을 가지고 몰두한 시간들이 내게는 매우 소중한 경험이었다. 나는 쓰면서 성장한다는 엄마의 말을 실감했다. 때문에 귀차니즘을 한껏 발휘해 책을 쓰기 싫다고 투덜대는 나를 포기하지 않고 함께 글을 써준 엄마에게 진심으로 고마운 마음을 느낀다. 끝으로 거창한 이야기는 아니지만 나와 엄마의 글이 내 또래 십대들과 그들을 키우는 부모님들에게 작은 도움이 되었으면 하는 바람이다.

김현지

♦ contents ♦

들어가며 십대, 우리들의 이야기 ♦ 004

PART 01 가끔은 벼랑 끝에 선 것 같아요
사 춘 기 와   일 탈

엄마가 보는 모습이 전부는 아니야 **부모와의 갈등** ♦ 015
당장은 혼나고 싶지 않아요 **십대의 거짓말** ♦ 022
시도 때도 없이 감정의 쓰나미가 밀려와요 **감정 폭발** ♦ 030
술과 담배는 안 되겠죠? **일탈의 유혹** ♦ 037
ㅅㅂ **사춘기와 욕** ♦ 043
내 친구 왕허세 **우월감과 열등감** ♦ 050
왜 자꾸 보여주고 싶은 걸까? **바바리맨의 심리** ♦ 058
나도 인정받고 싶다고요 **존재감** ♦ 065

PART 02 바꾸고 싶은 내 모습
습 관 과   욕 구

본판 불변의 법칙을 깨고 싶어 **외모 콤플렉스** ♦ 075
나의 3대 악습을 소개합니다 **습관 고치기** ♦ 083

쇼핑 천국과 등골 브레이커 **십대의 쇼핑** ♦ 090

관심받고 싶어 안달하는 네가 불쌍해 **관심병의 심리** ♦ 097

올빼미로 사는 게 좋아요 **십대와 잠** ♦ 104

연예인에 집착하는 것도 한때라고요 **연예인 집착** ♦ 110

공부나 외모 때문에 루저가 되는 게 슬퍼요 **자존감** ♦ 116

먹는 게 너무 좋은데 어떡해 **식습관 바로잡기** ♦ 123

엄마 딸은 최강 귀차니스트라고 **무력감** ♦ 129

우리도 깔창과 화장이 필요해요 **외모에 대한 관심** ♦ 136

자꾸 꾸물거리고만 싶어라 **게으름** ♦ 142

PART 03 나도 나를 알고 싶어요
성 격

외향적인 친구와 내향적인 친구 **천성과 성격** ♦ 151

감정을 잘 표현하는 것과 그렇지 않은 것 **자기표현력** ♦ 158

산만함, 뇌가 시키는 것 같아요 **주의력 부족** ♦ 165

이불을 뻥뻥 차게 만드는 나의 흑역사 **경험과 긍정** ♦ 171

하고 싶은 것을 못하면 화가 나요 **감정 조절** ♦ 178

PART 04 좋은 걸 어떡해
친구

은밀하게 통쾌하게 **십대의 뒷담화** ♦ 187
'카톡 왔어' 반갑고도 두려운 인사 **SNS 폭력** ♦ 194
친구 없인 못 살아 **십대의 우정** ♦ 201
남친에 빠진 내 친구 **십대의 사랑** ♦ 207
절친과 왕따 사이 **학원 폭력** ♦ 214

PART 05 가까워서 더 상처받아요
가족

엄마는 슈퍼 울트라 초대박 잔소리꾼 **잔소리와 트라우마** ♦ 223
동생 편만 드는 부모님 **부모의 편애** ♦ 229
동생은 숙명의 적 **형제, 자매 간 갈등** ♦ 236
낳아달라고 한 것도 아닌데 왜 나 때문에 힘들어?
부모의 이혼 ♦ 242
관심을 넘어선 집착, 정말 쩔어요 **엄마의 집착** ♦ 249
엄마의 지론 또는 아빠의 지론 어느 게 맞을까?
부모 간 양육 태도 차이 ♦ 255

일하는 엄마 vs 집에 있는 엄마 **엄마의 직업** ◆ 262
아빠와 남자 **아빠와 딸의 관계** ◆ 268

PART 06 모두가 등이 될 수는 없잖아요
학업

시험날이 다가오면 도망가고 싶어요 **시험 불안** ◆ 279
공부 잘하는 아이와 못하는 아이가 공존하는 세상
공부 갈등 ◆ 285
우리들도 생각할 수 있거든요 **학업 스트레스** ◆ 293
문과 vs 이과? 우열을 가리지 마세요 **진로 선택** ◆ 299
엄마도 친구 엄마랑 비교당하면 싫잖아요
엄친딸, 엄친아 비교의 심리 ◆ 306
노예 학원에서 얻은 것과 잃은 것 **학원과 사교육** ◆ 312
야간 자율 학습을 경험하며 생각한 것 **학업과 자기 관리** ◆ 318
대학에 가면 해보고 싶은 것 **20대를 준비하며** ◆ 324

나오며 대한민국의 모든 십대 딸들에게 ◆ 330

PART
01

가끔은 벼랑 끝에
선 것 같아요

사춘기와 일탈

엄마가 보는 모습이 전부는 아니야
부모와의 갈등

초등학교 4학년 때였나? 사춘기가 시작된 것 같은 느낌이 들었던 무렵 엄마에게 물은 적이 있다.

"엄마는 심리학자이면서 왜 딸의 마음을 그렇게 잘 몰라?"

"엄마가 뭘 모르는데?"

엄마는 의아한 표정으로 대답했다.

"왜 딸에게 칭찬 한마디 안 해주는 거야?"

추궁에 가까운 나의 물음에 엄마는 "칭찬할 게 있어야지. 하나에서 열까지 늘 엄마 속을 태우잖아."라고 답했다. 나는 더 이상 할 말이 없어졌다.

엄마는 나에게 공부 열심히 하고 행동 바르게 하고 남의 말에 귀 기울이라고 수시로 잔소리를 해댄다. 마치 나의 생각과 행동을 다 꿰

뚫고 있다는 듯이 말이다. 나는 엄마의 잔소리를 들을 때마다 "엄마가 보는 내 모습이 전부는 아니야."라고 소리치고 싶다. 엄마는 나에 대해 다 안다고 생각하지만 내 입장에서 그건 착각일 뿐이다. 내가 아주 어렸을 때는 엄마, 아빠의 칭찬을 많이 받았는데 초등학교에 입학하고부터는 잔소리가 훨씬 많아졌다. 내가 특별히 잘못한 것도 없는데 말이다.

하루는 학원 선생님으로부터 "너희들 미치도록 뭔가를 열심히 해 본 적이 있니?"라는 질문을 받았다. 나는 한동안 마음이 먹먹했다. "그렇다." 하고 자신 있게 대답할 수 없었기 때문이었다. 시험 기간이 아니면 숙제만 겨우 할뿐더러 공부도 그저 하는 시늉만 내고 있는 정도였다. 나는 뭔가에 몰두하고 싶었다. 그때 기타가 눈에 들어왔고 기타를 사는 문제로 엄마와 한참 실랑이를 했다. 엄마는 오래 집중하지 않고 쉽게 포기해버리는 나의 모습을 상기시키며 선뜻 기타를 사주지 않았다. 기타를 사주기는커녕 여지없이 잔소리가 시작되었다.

"아직 너는 법적으로 미성년이고 너의 뇌는 충분히 성숙하지 않았어. 때문에 엄마는 간섭이 아니라 보호 차원에서 너에게 적절한 한계를 설정해주는 거야."

하지만 조르고 졸라 결국에는 기타를 내 손 안에 넣을 수 있었다. 다만 엄마는 '이왕 시작했으니 열심히 할 것과 공부를 해야 할 때는 공부에만 집중할 것'이라는 조건을 내걸었다. 이때 나는 엄마가 생각하듯이 그렇게 끈기 없고 무책임한 아이는 아니라고 항변하고 싶었으나 일단 기타를 손에 넣은 기쁨에 입을 다물었다.

엄마 말고 '전두엽의 미성숙'을 강조하는 분이 또 있었다. 노예 학원이라는 별명이 붙은 학원의 원장님이었다. 원장님은 학원 등록을 하러 간 날 나와 내 친구 앞에서 말했다.

"너희들 뇌에서 사령관 역할을 하는 것이 뭔 줄 아니?"

나는 늘 엄마에게 들어왔던 터라 "전두엽이요."라고 자신 있게 답했다. 그때 원장님은 "그래. 십대들은 전두엽이 아직 충분히 발달하지 않아서 결과를 잘 예측하지 못하고 지금 당장의 욕구에 급급해하지. 그렇게 해서는 원하는 대학에 갈 수 없어."라고 했다. 엄마와 원장님 말대로 나의 뇌는 아직 미숙할지 모른다. 가끔씩은 결과가 빤히 보이는데도 당장의 위기를 모면하기 위해 서툰 짓을 해대는 나의 모습이 나조차도 싫어질 때가 있으니 말이다.

하지만 사춘기를 겪는 모두가 그런 것은 아니다. 엄마를 비롯한 어른들이 나를 어떤 식으로 생각하든 나름대로 착한 일을 많이 한다. 자식은 부모 앞에서 철없는 아이일 뿐이라고들 하지만, 뒤집어 생각해보면 부모가 아이의 바른 모습을 봐주는 데 인색해서 이런 말이 나온 것은 아닐까.

미성숙을 이해하고 기다려주기

어른이 된다는 것은 전두엽이 성숙했다는 것

"뇌의 성장 과정을 알고 사춘기 아들을 이해하게 되었어요."

"몸은 어느새 아빠보다도 커가는데 여전히 어리기만 한 아들 녀석을 보면 속이 답답하고 울화가 치밀 때가 많습니다. 그러다 교수님의 강의 중 '부모나 교사는 아이가 계획하고 예측할 수 있도록 돕는 전두엽 역할을 해야 한다'라는 부분을 듣고 스스로 많이 반성했습니다. 아이와 터놓고 이야기하면서 실마리를 찾았습니다. 감정을 다스리지 못하고 격앙될 때마다 '엄마의 역할은 전두엽'이라고 말하면 이제는 아이도 제 말을 단번에 알아듣습니다. 저도, 아들도 감정 다스리기와 절제된 행동으로 집안의 평화를 유지하고 있습니다."

'청소년 정신병리와 치료'라는 내 강의를 들은 한 학생이 게시판에 올린 글이다. 온라인 대학이라 수강생 대부분이 30~40대 부모인데, 이들은 전두엽의 성숙과 사춘기의 상관관계를 배우면서 사춘기 아들, 딸을 더 잘 이해하게 되었다고 토로한다. 이들을 지켜보는 나 또한 과학적, 심리학적인 지식을 갖추면 부모가 더 부모다워질 수 있다는 것을 배우게 된다.

본격적으로 뇌 이야기, 그중에서도 사춘기 아이의 성장 과정에서 꼭 알아두어야 할 전두엽 이야기를 해보자. 심리학적으로 어른이 되었다는 것은 충동을 어느 정도 자제하고 미래를 계획하며 자기 행동에 책임을 지는 능력을 획득한다는 것을 의미한다. 그리고 이 모든 일은 전두엽이 성숙해져야만 가능해진다. 전두엽을 생각과 이성의 뇌라 하는데 인간을 인간이게 하는 기능을 한다. 구체적으로 말하자면 계획하고 예측하고 통제하고 앞날을 예상하며 결과를 기대하는 기능을 하는 것이다.

그런데 청소년기에는 전두엽이 충분히 성숙되지 않아 생각하고 판단할 수 있는 힘이 약하고 미숙하다. 청소년들의 몸이 어른처럼 성장한 것에 비해 감정은 예민하고 생각과 행동에 균형과 조화를 이루지 못하는 것이 이 때문이다. 과학자들에 따르면 보통 27~28세는 되어야 전두엽이 완전히 성숙해 계획, 판단, 우선순위, 감정 조절, 충동 조절 등에 온전한 기능과 작동을 할 수 있다고 한다. 그러니 이제 고작 십대인 아이가 어른처럼 생각하고 판단하기를 바라는 것은 무리가 아닐 수 없다. 청소년기에 아이를 가르치는 부모나 교사는 이를 숙지하고 아이의 전두엽이 제대로 성숙할 때까지 그 보조 역할을 해야 한다.

아이에게 무리한 조숙을 강요하지 말 것

물론 가끔씩 나이보다 조숙한 아이를 만나기도 한다. 보통 부모가 역할을 제대로 못하거나 소년 소녀 가장같이 삶의 무게를 온전히 혼자서 져야 하는 상황의 아이가 그러하다. 내가 아는 한 아이는 암에 걸린 부모를 위해 아르바이트를 하며 학교에 다녔는데 친구들과 놀고 싶은 마음을 누르며 집에 가서 어린 동생까지 돌봤다. 이런 아이는 나이에 비해 성숙하다고 주변 사람으로부터 칭찬을 듣기 마련이다.

그러나 이는 심리학적으로 그리 반길 만한 일은 아니다. 이처럼 조기 성숙한 아이의 경우 나름대로 많은 어려움을 겪게 된다. 자신의 욕구를 억압하고 표현하지 못한 채로 조숙한 행동을 하는 사이 아이는 정서적으로는 10살, 15살 혹은 그보다 더 어린아이의 상태로 성장이 멈춰버린다. 이런 아이는 인생의 중요한 시기, 예를 들면 결혼이나 육아 같은 상황에서 그동안 억압되었던 욕구가 되살아나고 좋지 못했던 과거의 일을 다시 경험하기도 한다. 심리적으로 우울해지고 그동안 자기 욕구를 보살피지 않고 살아온 것에 대한 억울함과 원망, 공허함 등과 같은 부정적인 감정에 휩싸이기도 한다. 부모는 아이가 자신들이 원하는 방향으로 되기를 바라고 뜻대로 따라오지 않을 때는 잔소리하며 답답함을 느끼지만 그렇다고 아이에게 조숙해질 것을 강요해서는 안 된다.

부모의 역할은 아이가 성인으로 가는 과정에 다리 놓기

결론적으로 청소년기의 아이는 철없는 행동을 하는 것이 더 자연스럽다고 할 수 있다. 어린아이가 어린아이다운 행동을 하고 청소년이 청소년다운 미숙한 모습을 보이는 것 그리고 점점 성인다운 모습으로 변모해가는 것은 지극히 자연스러운 발달 과정이다. 반복해서 강조하지만 그렇기 때문에 부모는 아이에게 철없는 것에 대해 너무 엄중한 잣대를 들이대서도 안 되고 억지로 조숙을 강요해서도 안 된다. 행동 통제는 물론 예측도 안 되며 충동적인 성향까지 보이는 아이를 이해하기 위해서는 부모가 사춘기 아이에 대한 과학적, 심리적 지식을 갖춰야 한다.

지금은 미숙한 상태인 전두엽이 시간의 흐름에 따라 점점 자라나고 어느 순간이 되면 아이는 성인처럼 생각하고 행동할 수 있다. 어른들의 표현대로 철이 드는 것이다. 덧붙여 설명하자면 부모의 역할은 규칙이나 사회적 규범을 위반하는 등 이상 행동에 대해서는 분명한 한계를 설정해주고 장기적인 인생을 조망하고 계획하는 데에 보조적인 역할을 해주는 것이다. 결코 아이의 전두엽이 되어 아이의 일거수일투족을 지시하고 통제하는 관제탑이 되어서는 안 된다. 부모는 아이에서 어른으로 또는 청소년에서 성인으로 발달하는 과정에서 가교 역할을 해주는 것이 가장 좋다.

당장은 혼나고 싶지 않아요
십대의 거짓말

   나는 거짓말을 잘 못한다. 거짓말을 하면 귀가 달아오르거나 얼굴이 화끈거려 겉으로 다 드러나기 때문이다. 입은 거짓말을 하는데 얼굴은 진실을 말하는 꼴이다. 초등학교 3학년 때였다. 여름방학이 끝나가는데 독후감이 너무 쓰기 싫었다. 얕은꾀를 내어 2학년 겨울방학 때 썼던 독서록을 꺼내놓고 베끼기로 했다. 한참 열중해서 베끼고 있는데 엄마가 내 방에 들어왔다. 나는 생각할 틈도 없이 빛의 속도로 독서록을 침대 밑에 던져 넣었다. 그러나 엄마는 그 순간을 놓치지 않고 순식간에 상황을 파악해버렸다. 나의 당황한 얼굴이 모든 것을 말해주었기 때문이다. 엄마는 짧고 굵게 한마디했다.
   "그렇게 거짓으로 해갈 것 같으면 차라리 숙제하지 마라!"
   어린 마음에 얼마나 창피했는지 모른다.

중학교 때는 이런 일도 있었다. 강원도에 사는 아이와 새벽 4시까지 채팅을 하다가 연락처를 주고받았다. 그러고는 그 아이를 까맣게 잊고 있었는데 글쎄 그 아이가 새벽까지 채팅한 내용을 엽서에 버젓이 적어 안부 인사를 보내왔다. 당연히 그 엽서는 엄마 눈에 띄었고 엄마는 이것저것 묻기 시작했다. 처음에 정직하게 이야기를 했어야 했다. 대충 얼버무린 거짓말은 금방 들통이 났고 그날 밤 나는 엄마의 긴 잔소리를 들어야 했다. 이후 내 컴퓨터에는 보안 프로그램이 깔렸고 밤 12시 이후에는 컴퓨터 근처에 얼씬도 못하게 되었다.

하지만 이렇게 거짓말을 하는 데는 엄마나 선생님이 나를 잘 이해하지 못하고 몰아붙이는 탓도 있다. 엄마만 해도 그렇다. 엄마는 평상시에도 말이 빠른 편인데 내가 어물거리기라도 하면 말이 더 빨라지고 특유의 매서운 눈으로 나를 압박해온다. 당혹스러워진 나는 순간적으로 거짓말을 하게 되기도 한다. 이성은 정직하게 답해야 한다고 하지만 입에서는 어느새 거짓말이 술술 나오는 것이다. 처음으로 눈 화장이라는 것을 했을 때의 일이다. 난생 처음 해보는 거라 친구들보다 연하게 한다고 했는데도 예리한 엄마의 눈에 걸리고 말았다. 집에 돌아왔을 때 현관문을 열어주던 엄마가 "잠깐!" 하고 큰소리로 외쳤다.

"너 혹시 눈 화장했니?"

난 순간적으로 화를 내며 "아니거든. 다크서클이거든." 하고 문을 닫으려 했다. 엄마는 '내가 잘못 봤나?' 하는 얼굴이었다. 그날 이후 엄마는 내가 집에 돌아올 때면 내 눈 주변을 유심히 살폈고 눈 화장은 엄두도 낼 수 없는 상황이 되어버렸다.

그런데 주위를 돌아보면 나와는 달리 표정 하나 안 바꾸고 거짓말을 밥 먹듯 해대는 친구들도 많다. 얼굴 피부가 1센티는 더 두껍게 태어난 것이 아닐까 싶을 정도다. 아주 그냥 능청스럽다는 표현이 딱이다. 주변 친구들은 모두 가지고 있다며 엄마, 아빠에게 비싼 휴대폰이나 카메라를 사달라고 하는 것에서부터 밤새워 놀 계획을 세워놓고 독서실에서 공부하겠다고 하는 것까지 각양각색이다. 하고 싶은 것, 보고 싶은 것, 먹고 싶은 것이 많은 십대인데 모든 걸 엄마, 아빠에게 일일이 보고하고 허락받을 수밖에 없는 상황이다 보니 어쩔 수 없다는 것은 초라한 변명일까?

사춘기는 단순하고 극단적인 선택을 하게 되는 때

18살의 고등학교 2학년 여학생이 수업 시간에 휴대폰을 꺼놓지 않고 있다가 담임 선생님에게 빼앗기자 선생님 몰래 서랍을 열어 자신의 휴대폰을 가지고 학교를 빠져나왔다. 이 여학생은 이후 집에 가지 않고 며칠을 친구네 집에서 지내다 엄마에게 이끌려 상담실을 찾았다. 여학생에게 왜 그런 행동을 했고 그때 어떤 생각이 들었냐고 묻자, 그 학생은 남자친구와 연락이 되지 않으면 헤어질 것 같아 걱정이 되었고 그것 외에는 아무 생각도 나지 않았다고 답했다. 그 순간에는 휴대폰을 찾아야 한다는 생각밖에 없었다는 것이다.

이 여학생처럼 많은 십대가 행동의 결과를 예측하지 않고 행동을 저지른 다음 문제를 회피하는 방식을 선택한다. 특히 이 시기 아이는 순간의 위기를 모면하기 위해 거짓말을 하는 경우가 많은데 여기에는 일단 상황을 피하고 보자는 심리가 작용한다. 거짓말을 처음부터 잘하는 아이는 없다. 다만 이 나이쯤 되면 부모에게 숨기고 싶은 것이 많아지기 때문에 문제가 생긴다. 밤늦게 컴퓨터 게임을 한 것, 성적이 떨어진 것, 어른들 몰래 화장한 것 등 사실보다 축소하거나 사실 자체를 회피해서 말하는 목록이 늘어나면서 거짓말을 하게 되는 횟수도 증가한다. 거기다 부모와 아이 사이에 심리적 간극이 벌어지면 거짓말의 정도는 더욱 심해진다.

이 여학생의 경우 이야기를 나누어보니 평소 부모와 대화가 많지 않았다는 것을 알 수 있었다. 특히 엄격한 아빠는 본인이 잘못하고도 인정을 하지 않는 모습을 보여왔는데 문제가 생기면 가족 탓을 많이 했던 모양이다. 게다가 아빠와의 갈등 상황에서 엄마조차도 "너 때문에 우리 집이 편안할 날이 없다."라고 아이를 비난하면서 아이와 부모 사이에 큰 벽이 생겼다. 보통 부모가 아이에게 '너 때문에'라는 투사 방어 기제를 사용하면 아이는 '내 마음을 알아주는 사람이 하나도 없다'라는 생각을 하며 가정 안에서 자기 자리를 찾지 못하게 된다. 이런 상황에서 사춘기를 겪는 아이는 단순하고 극단적인 선택을 하게 될 가능성이 높아진다.

부정적 방어 기제, 긍정적 방어 기제 그리고 부모의 방어 기제

어른, 아이 할 것 없이 뭔가 불안하고 불편한 상황이 되면 방어 기제(defense mechanism)라는 것을 작동시킨다. 즉, 불편한 감정이 올라오는 것을 막는 것이다. 방어 기제는 여러 가지 형태로 나타나는데 미숙한 방어 기제가 있는가 하면 성숙한 방어 기제도 있다.

우선 미숙한 방어 기제를 살펴보면 '허세, 속마음과 반대로 행동하기, 수동 공격적(passive-aggressive) 태도, 신체화(somatization), 투사(projection)'가 있다. 허세는 우리나라 특유의 방어 기제다. 부자인 척, 유식한 척, 잘난 척 등 실속보다 겉치레를 중시하는 것으로 과분한 목표 행동을 설정하고 이를 과시하며 남에게 보여주려 한다. 속마음과 반대로 행동하기는 여자에게 많이 나타난다. 시어머니가 마음에 안 드는데도 그 앞에서는 아무 말도 못하고 심지어 상냥하게 복종하기까지 하면서 나중에는 '내가 왜 그랬지.' 하며 가슴을 치고 후회하는 며느리가 그런 경우다. 반면 수동 공격적 태도는 남자에게서 많이 나타나는 방어 기제다. 마음에 안 드는데 직접 표현하지 않고 간접적, 수동적 저항으로 표현하는 것으로 뒷전에서 심술궂은 행동을 하는 것 등을 들 수 있다. 상사에게 불만이 있는데 앞에서는 꼼짝도 못하고 언제까지 일을 마치겠다고 해놓고 지시를 잊어버리거나, 문제가 생기면 도망가거나 안 하고 숨어버리는 사람이 여기에 속한다. 신체화는 어린아이나 주부, 노인이 많이 쓰는 방어 기제인데 갈등이 생기면 몸으로 느끼고 표현하는 것을 말한다. 다시 말해 평상시 갈등 상황에서 감정을 억압하다가 어느 순간 신체적 증상으로 표현되는 것으로 갈등 상황에서 몸이 아프다며 주변 가족을 조종하는 사람이 여기에 해당된다. 남의 탓을 하는 투사는 자기 안에 보기 싫은 태도나 감정을 다른 사람에게 뒤집어씌우는 형태다. 남 탓하기, 희생양 만들기가 이런 투사에 해당된다. 이유 없이 어떤 사람이 미워질 때가 있다면 투사라는 방어 기제가 작동한 것은 아닌지 점검해봐야 한다.

긍정적인 방어 기제로는 '승화(sublimation), 유머(humor)' 등이 있다. 승화는 공격성 같은 원초적인 욕구를 예술, 문학, 종교, 과학 등 직업 활동으로 표현하는 것이다. 건강하고 성숙한 방어 기제로 좌절이 왔을 때 이를 극복하기 위해 의미 있는 일을 찾아보고 적응하는 과정이다. 유머는 자신과 주변 사람에게 불편하고 불쾌한 자극을 주지 않고 웃음으로 해결하려는 방어 기제로 갈등에 관한 감정이나 생각을 사실

대로 표현하게 해준다.

자녀 양육과 관련하여 부모가 많이 쓰는 방어 기제로는 '통제(controlling), 합리화(rationalization), 왜곡(distortion)'이 있다. 통제는 부모가 자신이 이루지 못한 꿈이나 욕구를 자식을 통해 얻기 위해 아이를 조종하는 것을 말한다. 합리화는 자신의 행동이나 신념을 정당화하기 위해 합리적인 설명을 하는 경우인데 사춘기 아이가 부모에게 가장 많은 불만을 호소하는 부분이기도 하다. 아이는 흔히 "아빠, 엄마는 항상 자신들은 옳다고 하고 나만 잘못했다고 해요."라며 불만을 표시한다. 왜곡은 가장 미성숙한 방어 기제로 사실을 있는 그대로 보지 않고 자기감정이나 생각을 덧붙여 색깔을 씌우는 것이다. 아이가 잘하는 것이 많은데도 어쩌다 한 가지를 잘못하면 뭐 하나 제대로 하는 것이 없다고 나무라는 부모가 그 예다.

부모가 건강한 방어 기제로 모범을 보여야 한다

아이가 문제를 축소하거나 부인하고 심지어 거짓말을 할 때는 지나치게 다그치고 처벌로 대처하기보다는 실수를 통해 배울 수 있는 기회를 제공하고 솔직하게 대화할 수 있는 분위기를 만들어주어야 한다. 아이들은 인지적으로나 정서적으로 미숙해서 원시적인 방어 기제를 사용한다. 거기다 부모가 미숙하게 문제를 부인하거나 자꾸 주변 사람을 탓하고 상황을 왜곡시키는 것을 보고 자란 아이는 사춘기가 되면 "아빠, 엄마는 제대로 하지 못하면서 맨날 나한테만 잘하라고 해."라며 불만을 표시한다.

남 탓하기, 문제를 왜곡한 채 색안경 끼고 보기, 문제가 있으면 일단 피하고 보기 등은 가장 지양해야 하는 방어 기제다. 아이는 부모의 미숙한 방어 기제를 그대로 따라 하게 된다. 부모가 문제가 생길 때마다 배우자 탓을 하거나, 문제를 부인하고 회피하려는 태도를 보이면 아이도 그런 모습을 보고 배우게 된다. 반대로 부모 스스로 욕구의 조절과 표현을 적절하고 균형감 있게 하면 이 모습 또한 그대로 아이가 익히게 된다. 따라서 부모는 건강한 방어 기제의 모범을 보이며 아이가 현실을 있는 그대로 받아들이고 정직하게 자신의 역할과 책임을 인식할 수 있도록 도와야 한다. 아이의 행동을 나무라기 이전에 부모로서 나의 행동은 미숙하지 않은지, 원시적인 방어 기제를 사용하며 아이에게 상처를 주지는 않았는지 살펴봐야 하는 것이다. 부모가 잘못을 제대로 인정하고 아이가 경험을 통해 방어 기제를 성숙시켜나갈 수 있도록 도우면 아이가 단순하고 극단적인 선택을 할 확률은 자연스럽게 줄어든다.

시도 때도 없이 감정의 쓰나미가 밀려와요
감정폭발

중학생이 되면서 평온했던 내 기분은 자유 낙하를 12번이나 반복하는 놀이공원의 '티 익스프레스'처럼 요동치기 시작했다. 하루에도 몇 번씩 기분이 좋아졌다 나빠졌다를 반복했다. 이유 없이 짜증이 나기도 하고 엄마의 잔소리에 욱하고 화가 나기도 했다. 엄마는 "초등학생 때까지는 엄마가 말하면 군소리 없이 잘 듣더니 중학생이 되면서 갑자기 외계인이라도 된 것 같다."라고 말했다. 어릴 적부터 나를 봐온 할머니도 초등학교 다닐 때는 온순한 편이었는데 하루아침에 성격이 변했다며 혀를 끌끌 찼다. 나의 이런 감정 변화에 가장 당혹해한 사람은 아빠 같았다. 어느 날은 사춘기 관련 책을 몇 권 쌓아놓고 읽고 있기도 했다. 엄마, 아빠가 나를 이해하려고 애쓴다는 것을 알면서도 나는 좀처럼 나아지지 않았다. 엄마의 목소리가 조금만 높아져도 참을성이 금방 바닥을 보였다.

　이렇듯 '감정의 화염'에 휩싸이는 것은 나 혼자의 일은 아닌 것 같았다. 평소에는 온순한데 한번 화나면 물불을 가리지 않는 친구도 있었다. 중학교 때 같은 반이었던 한 남자아이는 평소에는 개구쟁이마냥 남을 잘 웃기는 녀석이다가도 화를 내기 시작하면 눈이 벌게지도록 욕을 토해내고 씩씩거렸다. 그러고도 분이 풀리지 않으면 책상에 엎드려 긴 통곡을 쏟아놓기도 했다. 고등학교 때 한 친구는 엄청 조용하고 다른 아이들이 말을 잘 들어주지 않아도 싱글벙글 웃고만 있던 널널한(?) 성격을 가졌는데, 하루는 참아왔던 화가 폭발했던지 교탁을 걷어차며 욕을 해댔다. 이때만큼은 아이들이 시끄럽게 떠들고 자기 이야기를 들어주지 않는 것에 대해 "야! ㅅㅂ새끼들아, 죽고 싶어? 내가 ㅈㄴ 만만하냐?" 하며 미치광이처럼 날뛰었다. 이렇게 180도 돌변하는 친구들을 옆에서 보고 있으면 흥분한 모습이 낯설고 왠지 무섭기까지 하다.

　매일같이 감정의 쓰나미에 쓸려가버리는 이가 있는가 하면 늘 호수처럼 잔잔한 사람도 있다. 고등학교 2학년 때 담임 선생님이었던 '금자쌤'이다. 금자쌤은 항상 웃으면서 반 아이들을 대해줬지만 부드러운 카리스마를 풍기고 있었다. 그래서 아이들 중 누구도 금자쌤에게 함부로 대들지 않았다. 다른 선생님한테 혼쭐이 나면 내가 무슨 잘못을 했는지 생각할 겨를도 없이 기분만 나쁜 반면, 금자쌤한테 야단을 맞으면 그 웃음에 왠지 모를 미안함이 느껴져 "선생님한테 미안해서라도 다음부터는 절대 못 그러겠어."라고 말하는 친구들이 많을 정도였다. 금자쌤 남편이 사업차 싱가포르로 가는 바람에 우리와의 인연은 짧게 끝나버렸지만 깊은 여운을 남긴 분이었다.

생각해보면 사람의 진짜 모습은 화를 낼 때 보이는 것 같다. 자기 감정을 주체하지 못하고 무지막지하게 화를 내는 사람을 보면 아무리 좋은 감정을 가졌던 이라도 싫어지게 마련이다. 이러한 화산 같고 쓰나미 같은 감정으로는 상대의 마음을 움직이지 못할 것이다. 상대의 마음이 화산의 불길에 타버리고 쓰나미의 물길에 휩쓸려 가버리기 때문이다. 반면 화가 날 때조차 감정의 흔들림 없이 은근한 힘으로 상대방의 마음을 어루만져주는 사람에게는 좋은 감정이 생긴다. 문제는 이 모든 것을 다 알면서도 감정의 롤러코스터가 잘 멈춰지지 않는다는 것이다. 가끔은 감정의 쓰나미가 엄마나 선생님, 친구들이 아니라 나 자신을 쓸어버릴 것 같아서 두려운 마음이 생기기도 한다. 금자쌤처럼 스스로를 잘 다스릴 줄 알면 얼마나 좋을까.

감정 항아리를 열어서 이름을 붙이자

감정의 롤러코스터를 타는 십대의 심리

사춘기는 흔히 질풍노도의 시기라고 한다. 그만큼 감정 표현이 격렬하고 변화무쌍하다는 뜻이다. 초등학교 저학년 때만 해도 온순하던 아이가 하루아침에 신경질적이고 과민한 아이로 바뀌는 것을 보고 많은 부모가 "우리 애한테도 드디어 올 것이 왔구나." 하고 느낀다. 어떤 엄마는 아이에게 말을 붙이기가 겁난다고까지 한다. 이처럼 사춘기 아이의 감정 폭풍은 다른 사람의 눈에 쉽게 관찰될 정도로 격하게 표현되는 게 일반적이나, 낌새를 알아챌 수 없을 만큼 조용하고 은밀히 진행되기도 한다. 다시 말해 대놓고 반항하는 십대와 달리 수동 공격성을 보이는 아이도 있다.

겉으로는 부모나 어른들의 말을 잘 듣는 것처럼 보이던 한 아이가 상담실을 찾아왔다. 엄마나 어른들이 타이르면 앞에서는 "알겠어요."라고 하면서도 학교에 가지 않거나 시험 기간에 책 한 권 떠들어보지 않았다. 엄마는 답답한 마음에 아이를 상담실로 데려왔는데 아니나 다를까 아이 안에는 분노가 잔뜩 쌓여 있었다. 아이는 부모의 불화를 겪은 이후로 다친 감정을 꽁꽁 숨겨두고 자기만의 세계로 침잠했다. 수동 공격적 아이는 보통 무기력하게 '아무것도 하지 않는' 상태가 됨으로써 자신을 화나게 한 부모, 교사, 심지어 자신을 처벌하거나 그들에게 복수하려는 경향이 있다. 상담을 진행하면서 겉으로 보기에는 담담하고 순응적이었던 아이가 일순간 활화산처럼 돌변하는 것을 지켜보기도 했다.

감정 조절이 안 되고 반항하는 아이의 뒤에는 컴퓨터나 또래 문화라는 배경이 있다. 컴퓨터 게임에 너무 일찍 노출된 요즘 아이들은 이전 세대에 비해 감정 조절 능력이 월등히 떨어진다. 인터넷에 과도하게 노출되거나 부족함 없이 원하는 것을 얻은(욕구 과잉 충족) 아이는 좌절에 대한 인내력, 자기 조절 능력이 극도로 저하되어 사소한 욕구 좌절 상황에도 과하게 흥분하는 경향을 보인다. 소수지만 사이버상의 가상 현실에 익숙한 나머지 매사에 비현실적인 판단을 하고 느낀 대로 충동적인 행동을 하는 아이도 나타나고 있다.

공격성 표출하기

현대 심리학이나 뇌 과학에서는 뇌의 문제와 호르몬의 작용, 가정의 정서적 분위기, 컴퓨터의 영향 등으로 감정이 들끓는 사춘기 아이에게 부모의 도움이 더욱 절실하다고 말한다. 그나마 다행인 것은 사춘기 아이의 뇌가 리모델링 중이고 성장하는 과정에 있다는 뇌 과학의 메시지다. 다만 뇌가 저절로 성숙되지는 않을 것이기 때문에 이 시기 부모의 역할은 그 어느 때보다 중요하다. 부모는 아이의 뇌가 아직 발달 과정에 있다는 것을 이해하면서 아이에게 조금 더 관대해질 필요가 있다.

정신 분석가 위니코트(Winnicott)는 보복의 두려움 없이 공격성을 어느 정도 표출할 수 있게 해주는 것이 아이의 발달에 도움이 된다고 보았다. 십대 아이의 반항이나 짜증도 같은 맥락에서 이해하면 좋을 것이다. 무조건 차단하고 억압하려 들기보다는 너그럽게 받아주는 것이 좋다. 아이가 화를 낸다고 같은 수준으로 화를 내고 엄하게 벌하는 것은 바람직하지 않다. 차라리 아이가 감정이라는 항아리의 뚜껑을 조금이라도 열어놓을 수 있도록 받아주고 이해해주는 것이 사춘기 아이의 감정을 현명하게 다룰 수 있는 방법이다. 이러다보면 어느 순간 감정의 뇌가 이성의 뇌와 적절하게 배합되는 시기가 찾아온다. 그러면 아이의 뇌의 성숙과 더불어 폭발적인 감정의 표출이 수그러들고 순화된 모습이 나타나게 된다.

마음껏 수용하고 한없이 보듬기

아이가 철들 때를 기다리며 아이의 감정을 받아주는 것은 힘든 과정이다. 아이의 감정이 격렬하면 격렬할수록 부모는 거기에서 자극을 받게 된다. 태풍 앞에서 꼿꼿하게 서 있기란 쉬운 일이 아니다. 이때는 모래 속에서 금을 발견하겠다는 마음으로 아이의 불안정한 기분과 변화무쌍한 행동에서 인정하고 받아들일 만한 것을 찾아 타당화하는 과정이 필요하다. 아이의 마음을 들여다보면 아이 스스로도 자기 행동을 마음에 들어 하지 않는 것을 알 수 있다. 누군가 그런 행동을 수용해주고 기다려주며 좋은 모습을 발견해주고 지지해줄 거라는 믿음이 있으면 아이의 마음 안에도 작은 기쁨이 자라게 된다. 또한 감정이 격해지면 부정적인 감정을 무조건 차단하고 억압하기보다는 끄집어내서 감정에 이름을 붙여보자. 감정에 '라벨'을 붙여주면 더 이상 그 감정은 주목을 받으려고 요란을 떨지 않는다. 나팔꽃이 아침에 고개를 세워서 꽃잎을 열었다가 해가 떠오르면 꽃잎을 닫고 고개를 숙이듯 부정적인 감정도 잠깐 나타났다가 수그러들게 마련이다.

 소통도 중요하다. 아이의 요란한 행동만 가지고 나무라기보다는 그 요란한 행동 이면에 들어 있는 감정을 바탕으로 소통해야 한다. 행동 자체만으로 비난하고 야단치다보면 아이의 바람직하지 못한 행동이 더 심해지고 아이는 내면의 감정을 묻은 채 마음의 문을 닫는다. 바람직하지 못한 행동은 적절한 한계를 설정해서 선을 분명하게 그어주되, 상처받은 마음과 감정은 보듬어주어야 아이가 부모와 연결된 느낌을 간직하고 세상을 향해 나아갈 수 있다.

술과 담배는 안 되겠죠?
일탈의 유혹

    나는 술과 담배를 하지 않는다. 담배 냄새는 특히 싫어한다. 친구들 중 담배를 피우는 아이들이 더러 있다. 여자아이들이라고 해서 예외는 아니다. 얼굴만 보면 담배 냄새만 맡아도 픽 하고 쓰러질 것 같은 여자아이들이 화장실, 옥상, 동네 놀이터 등에서 담배 연기를 쪽쪽 빨아들인다. 심지어 수업 시간에 교실로 담배 냄새가 올라오기도 한다. 남녀 가리지 않고 담배를 피우는 것이 유행처럼 된 지 오래다. 요즘 고등학생에게는 술 마실 기회도 잦다. 끼리끼리 모여서 그런 기회를 자주 만든다. 예를 들면 동아리에서 오리엔테이션(일명 OT)을 할 때 술을 앞에 두고 하는 경우가 많다. 단체로 야외에 놀러가서도 고기를 구워 먹으며 술을 마신다. 친구들끼리 술판을 벌이기도 하는데 혼자 사이다를 홀짝거리고 있노라면 좀 머쓱해지기도 한다. 친구들이 왜 술을 마시지 않느냐고 물으면 "나는 미식가니까!"라고 답한다. 맛있는 음료수가 이렇게나 많은데 굳이 알코올을 마실 이유가 없다는 의미에서다.

그런데 대체 어디서 술과 담배를 구해오는 걸까? 중학교 때까지만 해도 신기하고 궁금했다. 고등학생이 되고보니 십대들이 어른들의 문화에 어떻게 편입해 들어가는지 쉽게 알 수 있었다. 일단 나이 들어 보이는 외모의 아이들은 손쉽게 술과 담배를 얻을 수 있다. 편의점에서 별 의심 없이 술과 담배를 살 수 있기 때문이다. 한번은 고등학교 입학을 앞두고 친구와 컵라면을 먹으러 편의점에 갔다가 같은 반이었던 남자아이를 만났다. 그 아이는 180cm를 넘을 정도로 키가 크고 훤칠했다. 아이는 편의점에 들어오는 순간 우리와 눈이 마주치자 주춤한 모습을 보였다. 그러나 그것도 잠시 어깨를 당당하게 펴고는 담배 두 갑을 사가지고 유유히 사라졌다. 당시로서는 참 놀라운 광경이었다. 고등학생이 되면 청소년 신분으로 술과 담배를 얻을 수 있는 더 다양한 방법이 있다는 것을 알게 된다. 한 친구는 돈을 주고 남의 주민등록증을 샀다. 3~4만 원을 주고 주민등록증을 사서는 번호를 달달 외우고 다녔다. 평소에 영어 단어 하나 외우지 않던 애가 용돈까지 모아가며 주민등록증을 사서 남의 신상을 외우고 다니는 모습이 좋게 보이지는 않았다. 친구를 따라가서 직접 주민등록증을 사고 파는 현장을 목격하기도 했다. 상대방은 상당히 예쁘고 귀여워 보이는 외모를 가진 언니였는데 주민등록증을 팔러 나올 사람처럼 보이지 않아서 더 놀랐다.

    심지어 이런 적도 있다. 중학교 때부터 친했던 친구에게서 받은 생일 편지를 아무 생각 없이 방에 방치해두었다. 편지에는 그 친구가 "중학교 땐 시험 전날에도 너와 내가 맨날 크아만 했는데."라고 적어준 부분이 있었는데, 나는 대수롭지 않게 생각했던 이 문구가 엄마의 미간을 찌푸리게 했다. '크아'는 '크레이지 아케이드'라는 게임의 줄임말로 하루에도 몇 시간씩 게임만 하던 우리의 나태했던 한때를 추억한 말이었다. 하지만 엄마는 크아를 술 먹고 난 다음의 추임새인 '크아~'로 오해하여 내가 중학교 때 술만 먹고 돌아다녔다는 의미로 받아들였던 것이다. 나중에 엄마가 내 설명을 듣고 오해를 풀긴 했지만 크아의 뜻도 모르고 나를 술꾼으로 생각했다니 어이가 없었다.

    어차피 술이나 담배는 내 몸을 상하게 하는 유흥 문화니 그다지 빠져들고 싶지 않다. 다만 카톡(카카오톡)이나 카스(카카오스토리) 같은 SNS에 술병이나 담뱃갑을 들이대며 자신의 유흥 문화를 자랑하는 것은 꼴불견이라 생각한다. 대놓고 '나는 이런 것을 즐기는 쿨한 사람이다, 나는 잘나간다'라고 자랑하고 싶은 마음에서 비롯된 것이겠지만 과연 그러한 사진이 스스로의 우월함을 증명하는 증거가 되는지조차 의문이다. 나의 눈에는 오히려 어른의 문화를 좋든 나쁘든 여과 없이 그대로 받아들이는 철없는 아이로만 비칠 뿐이다.

청소년 흡연과 음주, 현실을 직시하고 방심하지 말 것

고등학교의 어떤 금연 캠페인

아이가 다니는 고등학교를 방문했다가 복도 한쪽 벽에 붙어 있던 금연 표어를 보고 실소가 터져 나왔다.

'솔솔 나간 내 용돈 담배 회사만 배불린다'

'담배만 끊었을 뿐인데 얼굴이 번쩍번쩍 광이 나요'

'애써 가꾼 미소 담배로 썩소된다'

고등학교에 이런 표어가 버젓이 걸려 있는 걸 보면서 중·고등학생의 흡연 문제가 굉장히 심각하다는 것을 몸소 느끼게 되었다. 예전에는 음주를 즐기고 흡연을 하는 학생은 소위 '노는 애'였다. 그러나 요즘은 동아리 활동을 하면서도 콜라 같은 탄산음료 대신 맥주를 놓고 모임을 갖는다. '청소년 건강 행태 온라인 조사'에서도 중학생의 '음주 경험률'이 47%로 나타났다. 고등학생은 68.9%에 달했고 중학교 1학년생 중 21%는 '중학교 입학 전 음주 경험이 있다'라고 답했다. 흡연도 이에 뒤지지 않는다. 동네 놀이터만 나가도 남녀 중·고등학생이 어울려 담배를 피우는 것을 쉽게 볼 수 있다. 교복을 입고 담배를 물고 다니는 간 큰 청소년도 종종 눈에 띈다.

최근 들어 사회 전체적으로 금연, 금주 분위기가 확산되었음에도 불구하고 청소년의 흡연, 음주가 늘어나는 이유는 무엇일까? 한 조사에 따르면 텔레비전, 라디오, 신문 매체에 하루 동안 노출되는 주류 광고가 500건이 넘는다고 한다. 편의점에 가면 가장 보기 좋은 곳에 담배가 비치되어 있고 디자인과 모양도 매우 세련된 느낌을 준다. 이처럼 우리 사회가 암묵적으로 청소년의 흡연과 음주가 가능한 환경을 용인하고 있다는 점에서 어른의 한 사람으로 깊이 반성하지 않을 수 없다.

심리학에서는 청소년이 음주와 흡연에 빠져드는 이유로 인지 발달 단계의 미성숙을 꼽는다. 청소년은 자신의 행동과 선택이 장기적으로 어떤 결과를 초래할지 제대로 조망하지 못한다. 아직 고차원적 인지 기능을 하지 못하는 것이다. 이런 발달적 한계 때문에 흡연의 악영향을 아무리 이야기해봤자 청소년의 귀에는 제대로 들어오지 않는다. 그야말로 소귀에 경 읽기다.

아이에게 흡연의 폐해에 대해 교육을 시키려 해도 귀담아듣지 않고 알려고도 하지 않는데 이를 낙관적 편향(optimism bias)의 오류라 말할 수 있다. 일반적으로 낙관적 편향은 인간을 긍정적인 마인드로 세팅하는 것을 일컫는 말인데, 청소년에게 낙관적 편향의 오류가 발생하면 담배와 같은 유해 물질에 대한 경고를 무시하게 만든다. 일례로 아버지가 담배로 인해 건강상 심각한 문제를 겪는 것을 보면서도 '나한테는 그런 문제가 안 생기겠지.' 하고 넘겨버리는 청소년이 많다.

금연, 금주 예방이 최선의 교육

선진국에서는 중·고등학생 때부터 술과 담배에 대한 예방 교육을 철저히 시켜 건전 음주 캠페인을 벌인다고 한다. 우리나라도 건전 음주 캠페인을 벌이고 있기는 하지만 아직 그 활동의 정도가 미미하다. 국가나 학교 차원에서 이루어지는 예방 교육이 일회성으로 그치지 않고 지속적인 성과를 낼 수 있도록 확대되어야 하고 이와 함께 가정에서도 건강을 우선시하는 금연, 금주 문화를 가르쳐야 한다.

대부분의 아이들이 처음에는 호기심 또는 친구의 권유로 술과 담배를 시작하지만 나중에는 스트레스를 해소하는 용도로 술과 담배를 애용한다. 문제가 생겼을 때 직접적으로 해결하기보다는 술이나 담배와 같은 유해 물질에 의존하게 되는 것이다. 방치하면 알코올 중독, 문제성 음주로 발전할 수 있다. 알코올 중독은 가족병이라고 할 정도로 가족력이 강한 질환이다. 알코올 중독 부모를 두고 있다면 아이 역시 알코올 중독이 될 가능성이 다른 아이에 비해 월등히 높다. 부모는 영어, 수학에 대한 조기 교육은 중요하게 생각하면서 아이의 건강한 라이프 스타일과 관련이 있는 술과 담배 문제에 대해서는 '내 아이는 아니겠지.' 하면서 안일하게 생각하는 경우가 많다. 담배든 술이든 물질 의존은 본인뿐만 아니라 타인에게도 피해를 줄 수 있기 때문에 어려서부터 예방 교육이 필요하다.

사춘기와 욕

    방 청소를 하다가 우연히 유치원 때 쓰던 파일을 발견했다. 거기에는 신체검사와 생활 기록표 같은 것이 붙어 있었다. 엄마와 함께 파일을 넘기면서 선생님이 써준 부분을 읽다가 그만 빵 터지고 말았다.
    "바르고 고운 말을 사용하는 것을 종종 어려워하기도 하나 격려해 주면 고운 말을 사용하기 위해 노력합니다."
    말을 거칠게 내뱉는 지금의 습관이 유치원 시절부터 형성된 것이란 걸 알게 되었으니 폭소가 터질 수밖에…. 어렴풋한 기억으로 초등학생 때부터 뜻도 모르는 상스러운 욕을 남발하곤 했는데 지금도 간혹 욕을 한다.
    보통 친구들의 언어 습관을 살펴보면 초등학교 저학년 때까지는 고분고분한 말투를 사용하다가 초등학교 5~6학년 때부터 욕을 배우기 시작해 중학교 2학년쯤이 되면 욕을 사용하는 빈도가 피크(?!)가 된다. 그때는 센 척하는 허세가 절정에 달해서 시도 때도 없이 욕을 뱉어댄다. ㅅㅂ도 그냥 내뱉지 않고 "쓰~~빼!" 하고 된소리로 발음하며 멋을 부린다. 지금 생각하면 굉장히 오글거리지만 당시에는 왠지 모르게 세 보이고 아이들이 우러러보는 우상이 된 기분이다. 돌아보면 이때는 머릿속에 개념이라는 것도 제대로 탑재되지 않았고 깊이 있는 생각도 잘 하지 않아서 '필터링'이 전혀 되지 않았던 것 같다. 어디서 들어본 것 같은 욕을 그 의미도 모른 채 재미삼아 내뱉기도 했다. 센 욕을 들은 아이는 마음의 상처를 크게 받았고 울음을 터트리는 일도 있었다. "가정 교육을 어떻게 받았기에 말버릇이 그 따위냐?"라고 성을 내는 아이들에게는 "ㅅㅂ ㅂㅅ아, ㅇㄱㄹ 닥쳐!"라는 이 세 마디만 하면 그만이었다. 이런 상황에서도 비슷한 수준을 가진 친구들은 "우와~ 너 말발 되게 세다." 하며 치켜세워주었다.

 거친 욕을 서슴없이 사용하는 아이의 이면에는 "난 잘나가니까 건들지 마."라는 허세가 담겨 있다. 초등학교 6학년 때 영어 마을에 갔을 적의 일이다. 식당에서 밥을 먹는데 다른 학교 아이들이 우리 학교 친구에게 "뭘 꼬나 봐."라며 시비를 걸어왔다. 일은 점점 커져 초등학교 일짱끼리 맞짱을 뜨기로 했다. 당시 나는 보통 여자아이답지 않게 굉장히 터프한 욕쟁이였는데 친구 하나가 "넌 말발이 세니까 꼭 껴야 돼." 하면서 나를 끌어들였다. 다들 초등학생인지라 심각한 사건은 일어나지 않았지만 험악했던 분위기는 아직도 생생하게 기억이 난다.

 짜증나는 상황일 때 욕을 하면 뭔가 기분이 풀리는 느낌이다. 엄마, 아빠에게 혼나고 나면 속으로 욕을 하기도 하는데 그러다보면 마음이 누그러지기도 한다. 친구들끼리 친밀감을 과시하기 위해 욕을 하는 경우도 많다. 그러나 욕을 하고 욕을 먹는 과정에서 기분이 상하는 일이 잦다. 장난이라도 '미친년' 소리를 들으면 정말 내가 그런 사람이 된 것 같아 짜증이 밀려온다. 학교에서 욕이 언어 능력을 떨어트린다는 언어 순화 캠페인 영상을 보기도 했는데 정말인 것 같아 겁이 나기도 했다. 고등학교에 와서는 좀 더 철이 들어서인지 욕을 쓰는 빈도가 점차 줄었다. 중학생 때와 같이 여전히 욕을 하는 친구들도 있지만 함부로 욕을 하는 그들을 점차 좋게 평가하지 않게 되었다. 눈살을 찌푸리며 "너 중딩이냐?"라며 면박을 주기도 한다. 욕을 하며 자신의 허세를 과시했던 아이들도 지금은 그 시간을 부끄러워한다.

 요즘 나의 고민거리 중 하나는 초등학교 4학년인 동생이 입에 욕을 담기 시작했다는 것이다. 대놓고 하는 정도는 아니지만 고개를 숙이고 눈을 깔며 ㅅㅂ을 내뱉을 때는 우리를 지켜보던 어른들의 심정을 이해할 것도 같다. 부디 동생은 나를 닮지 말고 예쁘고 바른 말만 썼으면 하는 바람이다.

언어의 품격이 자신의 인격임을 잊지말자

욕 중독에 빠진 십대

　한국 교육 개발원에서 조사한 바에 의하면 청소년 10명 중 6~7명은 습관처럼 욕을 사용하고 있다고 한다. 욕으로 시작해서 욕으로 끝나는 대화를 한다고 할 정도로 욕 문화가 만연한 것이다. 욕을 하기엔 아직 어리다고 생각하는 초등학교 저학년도 예외가 아니다. 한 엄마는 유치원까지는 바른 말, 고운 말을 쓰며 스티커를 받아오던 초등학교 3학년 딸이 어느 날 학교에서 몇 가지 욕을 배웠다며 "엄마, 언니가 내 말을 안 들으면 자꾸 속으로 ㅅㅂ이 나와."라고 해 몹시 당황스러웠다고 토로했다. 고작 열너댓 살인 아이들이 모여서 누가 욕을 잘하나 배틀하기도 하고, 스마트폰에는 '대신 욕해 드림'이란 앱이 버젓이 올라와 있다. 아이들이 욕 중독에 빠지지는 않을까 염려되는 상황이다.

　욕이 청소년의 정신을 갉아먹고 있다고 부모가 열을 올리는 와중에도 십대는 일종의 놀이처럼 재미삼아 욕을 해댄다고 한다. 실제 한국 교육 개발원에서 청소년을 대상으로 욕을 사용하는 이유에 대해 설문 조사를 했는데 '남들이 다 하니까, 재미있어서'가 가장 많았다. 또한 십대 사이에서는 '쩐다(대단하다), 갑툭튀(갑자기 툭 튀어나오다), 깜

놀(깜짝 놀라다), 문상(문화 상품권)'과 같은 신조어가 유행처럼 번지고 있다. 어른들이 아이들의 대화를 들으면 외계어를 들은 것마냥 해독이 안 될 정도다.

욕의 순기능과 역기능

　욕이나 은어 등 청소년의 언어법에 순기능도 분명히 있다고 사람들은 말한다. 욕을 하면 스트레스가 해소되며 억눌려 있던 마음속 감정의 응어리가 풀리고 억제된 공격성이 완화되어 감정이 정화 또는 순화된다는 것이다. 욕을 함으로써 인간관계에서 친밀함을 느끼고 즐거움과 재미를 느낀다고 하는 사람도 있다. 그러나 설사 그렇다 할지라도 욕은 득보다는 실이 더 많다는 점은 부인할 수 없다.

　미국의 워싱턴대학교 심리학과 엘머 게이츠(Elmer Gaits) 교수는 자신의 저서인 〈마음의 기술〉에서 욕이 심한 독성을 갖고 있다고 보고했다. 그는 사람들이 말할 때 입에서 나오는 미세한 침 파편을 모아 분석했는데, 평상시 침은 무색이지만 사랑과 같은 긍정적 감정을 표현할 때는 분홍색, 화내거나 짜증내며 욕을 할 때는 짙은 갈색을 띠었다고 밝혔다. 또한 욕을 할 때 나오는 갈색 침전물로 '분노의 침전물 실험'을 했는데, 갈색 침전물을 주입당한 쥐가 수분 안에 죽는 것을 확인했다. 게이츠 교수는 화를 내거나 욕을 심하게 하는 사람의 침은 실험용 쥐를 죽일 수 있을 만큼 강한 독성이 있다고 밝혀냈고 이를

'분노의 침전물'이라고 명명했다. 우리가 거친말을 독설이라고 표현하는 것이 과학적으로 증명된 셈이다. 한 연구에서도 욕을 많이 하는 아이가 그렇지 않은 아이에 비해 언어 표현력이 떨어지고 충동성이 높은 것으로 나타났다.

이렇듯 욕은 남에게 해로운 것은 물론이거니와 자기 자신에게도 해가 된다. 자아가 약한 청소년은 심한 욕을 들으면 마음에 병이 들기도 하고 자살을 시도하기도 한다. 욕을 자꾸 듣게 되면 두려움, 생존, 본능을 담당하는 감정의 뇌에서 통제력이 사라진다. 이성적 기능보다 감정적 기능이 강화되어 예민한 상태가 되기 때문이다.

부모도 자신의 언어 습관에 대한 반성이 필요하다

한 사람의 말투는 많은 것을 드러낸다. 대표적인 것이 인격과 품격이다. 대중적으로 욕이 만연되고 있다는 것은 우리 사회의 참을 수 없는 가벼움을 드러내는 증거이기도 하다. 청소년의 욕 문화를 바꾸기 위해서는 청소년을 둘러싸고 있는 환경부터 바꿔야 한다. 우선 학교에서는 욕의 부작용을 교육해야 한다. 그리고 가정에서는 아이의 언어 습관을 유심히 살펴보며 평상시 부모가 어떤 언어 습관을 보여주었는지 되돌아보는 시간을 가져야 한다. 아이를 만나보면 부모, 특히 엄마의 말하는 태도와 행동에 아이가 영향을 많이 받는 것을 알 수 있다. 부모가 욕을 하면서 아이에게 욕을 하지 말라고 한들 먹힐 리가 없다. 욕을 하지 말라고 윽박지른다고 해서 해결되는 문제도 아니다. 백 마디 말보다 하나라도 행동으로 제대로 보여주는 것이 중요하다. 부모가 올바른 언어 습관을 보여주면 아이들은 자동적으로 따라오게 되어 있다.

    후기 청소년기인 고등학생쯤 되면 아이는 부모의 가치관과 태도를 내재화해 주변의 환경에 더 이상 휩쓸리지 않는다. 평상시 바른 언어 습관을 유지하는 가정에서 생활하면 특정 시기 잠깐 동안 분위기에 영향을 받아 욕을 하고 다니던 아이도 금방 제자리로 돌아온다. 자신의 행동이 자신의 격을 떨어트린다는 것을 아이 스스로 깨닫기 때문이다.

내 친구 왕허세
우월감과 열등감

　허세 부리기는 욕과 함께 중학생 때가 피크였던 것 같다. 당시 주변 친구들은 허세 부리기 경쟁이라도 하듯 대단한 근자감(근거 없는 자신감)을 보여주었다. 안 친해도 할리우드 액션으로 친한 척을 하고 별로 많지도 않은 인맥을 과시하기 위해 카톡에 유령친구를 만들기도 했다. 나 역시 그때는 그랬다. 지금 생각하면 어이없다는 생각뿐인데 그땐 왜 그렇게까지 했는지 나조차 이해할 수 없다.
　현실에서의 허세 부리기는 인터넷으로도 쉽게 옮겨갔다. 대충 이런 식이다.
　"오늘은 골목 으슥한 곳에서 담배를 뻐끔뻐끔 빨고 있는 초딩들을 보았다. 다신 담배를 피우지 못하게 손가락을 부러트리고 왔다. 역시 어른이 버릇을 가르쳐줘야 한다."

끽해야 중·고등학생일 뿐인 아이들이 어른 흉내를 내는 모습에 손발이 오그라들 지경이다.

"ㅋㅋ 오늘 학교에 갔더니 갓 들어온 신입생들이 내 소문을 듣고 벌벌 떨고 있었다. 귀여운 ㅅㄲ들 ㅋㅋ."

중학생일 때는 이런 글에 대해 별다른 반감이 없었지만 고등학생이 된 지금은 읽으면 짜증이 밀려오고 비현실적이기만 하다.

허세를 부리는 아이를 잘 관찰해보면 자신을 뻥튀기 기계 속에 넣은 것처럼 있어 보이게 부풀리는 쪽이 대다수다. 본인은 모르지만 주변 사람은 허세를 부리는 아이가 그저 부풀려진 속 빈 강정이라는 것을 잘 안다. 일례로 윤주는 반드시 본인이 '트렌드 세터(유행을 주도하는 사람)'가 되어야 안심하는 것 같았다. 친구들이 유행하는 옷이나 신발을 사오면 "어? 나도 이거 있는데."라고 말하곤 했다. 그러나 정작 실제로 입고 온 적은 한 번도 없었다. 한번은 새 바지를 입고 온 친구에게 "나도 이런 바지 집에 있는데."라고 해놓고는 며칠 뒤에 그 친구에게 바지를 빌려달라고도 했다. "너 이거 있다며?"라고 묻자 "어? 그거 사촌언니가 가져갔어."라며 어설픈 변명을 해댔다.

여자아이들이 패션 아이템을 가지고 허세를 부리는 쪽이라면 남자아이들은 힘자랑을 하면서 허세를 부리는 편이다. 중학교 3학년 때 유난히 허세가 심한 아이가 있었다. 한참 고등학교 원서를 쓸 때였다. 왜 정보 산업고에 가냐고 묻자 "거기 뒷골목에서 알게 된 선배들이 많거든. 너 고등학교 어디 간댔지? 내가 선배들 데리고 거기 함 뜰까?" 하는 것이었다. 공사판에 가서 벽돌 나르는 아르바이트라도 하면 모를까 말로만 힘자랑을 하는 친구들을 보면 여전히 초딩 같다는 생각을 떨칠 수 없다. 길을 가다 조폭이라도 만나면 가장 먼저 도망칠 것 같은 녀석이 근육자랑, 힘자랑을 해대는 것은 정말 꼴불견이다.

대부분의 아이들은 고등학생이 되면서 허세 부리기를 그만두거나 허세 부리는 정도가 서서히 잦아든다. 뿐만 아니라 나의 친구들 중 몇몇은 나이와 상관없이 속이 꽉 차서 자랑 같은 것은 아예 하지 않으며 쓸데없는 소리를 내지 않는다. 옆에서 슬쩍 칭찬을 해도 으쓱해하지 않는다. 이런 친구들이 옆에 있으면 든든하고 믿음이 간다. 나의 모습도 저렇게 바뀌었으면 하는 바람도 가지게 한다. 물론 재미는 좀 없겠지만….

자신을 수용하는 아이가 겸손해질 수 있다

허세는 누구나 갖는 보편적인 심리

허세는 허장성세(虛張聲勢)의 줄임말이다. 실속은 없으면서 과장되게 자신을 드러내는 것을 말한다. 정도의 차이는 있지만 사람은 누구나 알게 모르게 허세를 부린다. 간단히 연령대로 살펴보자.

3살짜리 아이가 좋아하는 장난감을 가지고 다른 아이들에게 "이거 내 거야!"라고 할 때의 표정을 보라. "난 너네 것보다 더 좋은 것을 가지고 있어. 아무도 내 것보다 더 좋은 것을 가지고 있지 않아."라고 말하는 듯 기세등등하다. 청소년기가 되면 아이는 어른들에게 반항하고 친구와 의리를 지키는 것으로 허세를 표현한다. 이 시기에는 자아 정체감이 형성되면서 자신이 남들과 다르고 우월하다는 착각에서 허세를 부리기도 한다. 좀 노는 아이들과 네트워크를 가지고 있는 것이 허세의 조건이 되기도 한다. 특히 사춘기의 정점에 있는 아이는 어른 흉내를 내듯 주변의 인맥을 과장하면서 자기 존재를 드러내려고 한다.

"너 강남 쪽에 인맥 좀 있냐? 난 있거든!"

"우리 삼촌이 조폭이야."

동네 중학생이 인맥 자랑을 해대는 것을 들으며 웃음이 나오는 것을 억지로 참았던 기억이 있다. 대학생이 되면 남자는 연애 경험담이나 군대 이야기로 허세를 부린다. 자가용까지 가지고 있으면 시쳇말로 '허세에 쩌는' 사람이 된다. 여자는 인기가 많아 데이트 신청자가 줄을 선다는 등의 연애 이야기가 주를 이루고 명품 가방, 옷 같은 물건 자랑에 몰두한다. 성인을 넘어서 기성세대가 되었다고 생각하는 30대도 예외는 아니다. 특히 이 나이대의 여자 사이에서는 자식 자랑이 주를 이룬다. 3살짜리 아이가 한글을 뗐다, 초등학생 아이가 이성 친구에게 인기가 많다, 아이가 공부 잘해서 상을 받았다 등 누구나 겪을 수 있는 일을 자기 자식한테만 일어난 것인 양 열을 올린다. 여기에 잘난 남편을 두었다는 남편 자랑도 합세한다. 이보다 더 나이가 들어도 허세는 계속된다. 할머니, 할아버지 두 명 이상이 모이면 아들, 딸, 사위, 며느리 자랑에 열을 올린다.

허세를 부리는 몇 가지 이유

아이고 어른이고 할 것 없이 누구나 허세를 부린다. 이는 자기 자신을 과장해서 표현함으로써 존재감을 각인시키고 주목받고 싶어 하는 동기가 작용하기 때문이다. 좀 더 세밀하게 허세의 유형을 살펴보면 다음과 같다.

우선 자의식이 넘치는 경우다. 자의식이란 자기 내부에 집중하는 현상으로 사적 자의식과 공적 자의식으로 나누어진다. 자의식이 넘치는 사람들은 자기 내부로 침잠하면서도 주변 사람에게 자신이 어떻게 보일지 끊임없이 의식하며 살아간다. 자기 마음에 관심을 보이는 것은 긍정적이라고 할 수 있지만 지나치게 몰두하다보면 자의식 과잉 상태가 되어 타인까지 지나치게 의식하게 된다. 타인을 의식하다보면 자신을 있는 그대로 보여주는 게 아니라 그럴듯하게 혹은 과장되게 포장해서 표현하게 된다. 두 번째로 열등감과 콤플렉스가 많은 경우다. 열등감이란 타인과 비교하는 과정에서 자신의 부족한 면에 집중하면서 생기는 내적 감정이다. 열등감 하면 일반적으로 주눅 든 모습을 떠올리는데 어떤 사람들은 허세라는 방어 기제를 통해 열등감을 부인하고 스스로를 뻥튀기한다. 이런 심리를 자기 과시 또는 자기 팽창(self-inflation)이라고 한다.

달라이 라마는 '인간의 가장 깊은 욕망의 하나는 자신을 알리고 이해받는 것이다'라고 했다. 모든 인간의 근원에는 인정받고 싶은 욕구가 숨어 있다. 어떤 이들은 남보다 피나는 노력으로 이런 욕망을 현실적으로 성취하고 자아실현을 통해 표현하기도 하지만, 대다수의 사람들은 과정의 노력보다는 방어라는 심리 기제를 통해 자기 과장 형태로 표현한다. 뿌리 깊은 열등감과 모자람이 드러나는 것은 매우 불안한 상황이다. 때문에 자신의 결함을 숨기고 상상의 우월감으로 부족한 부분을 채우려는 내적 동기가 발동하는 것이다. 문제는 열등감이나 좌절감을 피하기 위해 자신에게 거품을 씌운들 그 거품이 오래 가지는 않는다는 것이다. 거품이 꺼지면 더 큰 좌절감과 열패감을 느낄 수 있으며 결과적으로는 허세가 야기하는 부메랑으로 인해 더 큰 상처를 받을 수 있다.

그대로의 자신을 수용하는 것이 내면의 무기

허세를 부리는 아이를 살펴보면 예상 외로 주변에 친구가 별로 없다. 그런 아이를 감당할 정도로 청소년의 마음은 넓지 않다. 대놓고 이야기는 못할지언정 허세 부리는 것을 극도로 싫어하는 아이들이 많다. 허세를 부리는 이들로부터 좋지 않은 경험을 한 것이 대표적인데, 허세가 강한 실속 없는 아버지를 보고 자란 아이라면 허세쟁이 친구를 좋아할 리가 없다.

아이가 지나치게 허세를 부린다면 부모는 아이가 자신의 단점을 있는 그대로 볼 수 있도록 해주어야 한다. 부족한 것을 감추기 위해, 열등감을 피하기 위해 자기 자신을 포장해서는 진정한 인간관계를 맺을 수 없다. 한두 번은 친구들을 속일 수 있다고 해도 그 이상 넘어가면 친구들로부터 허세덩어리로 취급받으며 왕따를 당할 수 있다. 한편, 반대로 친구 중에 허세쟁이가 끼어 있어 매일 그런 친구를 상대해야 하는 상황에 놓인 아이라면 마음을 넓고 너그럽게 가지라고 조언해주는 것이 좋다. 사람은 누구나 긍정적, 부정적인 부분을 다 가지고 있다. 상대가 허세를 부리는 불쾌한 행동을 해도 그것은 단지 그 사람의 일부분일 뿐이라고 인정할 수 있도록 도와주면 아이 마음속의 불편함은 크게 자라지 않는다.

궁극적으로 아이든 어른이든 다른 사람의 마음의 문을 열게 하는 것은 진정성이다. 허세의 가면을 벗고 진정한 나와 너로 만날 때 누군가에게 의미 있는 사람이 될 수 있다. 때문에 있는 그대로 자신을 수용하는 것은 가장 강력한 내면의 무기다. 청소년기에 나를 인정하고 수용하는 태도를 배우면 금방 꺼지고 말 거품을 얹기 위해 인생을 낭비하는 수고를 줄일 수 있다. 요즘처럼 대중 매체가 발달하고 유해한 환경적 요인이 많은 때일수록 청소년 스스로 이런 의식을 깨우칠 수 있도록 정서적, 문화적 교육이 절실하다. 자신을 수용할 줄 아는 사람은 누가 알아주건 알아주지 않건 간에 문제가 되지 않는다. 주변인의 평가에 휘둘리지 않는 진정한 삶의 주인이 되는 것이다.

왜자꾸 보여주고 싶은 걸까?
바바리맨의 심리

　세상에는 참 다양한 사람들이 사는 것 같다. 가끔은 다양함을 넘어서 상식적으로는 이해할 수 없는 사람들에게 놀라기도 한다. 지금까지 내가 본 사람 중 가장 이해할 수 없는 부류의 사람이 바바리맨이다. 그때까지 나는 바바리맨을 한 번도 목격한 적이 없었다. 중학교 3학년 때 학교 근처에 바바리맨이 등장해 한동안 학교가 시끄러웠는데 나만 보지 못해서 아쉽기까지 했다. 비정상으로 들릴 수도 있지만 특이한 경험에 대한 동경 같은 것이 내 안에 있었던 모양이다.

　그러던 중 나는 보고야 말았다. 등굣길 버스 정류장에서 친구를 만나 수다를 떨며 학교로 가고 있었다. 그런데 어디선가 "아…" 하는 이상한 소리가 들렸다. 뭔가 싶어서 주위를 둘러보니 아파트 단지 울타리 너머 주차장에서 들려오는 소리였다. 주차된 트럭 옆에서 베이

지색 바지를 입은 남자가 무릎을 꿇고 앉아 있었는데, 처음에는 차를 수리하는 사람이라고 생각했지만 자세히 보니 아니었다. 베이지색 바지라고 생각했던 것은 그 남자의 허여멀건 속살이었다. 비교적 가까이서 본 그 남자는 이상한 짓거리(?)를 하고 있었다. 놀람도 잠시, 나는 굉장히 혐오스럽고 이상한 사람이라는 생각을 넘어서 그 변태스러운 남자가 몹시 불쌍해 보였다. 아침 댓바람부터 중학교 앞에서 그러고 있는 모양새가 처량하기 그지없었다. 신체적으로 건장한 사람이라면 욕이라도 실컷 해주었겠지만 그 바바리맨은 창백한 안색에 말라비틀어진 벼멸구같이 생겼다. 남들은 학교나 직장에서 각자의 일과를 보내고 있을 시간에 주차장 구석에서 병적인 짓을 하고 있는 모습은 지질해도 너무 지질했다. 나는 장차 범죄 심리 전문가가 되겠다는 포부를 갖고 있던 터라 그 상황에서 조용히 물러나 가던 길을 가고 싶지는 않았다. 좀 더 자세히, 적극적으로 상황을 파악하고 싶었다. 다른 여자애들은 바바리맨을 피해가며 수군거리고 있었지만 나는 일부러 담담한 척 그 옆을 지나가며 "야, 거기서 뭐해! 그런 건 너네 집에 가서 해!" 하고 소리를 질렀다. 그러나 그는 누가 뭐라고 하든 아랑곳하지 않고 그저 자신의 욕구를 채우는 데만 급급했다.

오프라인에서 바바리맨을 처음 본 이후로 온라인상에서도 이런 바바리맨이 활개를 치고 있다는 것을 알게 되었다. 인터넷에 자신의 벗은 몸을 찍은 사진을 올리고 이런 사진을 팔아 돈을 버는 사람도 있었다. 그러나 어떤 면에서 보면 딱히 돈을 궁극적 목적으로 하는 것 같지도 않다. 그저 자신의 성적 만족을 채우기 위해 이런 사진을 올리는 소위 말해 변태도 있는 것 같다. 한번은 신문에서 중국에 바바리우먼이 나타났다는 기사를 보았다. 여자에게는 흔치 않은 성적 욕구의 표현이라고 생각했는데 알면 알수록 놀라운 세상이다.

이들은 대체 왜 모르는 사람에게 자신의 은밀한 부분을 보여주려고 안달을 내는 것일까? 이들의 정신 상태가 매우 궁금하다. 게다가 이들의 행동을 법적으로 처벌해야 하는지, 처벌이 가능한지도 의문이다. 범죄의 기준이 남에게 피해를 주는지의 여부라면 이들의 행동은 마땅히 처벌받아야 할 것이다. 표현의 자유쯤으로 내버려두기에는 심하게 혐오감을 주기 때문이다.

무시가 최선의 대응책

십대와 여자를 노리는 변태 성욕자

노출은 나쁜 것이라는 등식은 잘못된 것이다. 여자는 다른 사람에게 예쁘게 보이고 싶은 심리와 자기만족을 위해 신체의 일부를 노출한다. 시대적인 트렌드가 노출로 표현되기도 한다. 자기표현의 한 형태로서 사회적으로 용인 가능한 범위 내에서 하는 노출은 문제 삼을 거리가 되지 않는다. 심각한 것은 바바리맨과 같은 남자의 노출증이다. 내놓고 이야기를 못해서 그렇지 여자라면 바바리맨 때문에 놀란 경험이 한두 번쯤은 있을 것이다. 비 오는 날 어두운 뒷골목에서 지나가는 여자를 향해 옷을 열어젖히는 남자로 인해 가슴 철렁하는 일은 생각보다 아주 흔하다.

정신 의학이나 심리학에서도 일부 남자들이 왜 이런 비정상적인 행위를 하는지 오랫동안 관심을 갖고 연구해왔다. 임상 전문가들은 성욕 표현이 정상적이냐 아니냐를 이야기할 때 도착이나 일탈이란 용어를 사용하지 않는다. 어떤 성적 활동이 정상인가 아닌가에 대한 견해는 유동적이므로 이런 용어의 사용을 자제하는 것이다. 도착이나 일탈은 성적 욕구의 정상 발달에서 어떤 일탈 혹은 변화가 나타난 상태를 말하므로 도착이나 일탈 대신 편차, 성도착, 변태 성욕 등의 용어를 사용한다. 여기서 편차는 통계학적, 문화적 의미에서 일반적인 기준을 벗어난 성적 표현 행위를 뜻한다. 성도착이라는 말은 타인에게 위해를 가하는 경우에만 해당되고, 보통이 아닌 예외적인 성적 활동을 일삼는 것은 변태 성욕이라고 한다. 변태 성욕은 사랑에서 벗어난 성적 행위로서 성적인 관심이나 대상이 정상이 아님을 강조한 것이다.

성도착증의 원인에 대한 심리학적 접근

　성도착증의 원인에 대해서는 과학적 연구를 통해 밝혀진 바가 거의 없다. 전통적으로 성도착증은 정신 분석학적 측면에서 설명되었다. 정신 분석학에서는 성도착증을 유아적인 성적 발달 단계에 고착되어 성인기까지 지속된 것으로 본다. 특히 오이디푸스 콤플렉스가 잘 해소되지 않은 사람들이 지니고 있는 아버지에 의한 거세 불안이 성도착증으로 표현될 수 있다. 예컨대 자신의 성기를 모르는 여자나 소녀에게 노출시킴으로써 자신이 거세되지 않았다는 사실을 확인하려는 무의식적 동기를 지니고 있다는 것이다. 이들은 자신의 노출 행동에 대해서 여자가 충격을 받는 모습을 보면서 거세 불안을 극복하고 이성을 정복했다는 느낌을 갖게 된다.

　정신 분석학자 소커라이즈(Socarides)는 성도착자 중에는 어머니로부터 보살핌을 받지 못해 모성 결핍을 겪은 사람, 부모로부터 버림받거나 학대받은 기억이 있는 사람이 많다고 보고했다. 실제로 바바리맨을 조사한 경찰들에 따르면 성격적으로 수줍음을 많이 타고 유약해 보이는 남자가 많다고 한다. 다시 말해 심리적으로 열등의식과 병적인 수줍음, 소심함을 갖고 있는 남자가 노출증에 빠지기 쉬운 것이다. 성적으로 과거에 충분히 만족하지 못했거나 자신이 없는 경우, 어릴 때부터 성에 대한 인식이 잘못된 경우도 노출증의 원인이 될 수 있다.

당황하지 말고 무시하며 반응하지 않는 것이 최선

변태 성욕자가 저지르는 행위는 공연 음란죄에 해당된다. 대체적으로 상습적이며 다른 성범죄로 연결되기도 한다. 이 같은 피해를 막기 위해서는 상대적으로 가벼운 범죄에 속하는 알몸, 성기 노출 단계부터 적극적인 신고가 이루어져야 하지만 실제 신고율이 매우 저조하다고 한다. 이는 바바리맨과 같은 변태 성욕자가 상대적으로 유약한 아동과 청소년을 피해 대상으로 삼기 때문이기도 하다. 아직 완전히 성숙하지 못한 시기에 이러한 변태 성욕자를 접한 십대는 성에 대한 왜곡된 인식이나 부정적인 영향을 받게 된다.

바바리맨을 안 만나는 것이 최선이지만 만났을 때 대처법도 잘 알아두어야 한다. 바바리맨을 만났을 때 취할 수 있는 가장 좋은 행동은 무시하고 가던 길을 가는 것이다. 놀라거나 당황한 모습을 보이게 되면 변태적인 행동을 오히려 강화시킬 수 있으니 아무것도 보지 않은 척 투명인간 취급을 하며 관심을 두지 않는 것이 좋다. 자칫 스마트폰으로 사진을 찍겠다며 용감한(?) 행동을 시도했다가는 바바리맨을 더욱 자극해 범죄의 피해자가 될 수도 있다. 바바리맨 중에는 강간이나 성폭행 등의 성범죄 전과자도 있다는 것을 잊지 말아야 한다.

성과 관련해 요즘 부모의 또 다른 고민은 야동(야한 동영상)이 도처에 유포되어 있다는 것이다. 여자아이의 경우 대부분이 호기심으로 야동을 한두 번 보기는 해도 심취하지는 않는다. 하지만 남자아이는 심하게는 음란물 중독으로 이어지기도 한다. 건강하지 못한 성 지식을 배우며 스스로의 정신 건강을 위협하는 것이다. 너무 일찍, 자주 야동과 같은 왜곡된 성문화를 접하게 되면 잘못된 성적 판타지를 키우기 때문에 성인이 되었을 때 이성과 실질적인 친밀 관계를 맺기 힘들어질 수도 있다. 대다수의 부모가 '내 아이는 그럴 리가 없다'라며 방심하는데 '내 아이도 예외는 아니다'라는 생각으로 불법 유해물로부터 아이를 보호해야 한다.

나도 인정받고 싶다고요
존재감

대한민국에서 18살은 어떤 나이일까? 또래 친구들을 가만히 보고 있으면 겉으로는 웃고 떠들지만, 속으로는 남모르는 고민도 많고 앞날에 대한 걱정과 불안 때문에 힘든 하루하루를 보내는 것이 눈에 들어온다.

얼마 전 박수현 작가가 쓴 〈열여덟 너의 존재감〉이라는 청소년 소설을 읽었는데 고민 많은 십대를 잘 이해해주는 글이라는 생각이 들었다. 소설의 내용에 대한 공감은 물론이고 심지어 글 속 주인공들이 부럽기까지 했다. 소설 속에는 쿨샘과 3명의 아이가 등장한다. 쿨샘은 정말 쿨한 선생님이다. 아이들 편에서 생각하고 학생 한 명 한 명에게 정성을 쏟는다. 3명의 아이는 각기 다른 성격을 가졌다. 말 한마디만 해도 친구들에게 무서운 존재감을 주는 아이와 끊임없이 나 좀 봐

달라고 애원하는데도 무시당하는 아이 그리고 어느 반에나 있을 법한 존재감이라고는 약에 쓰려 해도 없는 아이 3명에서 일기장에 자신의 이야기를 써간다. 쿨샘을 통해 아이들이 변화되어가는 모습은 정말 흥미롭다. 나도 쿨샘 같은 분을 만나고 싶다. 학생을 성적으로만 평가하지 않고 인간 자체로 봐주는 그런 선생님 말이다. 나는 성격상 힘든 일은 되도록이면 숨기고 티를 내지 않으려 하는 편인데 어떤 때는 그러면 그럴수록 마음속이 시끄러운 기분이 든다. 그런 마음 깊은 곳까지 인정하고 보듬어주는 선생님을 만나는 행운을 누리고 싶다. 괜히 센 척하고 허세를 부리고 큰소리로 자기의 존재감을 드러내려는 아이들에게 "그렇게까지 하지 않아도 너는 충분히 관심받을 만한 존재야."라고 말해주는 누군가가 있다면 이른바 '관심병(관심을 받으려고 무리수를 두는 것) 종자들'도 금방 태도를 바꿀 것이다.

고등학교에 들어오면 친구들은 점차 자신의 위치를 찾아 나아간다. 나처럼 쿨샘을 만나 인정받고 싶다고 이상적인 꿈을 꾸기보다는 현실에서 스스로 자신의 꿈을 만들어가는 아이들이 많아졌다. 나대던 아이들은 점차 사라지고 자신이 해야 할 것을 진지하게 찾는 분위기다. 공부를 전혀 하지 않던 어떤 아이는 공부를 하겠다고 선언하고 말 그대로 공부에만 빠져 지낸다. 어떤 친구는 자기의 소질을 찾은 것 같다며 갑자기 미술 학원에 다니기 시작했는데 장차 디자이너가 될 거라고 했다. 체육에 특기가 있는지 전혀 알아차리지 못했는데 사회 체육과에 가겠다고 학원에 다니는 친구도 있다. 나와 친한 한 친구는 액세서리를 만들어 직접 장사를 해보고 싶다며 전문 대학의 관련 학과를 알아보고 있다. 손수 만든 액세서리를 카스에 올리고 친구들에게 선물도 하는데 자신감 넘치는 모습이 마냥 부럽다. 다들 세상에서 자신의 존재를 확인할 수 있는 특별한 자기만의 길을 찾으려고 노력하고 있다는 느낌이 든다. 이에 비해 난 아직 존재를 드러낼 진로를 정확하게 결정하지 못한 편이다. 심리학과에 진학해 범죄 심리학자가 되고 싶다는 생각을 하지만 지금으로서는 공부밖에 할 수 있는 게 없다. 뜬구름 잡는 것 같은 느낌은 때로 나를 불안하게 한다.

10년 뒤인 28세, 20년 뒤인 38세쯤 다들 어떤 모습으로 살아갈까? 세상이 나를 알아주길 간절히 바라는 십대를 통과해 어떤 모습으로 자기 존재를 드러내며 살아가고 있을까? 에어로빅을 하는 은비는 에어로빅을 계속하고 있을지, 얼굴이 예쁜 지영이는 여전히 아름다울지, 공부벌레처럼 공부만 하는 지혜와 은성이는 또 어떤 모습일지 궁금하다. 엄마, 아빠는 지금으로서는 공부를 성실하게 하는 것이 가장 확실한 투자이며 존재감을 강하게 느낄 수 있는 길이라고 귀에 못이 박힐 정도로 말한다. 그러나 나는 아직도 하고 싶은 것이 너무나 많아 딱히 하나를 정하지 못하겠다. 나의 진짜 존재감을 밝혀줄 수 있는 그 무엇인가를 언젠가는 찾고 싶다.

건강한 존재감은 가정이라는 토양에서 싹을 틔운다

존재감에 집착하는 십대의 심리

　나이를 불문하고 인간은 본능적으로 존재를 확인받고 싶어 한다. 누구나 자신의 존재를 각인시키려고 하는 욕구를 갖고 있기 때문이다. 게다가 청소년기의 특성상 이 시기의 아이는 자신의 존재감을 확인하려고 더 많은 애를 쓴다. 공부, 노래, 춤 등과 같이 각자 자신이 잘할 수 있는 분야를 통해 존재감을 확인받고 싶어 한다.

　머리카락을 자르지 않겠다는 고등학교 1학년 남학생이 정신과 진단을 받으러 왔다. 학생은 학교 규정에 맞지 않는 긴 머리를 하고 다니다가 선도부에 걸려 수차례 머리카락을 자르라는 권고를 받았다. 학생이 완강하게 거부하자 학교에서는 결국 정신 건강 의학과 진단을 받아오면 머리카락을 기르게 해주겠다고 했고 이 학생과 나는 상담실에서 만나게 되었다. 이 학생은 전교에서 꼴찌 자리를 맴돌 정도로 학업 성적이 좋지 않았는데, 지능 검사 결과는 매우 우수한 수준인 130점 정도가 나왔다. IQ 130에 전교 꼴찌를 하는 경우는 흔치 않다. 학생 엄마의 말에 따르면 형은 전교 1등을 도맡아 했고 고등학교 졸업 후 명문대에 입학했다고 한다. 상담을 진행하며 남학생이 왜 머리카락에 집착하는지 알 수 있었다. 매사 형과 비교당했던 학생은 공부에 흥미를 잃고 자신의 존재를 인정받을 수 있는 길을 찾아 나선 것이었다. 학생의 눈에 들어온 것은 록 가수였다. 그런데 록 가수가 되려면 머리카락을 길게 늘어트려야 속된 말로 '간지'가 난다고 생각했던 것 같다. 때문에 학생은 죽으나 사나 머리를 자르지 않겠다고 버틴 것이었다.

공부도 안 하고 반항적이고 부모와 선생님의 속이나 썩이는 문제아였던 이 학생에게 주변 사람들은 "괜한 ○폼 잡지 말고 머리나 잘라." 하며 비난했지만 아이 입장에서 머리카락은 자신의 존재감과 자존감을 유지하는 하나의 방편이었다. 어쩌면 목숨보다 더 지키고 싶은 그 무엇이었을지도 모른다.

초등 고학년, '미친 존재감'을 과시하기 시작할 때

청소년 상담글을 받다보면 한 학기가 지나도 반에서 자신의 이름을 기억하는 친구 하나 없을 정도로 존재감이 없어 괴롭다는 사연을 자주 접하게 된다. 발신자는 대부분 초등학교 5학년~중학교 2학년 아이들이다. 고등학생 정도가 되면 어느 정도 자기 개념이 정립되어 자신을 규정하는 안목과 여유가 생기고 친구 사이에서 자기 존재를 드러내는 방법도 터득하게 된다. 하지만 초등학교 5학년~중학교 2학년은 한참 정체성에 대한 혼란을 느끼는 시기다. 자기 존재를 누군가에게 각인시키고 인정받고 싶은 욕구가 극대화되는 사춘기인 것이다.

초등 저학년까지는 비교적 자기 개념이 미숙하고 부모와 밀착되어 있기 때문에 존재감으로 고민하는 경우는 많지 않다. 그러다 고학년이 되어 부모와 심리적인 거리가 생기면 또래 사이에서 존재감을 확인하려는 욕구가 급상승한다. 타인의 존재를 머릿속에 받아들이게 되는 것이다. 이때부터 목소리 크고 인기 많은 아이가 부러움의 대상이 되고 소심하고 자기 생각이나 감정을 잘 표현하지 못하는 아이는 남모르는 고민에 둘러싸인다. 뿐만 아니라 또래나 무리 집단에 소속되거나 배척되는 것에 대해 매우 민감해진다. 너무나 과도하게 존재감에 매달리는 아이는 '나는 누구에게나 환영받지 못하며 중요하기는 커녕 하찮은 존재'라는 잘못된 신념에 사로잡힌다. 심한 경우 사이버 공간에 외로워서 죽고 싶다는 글을 올리기도 한다. '미친 존재감'이라는 말이 나올 정도로 존재감을 더 널리, 깊게 각인시키고 싶은 욕구가 표출되는 것이다. 따라서 부모는 아이가 다른 사람에게 자기 존재를 심어주기 위해 자칫 위험하거나 남들이 하지 않는 행동을 하지 않도록 일정한 선을 제시할 필요가 있다.

아이의 존재감은 가정에서부터 비롯되는 것

인간은 사회적 동물이기 때문에 기본적으로 어딘가에 소속되고자 하는 욕구를 가지고 있다. 아이의 존재감은 가정에서의 존재감과도 긴밀하게 연결된다. 엄친아(엄마 친구 아들), 엄친딸(엄마 친구 딸)과 비교를 당하며 일찍부터 경쟁에서 낙오되어 실망감을 경험한 아이 그리고 부모의 불화, 별거, 이혼 등 가정 문제로 설 곳을 잃은 아이는 그야말로 무존재감의 극치를 느끼며 고통으로 신음하게 된다. 반면 안정된 가정에서 정서적 지지를 받는 아이는 밖에서 유난스럽게 자기 존재감을 확인하려 들지 않는다. 청소년기에 자아의식이 어느 정도 견고해지면 자신과 타인에 대해 깊이 있는 생각을 하게 되는데, 이때 스스로 고유한 존재라는 확고한 느낌을 가지고 타인을 대하게 된다. 집은 아이가 세상에서 지치고 힘들 때 언제든지 닻을 내리고 쉴 수 있는 곳이 되어야 한다. 아이의 건강한 존재감은 가정이라는 울타리 안에서, 토양 속에서 첫 싹을 틔울 수 있다.

PART 02

바꾸고 싶은 내 모습

습관과 욕구

본판 불변의 법칙을 깨고 싶어
외모 콤플렉스

엄마는 내가 거울만 보고 있으면 "외모보다는 머릿속을 채울 줄 아는 사람이 되어야 해. 지식이 더 중요하다고. 얼굴이 좀 못생겨도 공부 잘해서 좋은 직업을 가지고 당당하게 살아가는 사람이 얼마나 많은데!"라고 말한다. 마치 자신은 외모에 무척이나 신경 쓰는 사춘기 따위는 없었다는 듯이 말하는데 "난 엄마처럼 책만 파는 사람이 되고 싶지는 않다고!" 하고 한껏 반항하고 싶은 적이 한두 번이 아니다.

물론 우리 엄마와 달리 딸의 외모에 지대한 관심을 가진 엄마를 둔 친구도 있다. 친구 수영이가 대표적이다. 방학을 마치고 교실에 나타난 수영이를 보고 친구들은 놀란 입을 다물지 못했다. 넙치같이 넓적한 얼굴, 학교에서 제일 잘나가는 센캐(센 캐릭터)에게 얻어맞기라도 한 것 같은 부푼 눈, 아빠 주먹 하나를 얹어놓은 것 같은 코, 썩은 앵

두처럼 거무죽죽한 입술. 수영이의 첫인상은 이렇게 묘사되곤 했다. 웬만하면 평범하다고 말해주겠지만 솔직히 너무 못생긴 얼굴이었다. "쟤 좀 봐. 진짜 못생겼다." "어머! 쟤는 먹고살기 힘들겠다." 하는 조롱은 단골 메뉴에 가까웠다. 상황이 이렇다보니 수영이는 수업 시간, 쉬는 시간, 밥 먹는 시간 가릴 것 없이 거울만 들여다보며 자신의 얼굴을 살피기 일쑤였다. 이와중에 성적이 좋을 리가 없었다. 이런 수영이를 안타까운 눈으로 바라보던 수영이 엄마는 지난 겨울방학 때 큰 결심을 했다. 수영이를 성형외과로 데려가 현대 의학의 손을 빌리기로 한 것이다. 수영이는 그야말로 얼굴에 할 수 있는 수술은 다 하고 돌아왔다. 눈매 교정, 앞트임, 쌍꺼풀 수술, 콧대 수술…. 그리하여 수술 후 수영이는 완전히 다른 사람이 되었다. 물론 수영이가 현대 의학의 손을 과하게 빌렸다고 해서 본판 불변의 법칙에서 완전히 벗어난 것은 아니었다. 개학식 날 본 수영이 얼굴은 마치 방금 지구에 도착한 외계인에 가까웠다. 이전 얼굴보다 훨씬 더 이상했다. (호박에 줄 긋는다고 수박이 되는 건 아닌데.) 시간이 지나면서 아주 조금씩 좋아지기는 했지만 본판에서 완전한 미인으로 재탄생하기 위해서는 앞으로도 상당한 시간이 걸릴 것 같았다.

보통 여학생의 외모 고민은 초등학생 때부터 시작된다. 어쩌면 유치원 때부터 예쁜 여자아이와 못생긴 여자아이, 잘생긴 남자아이와 못생긴 남자아이에 대한 구별이 시작되었을지도 모르겠지만 다만 그

때는 외모로 인한 상처를 크게 받지 않는다. 그런데 초등학교에 들어가면 스스로를 못생겼다고 생각하는 잠재의식이 점차 수면으로 떠오른다. 친구들이 동물에 빗대어 놀리기라도 하면 백발백중 상처를 받기 시작한다. 햄스터 같다, 돼지 같다, 여우 같다, 가오리 같다, 복어 같다, 토끼 이빨 닮았다 등 친구들의 놀림은 끝이 없다. 물론 나도 동물에 빗댄 놀림을 받았다. 초등학교 저학년 때부터 살이 찌기 시작하더니 어느 날부턴가 가족과 친척들로부터 '코끼리 같다'라는 놀림을 받기 시작했다. 특히 산적같이 생긴 외삼촌은 나를 볼 때마다 '투포환 선수를 해도 되겠다'라며 놀리곤 했는데 가끔은 계급장 떼고 먹살을 잡고 싶다는 충동을 느끼기도 한다.

여하튼 단순하게 외모를 동물에 빗대어 표현하던 초딩 시절을 벗어나면 외모 비하성 언어 선택이 점점 더 잔혹해진다. 비유 대상도 동물을 넘어서서 식물, 만화 캐릭터, 음식, 연예인, 외계인 등 다양해진다. 이런 놀림이 심해질수록 거울을 바라보는 횟수도 늘어난다. 수업 시간에도 책상 위에 손거울을 올려놓고 거울을 보게 된다. 그러면서 본판 불변의 법칙에서 탈출할 날을 상상하며 나만의 세계로 빠져든다.

외모도 자아 개념의 하나임을 인정해주자

십대에게는 쌍꺼풀 한 줄이 교과서에 긋는 밑줄보다 중요하다

어느 순간부터 '내면의 아름다움'은 진부한 표현이 되어버렸다. 오히려 아이고 어른이고 외적인 아름다움을 추구하며 스스로의 외모에 변화를 갈구하는 것이 요즘의 최신 트렌드다. 이렇게 몸, 구체적으로는 얼굴 생김새에 대한 관심이 활발해진 데에는 물질적인 풍요가 주요 원인이라고 본다. 거기다 매스컴에서 '동안, 피부미인, 꿀벅지' 등과 같은 말을 쓰면서 외모 지상주의를 부추기다보니 청소년 심지어 초등학생까지도 외모에 집착하는 수준이 점점 심해지고 있다.

상담실을 찾은 고등학교 2학년 나영이는 쌍꺼풀이 있었지만 마음에 들지 않아 매일 아침 스카치테이프를 붙이며 새로운 쌍꺼풀을 만들려고 노력했다. 한 시간 이상 눈에 공을 들이다보니 지각을 밥 먹듯이 했다. 문제는 예뻐 보이고자 하는 마음이 집착의 수준까지 갔다는 점이다. 수업 시간에도 거울을 펼쳐놓고 쌍꺼풀을 보다가 혼나는 일이 많았고 공부에는 통 관심이 없었다. 보다 못한 엄마는 나영이의 끈질긴 요구에 쌍꺼풀 수술을 시켜줬는데 이번에는 수술 후 생긴 쌍꺼풀이 마음에 들지 않는다며 재수술을 해달라고 졸랐다. 학교도 가지 않고 시위하다가 엄마에게 끌려오다시피 하며 상담실을 찾았다. 객관적으로 나영이는 보통 아이보다 예쁜 외모를 가지고 있었다. 주변 사람들로부터 예쁘다는 말을 자주 들었지만 정작 자신은 스스로를 못생겼다고 폄하하며 눈을 어떻게 고쳐야 예뻐질까만 궁리하고 있었다. 이를 지켜보는 엄마는 내리 한숨을 쉬었다.

성형과 다이어트, 빈도는 잦아지고 연령은 낮아지고

외모에 지나치게 신경을 쓰며 성형에 빠지는 것과 동시에 거식증이나 폭식증 같은 섭식 장애(eating disorder)를 경험하는 여학생이 늘어나고 있다. 한 조사 결과에 따르면 정상체중 여학생의 64.9%가 체중 조절을 한 경험이 있고, 43.6%가 스스로를 뚱뚱하다고 생각하며 고민을 한 적이 있다고 한다. 저체중에 해당하는 여학생의 29.3%도 체중 조절의 경험이 있고, 38.7%는 자신을 보통이거나 뚱뚱한 체형이라고 생각하고 있다. 체중 증가와 비만에 대해 극심한 두려움을 지니고 음식 섭취를 현저하게 줄이거나 거부하는 학생도 많았다. 제3자가 봤을 때는 날씬한데도 스스로를 뚱뚱하다고 생각하는 학생이 많고 이로 인해 다이어트나 몸에 집착하는 정도가 갈수록 심각해지고 있다. 성형이나 다이어트 등 외모에 열중하는 아이가 늘어나는 것은 이제는 흔한 일이 되었다. 외모에 대한 언급에 민감한 반응을 보이거나 정상체중임에도 스스로 비만이라 주장하고 음식을 잘 먹지 않는 모습도 자주 볼 수 있다. 고등학생의 경우 방학이 끝나면 성형 수술을 하고 나타나는 아이가 반에서 서너 명은 된다. 성형 수술을 하는 연령도 현저하게 낮아지는 상황이다.

'여자의 변신은 무죄'라고 하면서 성형을 정당화하는 광고를 내걸고 있는 우리 사회의 분위기가 성형 열풍에 한몫을 하고 있다. 텔레비전이나 매스컴에서 성형 수술 여부와 혹독하고 건강하지 않은 다이어트 경험을 당당히 밝히는 연예인을 보면서 모방 심리까지는 아니더라도 '나도 저렇게 하면 예뻐질 수 있지 않을까' 하고 혹하는 아이가 분명히 있을 것이다. 문제는 자신의 아름다움을 위해 수술도 감내하겠다고 당당히 자기주장을 해대는 아이가 어떤 기준과 관점에서 그런 결정을 하게 되었는지를 부모가 진지하게 묻지 않는다는 것이다.

외모에 대한 관심을 수용하되 왜곡된 기준은 바로잡아야 한다

여자아이가 자신의 외모에 관심을 가지고 치장하는 것은 어쩌면 본능에 가까운 노력이다. "아직 어리니까 외모에 대한 관심을 끄고 공부나 해라."라는 말은 통하지 않는다. 외모가 중요하지 않다고 아이를 설득하기보다는 자신의 외모를 긍정적으로 보고 외모 못지않게 중요하게 가꾸어야 할 부분이 있다는 것을 아이에게 인식시켜주어야 한다.

우선 예쁜 외모를 가지려 하는 노력은 청소년기의 자연스러운 현상이라는 것을 인정하고 긍정적으로 수용할 필요가 있다. 무엇보다도 아이에게 있어서 외모에 대한 고민이 얼마나 절실한 것인지를 이해하고 외모를 가꾸려는 행동을 자기표현의 한 방법으로 봐주려는 노력이 필요하다. 다음으로 외모에 관심을 갖게 된 아이가 외부의 기준에 따라 미에 대한 개념을 심하게 왜곡하고 있지는 않은지 점검해주어야 한다. 아이들은 외부에서 주어진 기준을 무비판적으로 수용하는 잘못을 범하기 쉽다. 아이가 외적 기준에 대한 비판 의식을 갖고 자신의 사고와 행동 기준을 주체적으로 정할 수 있도록 도와야 한다. 마지막으로 완벽한 외모를 가진 사람은 없으며 완전히 만족하는 것 자체가 불가능하다는 것을 아이에게 인식시켜야 한다. 어떤 부분은 만족할 수 있지만 그만큼 만족하기 어려운 부분도 존재할 수 있다는 가능성에 대해 알게 하는 것이다.

건강한 가치 기준 형성을 위한 비판적 사고력이 필요하다

우리는 '외모도 경쟁력이다'라는 말이 공공연히 나오는 사회 문화적 분위기 속에서 살고 있다. 그러나 다른 것은 등한시하고 오로지 외모에만 집착한다면 분명 득보다는 실이 더 많을 것이다.

우리나라 부모는 학습 등 발달의 한 측면만 강조하고 다른 것은 희생되어도 좋다는 생각을 은연중에 아이에게 강조한다. 이런 방식으로 아이를 양육하게 되면 판단 기준의 폭이 줄어들 수밖에 없다. 외모가 중요하게 인식되는 초등학교 고학년쯤 되면 자신의 가치를 외모로만 판단하게 되는 불상사가 발행할지도 모른다. 따라서 인터넷과 대

중 매체에서 주어지는 정보와 가치 기준을 비판적으로 수용하도록 아이를 훈련시킬 필요가 있다. 부모는 아이가 왜곡되고 편향된 우리 사회의 미적 기준을 버리고 미에 대한 건강한 가치 기준을 형성해나갈 수 있도록 도와야 한다. 청소년기는 자아 개념이 확립되어가는 시기이므로 자아 개념 형성과 관련된 다른 요인에 대해서 관심을 가지게 하거나, 특기나 취미 생활 등 다양한 영역으로 관심을 쏟게 하는 것도 한 방법이 될 것이다.

나의 3대 악습을 소개합니다
습관 고치기

'세 살 버릇 여든까지 간다'라는 말을 들을 때마다 나의 한숨은 땅을 내리누른다. 나쁜 습관을 고치지 못해 여든이 되어서도 아들, 딸, 손자, 며느리에게 구박받지나 않을까 염려된다. 내가 생각하는 고치기 어려운 나의 3대 악습은 다음과 같다.

첫 번째는 지각하는 습관이다. 이상하게 학원이든 학교든 제시간에 가지를 못하겠다. 학원에 늦을 때는 주로 조용히 뒷문을 이용한다. 그러면 선생님은 "오! 주인공은 역시 마지막에 등장하는 법이죠."라며 주의를 집중시킨다. 학교에서도 예외가 아니다. 고등학교 1학년 때 지각생이 내는 벌금을 모아 학급비로 썼다. 에어컨이 고장 난 여름날 그 학급비로 아이스크림을 사먹었는데 갑자기 친구들이 일제히 나를 돌아보며 "고마워." 하고 인사했다. 엄마는 매일 천 원씩 입장료를 내고 학교에 다닌다며 핀잔을 주곤 했는데 내가 낸 지각비를 계산해보니 친구들 모두에게 아이스크림을 사먹이고도 남을 정도였다.

두 번째 나쁜 습관은 늦잠을 자는 것이다. 원인을 따져보면 늦게 자니까 늦게 일어나는 것뿐인데 그게 잘 고쳐지지 않는다. 휴일이나 일요일은 새벽 4시까지 채팅하다가 해가 중천에 떠도 일어나지 않는 바람에 엄마 속을 많이 태웠다. 습관을 고치기 위해 엄마에게 무지막지하게 깨워달라 하기도 했다. 그랬더니 엄마는 정말 내 방 문을 따고 들어와 시끄러운 음악을 틀고 이불을 걷어채가며 인정사정 없이 나를 깨웠다. 이럴 때는 엄마에게 고함이라도 치고 싶었지만(사실 어떤 날은 그러기도 한다) 엄마는 꿈쩍도 안 하고 매번 같은 방식으로 나를 깨웠다. 그럼에도 불구하고 나의 늦잠 자는 버릇이 고쳐지지 않자 엄마는 결국 특단의 조치를 취했다. 12시가 되면 저절로 컴퓨터가 꺼지는 프로그램을 설치하고 11시가 넘으면 스마트폰을 압수해갔다. 이러한 조치로 늦잠 자는 버릇이 조금씩 고쳐지긴 했다.

세 번째 고질적인 습관은 옷을 아무 데나 벗어놓는 것이다. 함께 사는 외할머니는 내 방에 들어올 때마다 방에 강도가 든 것 같다며 한숨을 쉰다.

"정신 사나워서 원."

외할머니의 주요 레퍼토리다. 내 생각에는 외할머니에게 청소 강박증이 있는 것 같은데, 외할머니 눈에는 나에게 불결 강박증이 있는 것으로 보일지도 모른다. 3대 악습 외에 하나를 더 추가하자면 식탐을 꼽을 수 있다. 음식 그중에서도 고기를 너무 많이 먹는 습관은 고치고 싶은 것 중 하나다.

    나의 3대 악습 및 소소한 습관 때문에 나는 엄마에게서 셀 수 없는 잔소리를 들어야 했다. 그럼에도 습관은 잘 바뀌지 않았다. 왜 이렇게 바뀌지 않는 걸까 생각해보면 의지가 약하다는 게 가장 솔직한 답이 될 수 있겠다. 하지만 주변을 돌아보면 오로지 나만이 나쁜 습관의 소유자는 아닌 것 같다. 지각을 자주 하는 친구, 늦잠을 자는 친구, 청소를 안 하는 친구 그리고 이 모든 나쁜 습관을 모두 갖고 있는 친구가 참 많다. 그 친구들에게 왜 나쁜 습관을 못 고치고 있느냐고 물으면 대부분은 '그냥 어제처럼 살고 있을 뿐'이라 답한다. 나에게 같은 질문을 한다면 '너무 빡빡하게 강박적으로 살고 싶지 않아서'라고 대답했을 것이다. 그저 여유롭게 살고 싶을 뿐이다.

    중학교 때까지 학교나 학원, 약속 시간에 늦어도 별 걱정이 없었고 때문에 지각을 자주 했다. 하지만 그렇게 살아도 아무런 불편이 없었다. 그런데 고등학교에 들어오면서부터 상황은 완전히 달라졌다. 중학생 시절처럼 안일하게 학교생활을 하다가는 게으름에서 벗어날 수 없겠다는 걱정이 많아졌다.

나쁜 습관을 바꾸기 위한 자각 훈련이 필요한 시기

누구에게나 나쁜 습관은 있다

처음에는 우리가 습관을 만들지만 나중에는 습관이 우리를 만든다.

- 존 드라이든(John Dryden)

습관은 보통 강화와 보상을 통해 습득된다. 습관적인 행동은 분명 보상이 있다. 잠을 늦게 자면 아침에 일어났을 때 푹 잤다는 느낌과 함께 상쾌한 기분을 느낄 수 있다. 밥을 많이 먹으면 스트레스 상황에서 포만감과 만족감을 얻어 기분이 나아진다. 이런 순간적인 만족감이 보상으로 작용하면 좋지 못한 습관을 고치기가 점점 어려워진다. 상담을 통해 만난 아이들 중 대부분이 '나에게 이것은 큰 문제가 아니다'라거나 '원하면 언제든지 바꿀 수 있다'라고 생각한다. 어떤 아이들은 '벗어나기에는 의지가 너무 약하다, 벗어나고 싶지만 나 자신도 어쩔 수 없다'라며 체념하기도 한다. 그러는 과정에서 좋지 않은 습관에 중독되어 간다. 술이나, 담배, 쇼핑 등 자신이 원하지 않는 상태에 계속 끌려다니는 중독 증상은 어른들만의 문제가 아니다. 습관을 고치려고 애쓰다 번번이 실패할 경우 무기력한 자신을 발견하게 되는데 '나는 의지가 부족한 사람이다' 또는 '나는 정신력이 약하다'라는 결론에 도달하면 바꾸고자 하는 의지조차 사라져버린다.

잘못된 습관을 두고 아이와 실랑이를 할 때는 문제의 이유를 아이의 의지나 정신력으로만 돌려서는 안 된다. 습관에서 벗어나는 것은 행동 수준의 문제다. 행동을 이끄는 것은 보이지 않는 생각과 의도다. 〈성공하는 사람들의 7가지 습관〉에는 '생각은 행동을 낳고 행동은 습관을 낳고 습관은 성품을 낳고 성품은 운명을 낳는다'라고 쓰여 있다. 생각의 변화를 통해 행동의 변화를 이끌어낼 수 있도록 아이를 응원하는 태도가 필요하다.

심리학자가 제안하는 습관 반전 훈련

심리학자들은 나쁜 버릇을 없애기 위해 '습관 반전(habit reversal) 훈련'을 제안한다. 습관을 없애기 위한 가장 첫 번째 단계는 의도, 즉 생각을 갖는 것이다. 지금부터 나쁜 버릇을 없애야겠다는 의도를 분명히 하는 것인데, 많은 사람들이 습관을 없애고 싶어 하지만 의도를 분명히 하지 않는다. 막연히 '일찍 일어나고 싶어요, 살을 빼고 싶어요, 과식을 하지 않았으면 좋겠어요'라는 소망만 이야기한다. 의도를 명확히 한 다음에는 이전의 좋지 않은 습관이 어떤 상황과 신호를 받아 일어나는지 자각해야 한다. 대부분의 습관은 오래전 부지불식간에 형성된 것이어서 그 원인을 잘 기억하지 못하거나 파악하지 못한다. 그러나 습관이 나타나기 이전과 습관 행동에 몰두할 때를 관찰하고 자각하면 그 신호를 파악할 수 있다. 손톱을 물어뜯는 아이를 예로 들어보자. 이 아이는 손톱을 물어뜯는 행동을 자각하는 훈련을 통해 긴장감이 올라오거나 불안할 때 신호를 느낄 수 있다. 신호를 받게 되면 아이는 손끝에 예리한 긴장을 느끼는 동시에 입으로 손을 가져가게 된다. 이처럼 아이가 신호를 느낄 때 대안 및 경쟁 반응을 하게 한다. 손톱을 물어뜯고 싶은 충동이 올라오면 종이 찢기를 시킨다든가, 손끝을 엄지손가락으로 비비게 한다든가, 주먹을 쥐락펴락하게 하는 것이다. 이러한 반복적인 행동은 새로운 습관으로 굳어진다.

많은 부모들이 공부를 잘 하지 않는 아이가 공부를 습관처럼 하게끔 바꾸어주기를 원한다. 아이가 공부를 하지 않고 휴대폰을 계속 보는 행동을 고치고 싶다면 휴대폰을 일정 시간 하지 않게 하는 계획을 세워보기를 권한다. 휴대폰을 유도하는 신호와 보상을 알아내고 대안을 찾는 의도가 있어야 한다. 의도만 있다면 습관의 통제는 가능하다.

사소한 노력이 '마법의 순간'을 만든다

크고 작은 수많은 습관이 모여 아이의 삶을 결정한다. 아침에 일어나서 물 마시는 습관, 가족과 대화하는 습관, 텔레비전을 너무 많이 보는 습관 등은 은연중에 자동적으로 일어나기도 한다. 하지만 어떤 습관은 정서적인 자극에 따라 생겨나 도파민이나 엔도르핀 같은 신경화학적 보상을 주는 등 좀 더 복잡한 메커니즘을 따른다.

아이에게 좋은 습관을 길러주고 싶다면 윽박지르거나 고함쳐서는 안 된다. 의도를 가지고 아이가 나쁜 습관에서 빠져나오도록 해야 한다. 아직 초등학생이라면 바람직한 행동에 강화와 보상을 주고 그렇지 않은 행동은 무시하거나 처벌함으로써 습관 반전이 가능하다. 조금 더 자란 십대는 나쁜 습관과 행동을 없앨 수 있는 방법을 부모와 아이가 함께 토의하고 지킬 수 있는 작은 것부터 하나씩 실천하도록 한다. 이때 중요한 점은 아이의 의견을 무시하지 않는 것이다. 성급하게 습관을 바꿔놓으려고 애쓰기보다는 아이의 수준에 맞게 아이가 받아들일 수 있는 선에서 조금씩 반전시켜나가는 것이 필요하다. 아이가 단 몇 분을 앞당기지 못해 매일 지각을 한다면 아이 방의 시계를 5분 정도 빠르게 해놓는 방법을 쓸 수도 있다. 별것 아닌 것 같지만 사소한 노력이 문제를 해결할 수 있는 변화의 계기가 된다. 작은 일도 반복하다보면 뇌 통제 센터에 변화를 유도할 수 있을 것이다. 이는 뇌에 오래된 프로그램을 삭제하고 새로운 프로그램을 설치하는 셈이다. 이러한 습관 바꾸기 노력은 '마법 같은 순간'을 불러온다. 그러다보면 자기도 모르게 새로운 좋은 습관을 갖게 된 아이를 보면서 흐뭇함을 느끼게 될 것이다.

쇼핑 천국과 등골 브레이커
십대의 쇼핑

내가 다녔던 학원은 늘 지하철역 근처에 있었고 지하철역 근처에는 백화점과 같은 쇼핑센터가 즐비해 있다. 그래서 나는 자연스럽게 학원을 다니는 틈틈이 쇼핑을 즐길 수 있게 되었다. 평소에도 혼자 잘 돌아다니는 나에게 천국 같은 시간이었다.

나의 쇼핑 패턴은 이러하다. 백화점에 가면 손, 발, 눈이 굉장히 분주해진다. 우선 1층 화장품 매장을 죽 둘러본다. 좋아하는 화장품 브랜드가 몇 개 있는데 매장에 들러 새로 나온 화장품이 있나, 이벤트를 하지는 않나 꼼꼼히 살핀다. 특히 세일 중이면 그냥 지나치는 법이 없다. 다음으로 스포츠 매장으로 향한다. 여성스럽고 치렁치렁한 옷은 좋아하지 않기 때문에 후드 티나 저지 같은 옷을 찾는다. 이후로 매장 여기저기를 둘러본 다음 엄마에게 슬쩍 "백화점에서 봤는데 거기 모자 되게 귀엽더라." 하며 이야기를 꺼내 그중 몇 개를 득템(득 아이템, 갖고 싶은 물건을 손에 넣는 것)하기도 한다. 쇼핑 천국에 사는 것이 참으로 즐겁다는 게 내 솔직한 심정이다.

　사실 모든 사람들이 나처럼 쇼핑을 즐길 줄 알았다. 친구들도 쇼핑하는 것을 좋아해서 학원 끝나고 다 같이 아울렛에 들르곤 한다. 친구들은 이구동성으로 쇼핑을 하면 심신의 안정감을 느끼고 편안해진다고 말한다. 하지만 엄마는 쇼핑이 굉장히 불편한 과정이라고 생각한다. 백화점에서 시간 가는 줄 모르고 온갖 상품을 면밀히 탐색하는 나와는 달리 엄마는 1시간 이내에 모든 쇼핑을 마치는데, 그 방법인즉슨 물건 사려고 돌아다니는 걸 질색하는 성격이라 자주 가는 단골 옷집을 정해놓고 마네킹에 코디된 옷을 그대로 구입하는 것이다. 가게에 들어가서 3분 만에 옷을 사는 믿기 힘든 광경을 내 두 눈으로 목격하기도 했다. 물론 옷집 주인은 엄마 같은 손님을 좋아하겠지만 서둘러 계산하다보면 바가지를 쓰는 일이 잦을 거라는 걱정이 앞선다. 엄마와 백화점이나 쇼핑센터에 가면 엄마의 기분에 따라 콩고물이 떨어져 좋기도 하지만 빠른 시간에 쇼핑을 마치라고 닦달하며 매장 직원과의 실랑이를 일절 금지하는 엄마 때문에 불편할 때도 많다.

　쇼핑을 즐길 줄 모르기로 엄마보다 더 심한 사람이 있는데 전에 다녔던 학원 원장님이 그런 분이었다. 내가 보기에 원장님은 쇼핑을 혐오하는 수준에 가까웠다. 원장님은 시간을 낭비하는 일은 딱 질색이라고 했는데 원장님의 쇼핑법은 이러했다. 백화점에 가기 전에 일단 무엇을 살지 정해놓는다. 그리고 백화점에 가면 머릿속으로 그림을 그려 최단 거리를 이용해 원하는 매장으로 간다. 마음에 드는 물건을 찾아 30초 만에 결제한다. 원장님은 부인이 옷 구경을 한다고 하면 시간 낭비라며 그냥 와버리기도 한다고 말했다. 보통 남자는 여자의 쇼핑을 이해 못한다고 하는데 그 원장님이 딱 그랬다.

　우리나라에서는 쇼핑을 좋아한다고 하면 흔히 된장녀 취급을 받기도 한다. 그러나 나는 엄마, 아빠의 노후 자금을 축내는 등골 브레이커(부모 등 처먹는다는 의미의 신조어로 불효를 나타낸다)가 되고 싶지는 않다. 주로 아이쇼핑을 즐기면서 어쩌다 용돈을 모아 패션 아이템을 몇 개씩 사는 정도다. 또래 친구들 역시 대부분 나와 비슷하다. 학원에 가기 전 자투리 시간 30분을 할애해 근처 화장품 가게에 들러 새로 나온 상품이나 트렌드를 살피는 것이 고작이다. 고등학생이라는 신분에서 딱히 즐길 만한 놀이 문화가 없는 실정이다보니 공부에 지친 심신을 일시적으로나마 해소하려는 몸부림이라고 해야 하지 않을까.

쇼핑을 통해 자존감을 높이려는 십대의 심리

쇼핑 그리고 남과 여

쇼핑은 많은 이들이 즐거워하는 활동 중 하나다. 아이들의 경우 초등학교 저학년까지는 엄마가 사다주는 옷을 입다가도 4학년 이상의 고학년이 되면 엄마의 취향이 본인과 맞지 않다며 직접 고르겠다고 나선다. 십대에게 인기 있는 옷집에 가면 모녀 혹은 모자가 사이좋게 옷을 고르는 풍경도 있지만, 아이는 뭔가 잔뜩 화난 표정을 짓고 엄마는 더 짜증 섞인 표정으로 아이를 다그치는 모습을 흔히 목격하게 된다.

모두가 알고 있듯 쇼핑에 관해서만큼은 여자와 남자, 여자아이와 남자아이의 차이가 확연하다. 대부분의 남자는 물건을 이것저것 고르는 과정에서 즐거움을 얻기보다는 '효율적인 결정'을 선호하기 때문에 남자가 쇼핑 중독자가 되는 경우는 드물다고 한다. 대신 남자는 게임이나 운동과 같이 쾌감을 주는 행동과 활동에 더 빠진다. 캐나다의 진화 심리학자 갓 사드(Gad Saad) 교수는 남자에게 최고급 포르쉐 스포츠카를 몰게 한 다음 호르몬 수치를 측정했더니 테스토스테론 수치가 높게 나타났다고 한다. 이는 여자가 쇼핑에서 쾌감을 얻는 것과 같은 맥락이라 볼 수 있다. 여자의 우울증을 연구한 학자에 따르면 여자는 백화점이나 시장에서 물건을 둘러보는 것만으로 상당한 기분 전환을 느낀다고 한다. 실제 치료의 한 방편으로 즐거움을 주는 활동인 쇼핑을 권하기도 한다. 많은 여자들이 우울해하다가도 백화점에 가면 눈에서 삶의 의욕이 마구 솟아나고 일상의 지루함이 해소되는 기분을 느낀다. 하지만 어디까지나 적정선이 좋다. 쇼핑은 활력, 자신감, 만족감을 주기도 하지만 지나칠 경우에는 후회를 낳고 쇼핑 중독이라는 심리적 문제가 생긴다.

십대 명품족이 늘어나는 이유는?

요즘은 십대 때부터 명품에 관심을 갖고 고가의 지갑이나 책가방을 사는 아이가 늘어나고 있다. 중학교 때까지는 인터넷이나 쇼핑몰에서 소박한 쇼핑을 하던 아이들도 고등학생이 되어 명품 지갑을 가지고 다니는 다른 친구들을 보면서 명품에 눈을 뜨게 된다. 명품에 빠진 20~30대 여자의 대명사격인 '된장녀'의 전조가 고등학생 때부터 보이기 시작하는 것이다.

흔히 부자인 체하면서 과시적 소비 행태를 보이는 것을 베블렌 효과(veblen effect)라고 하는데, 십대에게서도 베블렌 효과가 자주 보인다. 전문가들은 그 이유에 대해 인터넷이나 스마트폰을 통해 명품 광고를 쉽게 접하게 되면서 옛날에 비해 접근성이 현저히 좋아졌기 때문이라고 해석한다. 다른 한편으로 부모의 보상 심리를 그 이유로 꼽기도 한다. 지금 십대의 부모에 해당되는 40~50대 기성세대는 자신들이 사용하지 못했던 명품을 자식에게는 기꺼이 사주려고 한다. 전후의 가난을 대물림하지 않고 아이의 기를 죽이지 않겠다는 부모의 의지가 한몫을 한 것이다. 마지막으로 아이가 과도한 입시 경쟁으로 스트레스를 받는 상황에서 마땅한 해소법을 찾지 못하고 명품 시장을 기웃거린다는 데에 이유를 두기도 한다. 그러나 너무 일찍부터 고가의 물건을 사들이는 것은 문제가 된다. 아이의 소비가 과소비나 허영적인 소비 패턴으로 자리 잡을 수도 있고, 20~30대에는 경제적 능력도 없으면서 과소비를 해대는 버릇으로 굳어질 수도 있다.

바른 경제관념을 위한 소비 교육이 필요하다

유명 연예인이 광고하는 샴푸를 쓰고 명품 가방, 명품 옷, 고가의 화장품으로 치장하려는 데는 연예인 모방 심리와 자기 과시 심리가 작용한다. 자기 분수에 맞지 않은 소비 행태지만 이런 소비를 통해 자신을 내보이고 자기 존재를 인정받고 싶은 것이다. 상담실에서 만난 한 여대생은 고등학생 때부터 돈을 마구 써서 문제를 일으키더니 대학생이 되자 집문서를 사채업자에게 맡기고 명품을 사기도 했다. 딸의 상태가 심각하다고 판단한 부모가 상담을 의뢰해왔는데 도를 넘어선 허영심이 원인이었다.

이처럼 극단적인 경우는 극소수겠지만 책임감 있는 소비를 가르치는 것이 중요하다는 사실은 아무리 강조해도 지나치지 않다. 비싼 명품 옷이나 가방, 구두에 대한 욕망은 우리 사회의 허위의식을 가장 잘 보여주는 단면이라 할 수 있다. 남보다 더 있어 보이고 부자처럼 보이고 싶은 욕구 이면에는 그런 식으로라도 자기 자존감을 높이려는 심리가 작용한다. 아이가 이러한 헛된 욕망의 노예가 되지 않게 하기 위해 경제관념과 현명한 소비를 가르쳐야 한다.

관심받고 싶어 안달하는 네가 불쌍해
관심병의 심리

친구들 중에 관심을 받으려고 안달 난 것 같은 아이들이 꽤 있다. 나도 중학교 1~2학년 때는 많이 나대는 축에 속했고 다른 친구들도 다 같이 관심병 종자마냥 나댈 때였다. 고등학생쯤 되고 나니 나대는 아이들이 딱 꼴불견으로 보이기 시작했다. 보통 나댄다는 소리를 듣는 친구들은 어떤 상황이든지 큰 목소리로 쓸데없는 말을 툭툭 던지는 아이들이다. 이런 아이들은 자신의 존재감을 어필하려고 무진장 애를 쓴다. 선생님이 출석 체크를 할 때 단순히 튀어 보일 생각에 "늬에에~~?"라고 대답을 하고 선생님이 질문을 하면 동문서답을 하기도 한다. 평소에는 괜한 말을 꺼내며 친구들의 이목을 집중시킬 때도 있다. 흔히 이런 아이들이 교실의 분위기를 주도할 것 같지만 실상은 그렇지 않다. 친구들은 '웃기긴 한데 대체 왜 저러는지 이해가 가지 않는다'라는 반응이다. 사실 관심병 종자는 눈치가 없는 탓에 친구들 사이에서 기피 대상이 되기 십상이다.

현실뿐 아니라 인터넷에서도 관심병 종자를 많이 볼 수 있다. 내가 자주 가는 인터넷 카페에는 일부러 귀신 사진을 올리거나 더러운 ○사진, 혐오스러운 사진 등을 올리며 사람들의 반응을 즐기는 회원이 있다. 자살을 시도하려 했다며 손목을 그은 쇼킹한 사진을 올린 회원도 있었다. 해외에서는 자기가 자살하는 것을 실시간으로 올리겠다고 해서 화제가 된 적도 있다. 결국 친구가 신고해 경찰에 의해 저지되기는 했지만 정말 오싹한 관심병 종자라는 생각이 들었다.

엄마는 늘 '내적인 힘과 카리스마가 있는 사람은 시끄럽게 말을 하지 않고도 다른 사람에게 영향력을 미친다'라고 한다. 은근히 '나대기 금지'를 주문하는 것이다. 또한 나 자신을 포함해 주변 사람들의 행동을 조용히 관찰해보라고 한다. 심리학자가 되겠다고 공언했으니 이제부터라도 성숙된 자세를 가져보라는 의미에서 시킨 일 같다.

친구들의 모습을 잘 살펴보면 두 부류로 나누어지는 걸 알 수 있다. 학년이 높아지면서 조금씩 조용해지는 아이들이 생기는가 하면, 여전히 철없는 중학교 1~2학년생마냥 시끄럽게 떠들고 나대는 아이들도 있다. 그런 아이들을 보면서 처음에는 한심하다고 생각하고 말았는데 예전의 내 모습을 보는 것 같아 남의 일 같지 않고 가끔 쪽 팔리기도 한다.

나대며 관심을 끌려는 아이들의 마음에는 어떤 것이 자리 잡고 있는지 궁금해진다. 관심병 종자는 성격에 결함이 있는 걸까? 굳이 이상한 행동으로 욕을 먹어가면서까지 관심을 받고 싶어 하는 이유가 뭘까? 대학에서 범죄 심리학을 전공하고자 하는 나로서는 사람들의 이런 행동이 어디서 시작되는 건지 몹시 궁금했다. 내가 관찰해본 것은 대충 이렇다. 인터넷에서 관심을 끌어모으려는 친구들은 현실에서는 관심을 받지 못하는 부류가 많고, 인터넷상이든 현실에서든 관심을 지나치게 끌려고 하는 사람들은 애정 결핍증을 앓고 있는 것 같기도 하다. 그렇다면 다른 사람의 관심과 애정을 얻으면 이런 사람들의 관심병이 없어질까?

관심병에 가장 좋은 약은 부모의 사랑

"제 친구 이 정도면 관심병 아닌가요?"

사람은 누구나 자신에게 호의적인 관심을 보이는 것을 좋아한다. 세 살짜리 아이부터 여든의 노인에 이르기까지 인간이라면 누구나 관심과 사랑을 받고 싶은 욕구를 갖고 있다. 이는 욕구의 기본인 생물학적 욕구만큼 중요한 심리적 욕구에 속한다. 과하게 이러한 욕구가 표출되거나 주변에서 '병'이라고까지 부를 정도라면 문제가 되겠지만 말이다. 인터넷으로 관심병을 검색하면 국어사전에 '남들에게 관심 받고 싶어 하는 욕구가 심해서 정신병 수준인 상태'로 검색된다. 물론 정신 의학 사전이나 심리학 사전에는 이런 말은 없지만 병이라 불릴 만한 수준의 청소년이 종종 보이기도 한다.

"중학교 2학년인데요. 제 친구는 시도 때도 없이 자살하고 싶다고 하고 일부러 남자친구 앞에서 죽겠다고 손거울 같은 것을 깨서 긋는 시늉도 합니다. 아이들 앞에서 '어떻게 하면 죽지?'라고 혼잣말하는 척하면서 팔목을 긋는 시늉을 하기도 합니다. 친구들이 장난으로 깨진 거울을 갖다주면서 한번 그어보라고 했더니 피부를 살짝 긋고 나서 엄청 아프다고 오버를 합니다. 언젠가는 학교 건물 옥상에 올라가 떨어져 죽겠다고 해서 '밀어줄까?'라고 했더니 벌벌 떨면서 '너 나 죽이려 작정했니?' 하며 정색하더라고요. 조금만 아프면 고래고래 소리를 지르고 다른 친구들이 몰려들어 괜찮으냐고 관심을 보이면 좋아하는 제 친구, 이 정도면 관심병 아닌가요?"

위의 학생처럼 가족이나 친구의 관심에 목을 매는 아이들을 어떻게 하면 좋겠냐는 문의는 점차 늘어나고 있다.

타인의 관심에 왜 목을 매는 것일까?

1920년대 영국의 심리학자인 볼비(Bowlby)는 전쟁고아를 대상으로 애착 이론을 만들었는데, 유아기 때의 애착이 성인이 되어서 성격에 어떤 영향을 미치는지를 분석했다. 생후 6개월부터 2년 사이에 자신에게 민감하게 지속적으로 반응해주는 친숙한 대상과 애착을 형성한 아이는 자라서도 주변 사람과 안정적인 관계를 맺고 친밀한 이성 관계를 형성하더라는 것이 애착 이론의 핵심이다.

애착 형성의 핵심은 보호자인 부모가 자신에게 지속적인 관심과 반응을 보여주는 것이다. 실제로 아이가 걸음마를 하고 말을 하기 시작할 때 부모가 '잘했다'라고 반응해주면 아이는 자신의 행동이 주변 사람을 기쁘게 한다는 사실을 발견하고 자신에 대한 존재감, 자부심을 깨닫게 된다. 충분히 관심받은 아이는 성인이 되어도 타인의 관심을 지나치게 추구하지 않고 건강한 인간관계를 형성하게 된다. 때문에 보통의 건강한 사람은 타인과의 관계에 지나치게 연연하지 않는다. 반면 어린 시절 충분한 관심을 받지 못해 늘 결핍된 상태에서 성장한 아이는 자라면서 지나치다 싶을 정도의 인정과 관심을 추구하게 된다. 존재감에 대해 불안감을 느끼는 사람은 타인의 관심을 갈망하는 상태에 놓여 있다고 봐야 한다. 자기를 찾는 휴대폰이 울리지 않고 SNS에 '좋아요'라는 댓글이 달리지 않으면 공허하고 불안해하는 사람이 그 예다.

여자친구의 관심이 자신에게서 조금만 멀어져도 힘들어하고 나중에는 여자친구를 끊임없이 협박하고 스토킹하다 상담을 받으러 온 남자 고등학생이 있었다. 또한 남자친구가 헤어지자고 하니 그 남자친구의 애정과 관심을 얻기 위해 학교도 안 가고 남자친구 학교 주변을 서성이던 여자 고등학생도 있었다. 이 두 십대 아이들 모두 부모로부터 충분한 애정과 관심을 받지 못했다는 공통점이 있었다. 남학생의 경우 부모가 이혼해 조부모 밑에서 자랐고 여학생은 늘 똑똑한 동생과 비교당하면서 부모로부터 인정받지 못했다.

부모와의 건강한 관계 경험이 가장 좋은 교육

관심에 목마른 아이들은 사람들의 관심을 받기 위해 연예인을 모방하고 연예인이 되려 하기도 한다. 자기가 원하는 애정과 관심이 오지 않으면 어린아이처럼 낙담하거나 실망하고 술, 담배를 하거나 약물을 사용하기도 한다. 사람을 계속 쫓는 관계 중독 양상을 나타내는 경우도 있다. 어린 시절의 건강한 관심과 애정은 청소년기뿐만 아니라 성인이 되어서도 이성 관계와 대인 관계의 기초가 된다. 이 기초가 튼튼하면 웬만한 좌절에도 잘 견디고 거절이나 거부로 인한 상처를 덜 받는다.

정신 분석가인 벤츠(Benz)는 "불행한 어린 시절은 우리를 사막 한 가운데서 필사적으로 물을 파게 만든다. 사막에서는 물을 구할 수 없다. 오랫동안 물을 구하지 못해 목이 마르면 마를수록 무엇이 잘못되었는지 바로잡을 생각을 하지 못한다. 기진맥진할 때까지 필사적으로 땅을 더 깊이 파려고 할 뿐이다."라고 말했다. 대부분의 사람들은 아이 양육에 대한 교육을 제대로 받지 못한 채 저절로 부모가 된다. 이 때문에 수많은 시행착오를 거듭하게 되는 것인데, 그럼에도 불구하고 육아의 기본은 '관심과 애정'이라는 사실은 절대 잊지 말아야 한다. 아이에게 대인관계에 대한 밑그림과 정신적인 지도를 잘 만들어주려면 온전한 관심이 필요하다. 정서적 결핍으로 인해 내면이 허기지고 목마른 아이로 키우지 않으려면 인생에게 중요한 시기인 아동·청소년기에 충분한 관심과 애정을 쏟아야 한다.

올빼미로 사는 게 좋아요
십대와 잠

나는 첫돌 때까지 1년 정도 낮과 밤이 바뀌어 있었다고 한다. 낮에는 쿨쿨 자고 밤 12시가 되면 심하게 울어댔다는 것이다. 엄마는 아무리 달래도 울음을 그치지 않는 나를 데리고 별별 방법을 다 동원하다 한의원까지 찾아가서 침도 맞혔다고 한다. 게다가 걸음마를 시작할 때부터는 주말이나 공휴일 상관없이 아침 6시면 눈을 떴다고 한다. 매일 같은 시각에 어김없이 엄마를 깨우는 통에 늦잠 한번 자보지 못했다는 것이 엄마의 증언이다. 하지만 중학교에 들어오면서부터 나는 늦잠대장이 되었다. 나의 수면 습관을 봐온 엄마는 "어려서는 아침잠이 없어서 고생시키더니 이제는 아침에 일어나지를 않아 고생시키네." 한다. 실제로 나는 중학생이 된 이후로 세상 모르고 잠만 자는 잠자는 숲 속의 공주마냥 시도 때도 없이 잠을 잤다. 가끔 눈을 떠 해가 높이 솟아 있는 것을 보면 죄책감에 들기도 했다. 상황이 이쯤 되니 엄마와 나는 잠 때문에 아침마다 전쟁을 치러야 했다. 중학생 때는 등교 시간이 8시 30분이라 그나마 괜찮았는데 고등학교는 8시까지라 여간 힘들지 않았다. 게다가 중학교보다 고등학교가 집에서 훨씬 떨어져 있어 더 일찍 일어나야 했다. 고등학교 1학년 때는 하루가 멀다 하고 지각을 해서 매일같이 엄마의 잔소리를 들었다.

물론 원인은 나에게 있다. 밤 12시에 깨어 울던 습관이 남아 있는 건지 자정만 되면 눈이 말똥말똥해진다. 주중에 야간 자율 학습을 마치고 오면 밤 10시가 넘는데 보통 12시까지 쉬면서 친구들과 카톡으로 수다를 떠는 일이 많아 1~2시까지 잠을 자지 않는 경우가 허다하다. 11시가 되면 휴대폰을 엄마한테 반납해야 하기에 그 이후에는 음악을 듣거나 공상을 하면서 나머지 시간을 즐긴다. 괜히 중학교 때 앨범을 들춰보기도 하고 새벽 2시에 방 청소를 하기도 한다. 밤이 되면 뭔가 더 활기차고 집중이 잘 되는 느낌이 들어 잠을 자기 아까울 때가 많다. 그런데 초등학교 이후로 올빼미가 된 건 나뿐만이 아니다. 내 또래 아이들 대부분이 비슷한 이유로 잠을 안 자고 밤을 즐기고 있다.

아침 전쟁을 치르는 것도 마찬가지다. 어떤 친구는 휴일에도 아빠가 아침 8시만 되면 이불을 걷어내는 바람에 마음껏 잠을 잘 수 없다고 한다. 우리 반 정찬이는 등교해서 1교시부터 졸기 시작해 3교시쯤 되면 아예 책상에 엎드려 잠을 잔다. 선생님도 깨우는 것을 포기하고 내버려둘 정도다. 정찬이 엄마도 아침마다 애를 깨워 학교에 보내는 일이 무척 고되고 힘들 것 같다. 엄마는 늦잠 자는 고질병에 대해 "이제부터는 고칠 병이라고 생각하고 좀 바꿔보자."라고 수십 번도 넘게 말했다. 하지만 아침에 교실에 가보면 몇 명만 빼고는 부스스한 얼굴로 앉아 있다. 지난밤 뭘 하느라 피곤한지 정신을 차리지 못하는 아이들이 대부분이다.

전쟁을 끝내기 위해서 청소년기의 수면 패턴 이해하기

올빼미형 십대가 많은 것은 자연스러운 현상

　십대 자녀와 부모가 가장 부딪치게 되는 문제 중 하나가 바로 '잠'이다. 잠이 보약이라는 것은 알지만 늦잠 자는 아이를 깨우지 않고 태평하게 봐줄 부모가 몇이나 되겠는가? 게다가 밤새 컴퓨터와 씨름한 흔적이라도 있으면 당장이라도 이불을 걷어내고 싶은 충동을 느낄 것이다. 이때의 고민은 아이를 지금 깨우는 것이 나은가, 인내심을 발휘해 5분이고 10분이고 기다리는 것이 나은가 하는 것이다.

　수면을 연구하는 뇌 과학자들은 수면이 몸을 쉬게 하는 것뿐 아니라 다양한 추가 기능을 한다고 본다. 칠판의 지우개처럼 하루 동안 있었던 일을 지우고 세포를 새롭게 재정비하며 에너지를 충전하는 역할을 한다는 것이다. 수면이 뇌세포 간의 연결을 강화해 경험과 학습한 내용을 더 잘 기억하게 한다는 연구 결과도 있다. 심리학 실험에 따르면 오랫동안 수면 부족 상태가 지속되면 현실감이 떨어지고 정신병까지 유발될 수 있다고 하니 '충분한 잠'을 자야 한다는 사실 자체는 인정하기로 하자. 그렇다면 부모에게는 아이에게 충분한 수면 시간을 주면서도 아침에 늦지 않게 일어나도록 하는 방법을 찾는 것이 관건이다.

일반적으로 초등학생 때까지는 일찍 자고 일찍 일어나던 아이도 청소년기에 들어서면 새벽녘까지 깨어 있고 아침에는 깨워도 잘 일어나지 않는 모습을 보인다. 요즘은 컴퓨터다 스마트폰이다 해서 아이들이 새벽까지 놀거리가 너무 많아 잠과의 전쟁은 더 심해졌다. 부모는 "일찍 자고 일찍 일어나야지!"라며 쉬운 진리를 강조하지만 아이들의 몸은 이를 쉽사리 받아들이지 않는다.

무작정 규칙적인 수면 습관을 아이에게 강요하기 전에 부모가 알아두어야 할 것은 수면에 대한 생물학적 지식이다. 보통 잠을 자려면 대략 50개 이상의 호르몬과 신경 전달 물질이 작용한다고 한다. 그런데 수면을 유도하는 멜라토닌은 십대에 들어서면 2~3시간 늦게 분비된다. 멜라토닌이 더 늦은 시간에 방출되고 멜라토닌의 수준이 떨어지는 시간도 점점 늦춰지다보니 십대 가운데는 올빼미형이 많다. 수면을 연구하는 과학자들은 청소년기는 뇌가 한창 발달하는 시기이므로 일일 9시간~9시간 30분 정도는 잠을 자야 한다고 주장한다. 우리나라 청소년이 평균 6시간도 채 안 자는 것에 비하면 참으로 긴 시간이다. 게다가 야간 자율 학습과 학원이 일상화된 생활 환경에서 12시를 넘기는 취침 시간은 기본이다보니 아이를 깨우는 것이 엄마의 고달픈 일과 중의 하나가 되어버렸다.

수면이 부족하면 스트레스를 받으면 분비되는 호르몬인 코르티솔 수치가 증가해 면역 체계에 이상이 생기고 감정 조절이 어려워진다. 오만상을 쓰며 엄마를 향해 짜증과 투정을 부리는 것이 수면 부족에 의한 감정 조절 불능 때문일 수도 있다는 것을 기억해두자.

숙면할 수 있는 수면 환경 만들기

아이들의 수면을 이해했다면 엄마가 할 수 있는 다음 수순은 숙면을 취할 수 있는 환경을 만들어주는 것이다. 가장 쉬운 방법은 늦게까지 깨어 있게 하는 장애물을 제거하는 것이다. 카페인이 포함된 음료수는 가급적 금하고 따뜻한 우유를 데워 먹이는 것이 20세기형 노력이라면, 스마트폰이나 컴퓨터를 통제하는 것은 21세기형 노력이라고 할 수 있겠다. 개인적으로는 딸아이와 합의하에 밤 12시 이후에는 컴퓨터를 사용하지 못하게 하는 차단 프로그램을 설치했다. 스마트폰도 밤 11시 정도가 되면 아이 방에서 가지고 나온다. 스마트폰도 컴퓨터처럼 차단 프로그램을 설치할 수 있지만 아이가 항상 휴대하고 다니기 때문에 차단 프로그램을 설치하고 관리하는 것이 쉽지 않다. 때문에 휴대폰을 아이로부터 아예 분리시키는 것이 낫다고 판단했다. 물론 이런 규칙을 정하기까지 수많은 갈등과 시행착오를 겪었다. 그러나 지금 와서 평가하기로는 가장 적절한 합의점이었다. 고등학생 정도 되면 이렇게 통제받는 상황 자체에 대해 심한 거부감을 보이거나 반항할 수 있다. 그렇기 때문에 아이 스스로 통제가 안 되는 경우라면 초등학교 고학년부터 차단 프로그램을 설치해 이용 시간을 조절하고 지속적으로 훈련시킬 필요가 있다.

십대 아이는 제시간에 깨우지 않고 놔두면 해가 중천에 떠도 일어나지 않는 일이 다반사고, 다른 가족들과 밥 먹고 함께 활동하는 시간이 정반대가 되기 일쑤다. 오후 2~3시까지 늦잠을 자도록 내버려두면 다시 밤늦도록 깨어 있고 그다음에 또 늦잠을 자는 악순환이 반복될 수 있기 때문에 통제가 반드시 필요하다. 단, 주말에는 주중에 규칙을 잘 지켰기 때문에 주는 선물이라 생각하고 어느 정도의 늦잠을 용인해주는 센스를 발휘하는 것을 잊지 않도록 한다.

연예인에 집착하는 것도 한때라고요
연예인 집착

daughter

　내 주변에 연예인, 특히 아이돌 스타를 좋아해본 적이 없는 친구는 손에 꼽을 정도로 적다. 나도 지금이야 텔레비전에 대여섯 명씩 뭉쳐 나와서 "안녕하세요! 신인가수 ○○○입니다!" 하면 "기생오라비 같이 생긴 애들이 또 나오네."라고 무덤덤하게 말할 수 있지만 중학교 때까지는 FT아일랜드라는 꽃미남 아이돌 밴드를 무척이나 사모했다. 특히 막내인 드러머를 좋아했는데 그 드러머 이름과 내 이름을 나란히 놓고 하트를 뿅뿅 날리며 미니홈피를 도배하기도 했다. 이뿐만이 아니었다. 팬클럽 정회원으로 가입해 공개 방송을 따라다니며 얼굴에 철판을 깔고 큰소리로 노래를 부르기도 했다. 그때는 친구들도 빅뱅, SS501, 동방신기, 샤이니 등 다양한 연예인을 좋아했는데 소속사 홈피(홈페이지)에 글 남기기, 선물 보내기, 팬 미팅 쫓아다니기 등 할 수 있는 일은 모조리 했던 것 같다. 그러나 이러한 일련의 팬 노릇이 지금은 자다가 하이킥 날릴 흑역사로 남았다. 당시 엄마, 아빠는 나나 친구들의 행동을 전혀 이해하지 못했고 팬레터를 쓰는 사소한 일로 목소리가 커지는 일도 있었다. 엄마, 아빠는 자신들의 아들딸이 사생팬(밤낮없이 연예인의 사생활을 쫓는 극성팬)이라도 될까 봐 전전긍긍했던 것 같다. 연예인만 쫓아다니고 사생활 침해까지 하는 사생팬이 한참 논란이 되었는데, 나도 공개 방송을 보러 갔다가 방송을 마친 아이돌 그룹을 태운 밴이 출발하자 택시와 렌터카를 타고 뒤따라가는 사생팬 무리를 목격했다. 내 또래 같았는데 내가 봐도 지나치다 싶은 생각이 들 정도였다.

그런데 이런 시기도 한때인 것 같다. 빠르면 초등학생 때부터 늦으면 중·고등학생 때까지 잘생긴 오빠들이 텔레비전에 나오면 여학생들은 정신없이 '오빠들'에게 빠져든다. 하지만 좋아한다는 단순한 표현으로는 설명할 수 없는 감정이 불타오르다가도 어느 순간에 그 감정이 식으면 결국 자연스럽게 비현실적인 아이돌 짝사랑을 포기하게 된다. 아이돌 가수를 집요하게 따라다니는 여학생은 많지만 고등학생쯤 되면 환상 속의 왕자님을 쫓는 행동을 대부분 그만둔다. 물론 누군가를 좋아하는 감정이 영영 사라지는 것은 아니다. 연예인을 쫓아다니던 마음은 가까이서 볼 수 있는 학교 선배나 교회 오빠에게로 넘어간다. 동경의 대상이 아닌 현실에서 감정을 주고받을 수 있는 대상을 찾게 되는 것이다.

나도 연예인에 빠져 살 때는 오디션을 봐서 성격 배우라도 되면 어떨까 하는 막연한 생각을 한 적이 있다. 학교 앞에서 길거리 캐스팅을 당한 친구를 보고 부러워하기도 했다. 그러나 그러한 생각 역시 중학교 3학년 정도 되었을 때는 완전히 접게 되었다. 친구들도 마찬가지다. 중학생 때는 마지막까지 남을 사생팬이 되겠다고 한심한 모습을 보였지만 고등학생이 되면서 언제 연예인을 쫓아다녔나 싶게 바뀌었다. 학교 가는 것도 빼먹고 연예인을 쫓아다니는 모습이 어른들의 눈에는 한심하고 불쌍해 보이겠지만 언젠가는 끝날 짝사랑일 뿐이다. 대부분의 청소년이 사춘기를 마칠 즈음에는 '나도 한때는 연예인에 집착했지. 중간에 그만둔 것이 얼마나 다행이야.'라는 생각을 하게 된다. 그러니 좀 너그럽게 봐주면 어떨는지.

현실에서의 건강한 역할 모델이 필요한 때

연예인과 팬덤에 빠지는 청소년의 심리

지금의 40~50대가 학창 시절을 보내던 때에도 조용필 같은 가수에게 열광하던 오빠부대가 있었다. 그러나 당시 오빠부대가 할 수 있는 것은 공개 방송이나 콘서트 장을 찾아가는 것뿐이었다. 요즘은 인터넷이나 SNS가 발달하여 좋아하는 연예인의 공연 일정과 동선을 파악하기가 훨씬 쉬워졌다. 그들의 사생활에 대한 정보도 넘쳐난다. 아이가 연예인에게 접근할 수 있는 기회가 많아지다보니 연예인을 쫓아다니는 정도나 기간이 길어졌다.

청소년에게 연예인을 좋아하는 이유를 물으면 흔히들 필(feel)에 이끌린다고 한다. 하지만 개개인의 사정을 들여다보면 학업이나 가정 문제에서 오는 스트레스에서 일시적으로 해방될 수 있다는 기쁨이나 팬클럽에서 느끼는 소속감과 결속력 때문에 사생팬이 되는 경우가 많다. 현실적으로 학교는 (물론 예전하고는 많이 달라졌다고 해도) 시험 특히, 수능이라는 대명제를 가지고 공부를 강조하는 곳이다. 그러다보니 선생님의 관심은 공부를 잘하는 상위권 학생에게 집중될 수밖에 없다. 공부를 잘 못하면 스트레스를 받고 존재감과 소속감을 느끼기 어렵다. 그런 상황에서 연예인을 쫓아다니며 해방감을 느끼고 거기다 팬클럽에 가입해 동질감과 소속감, 존재감까지 느끼면 아이들은 연예인 집착에서 좀처럼 헤어나지 못하게 된다.

십대는 정체성의 혼란을 느끼는 시기다. 자신만의 고유한 정체성을 갖지 못한 상태에서 특정 연예인 팬클럽에 소속되면 그 자체로 자기 정체성을 찾기 쉽다. 문제는 집단 정체성을 갖게 되면 자기 절제력이 떨어진다는 것이다. 심리적 탈출구나 해방구가 필요한 아이는 단순한 호기심과 팬덤(fandom)을 넘어서서 지나치게 몰두하는 모습을 보인다. 혼자서는 감히 하기 어려운 용감한 행동도 서슴지 않는데, 연예인 숙소나 연습실을 스토킹하며 쫓아다니거나 패거리로 싸움을 벌이기도 한다.

왜곡된 연예인 집착과 팬클럽 문화에 흔들리지 않게

실제 팬클럽 회원을 만나는 재미에 빠진 한 여고생은 학교에서는 소속감을 거의 느끼지 못했다. 공부에 관심이 없었고 학교 규칙을 지키는 것도 체질에 맞지 않았다. 그러다 팬클럽에 들어가니 좋아하는 연예인이 같은 데다 비슷한 또래여서 비로소 소속감을 느끼기 시작했다. 중학교 2학년 때 시작된 연예인에 대한 집착은 고등학교 2학년이 될 때까지 수그러들지 않았다. 하지만 연예인에 몰두하는 것은 그야말로 한때일 뿐이기 때문에 지나치게 걱정할 필요는 없다. 대부분 아이가 10대 후반이나 20대가 되면 연예인에 대한 흥미가 상대적으로 줄어든다. 그러나 간혹 20대가 되어서도 연예인 집착에서 벗어나지 못하고 연예인 세계를 동경하면서 현실과 이상 사이에서 고민하는 청춘도 있다. 20대는 성인으로의 전환기로 누구보다 현실에 몰두할 때다. 부모는 이 시기까지 연예인에 집착하며 시간을 낭비하지 않도록 주의를 기울여야 하며, 아이가 청소년기에 건강한 정체성을 가질 수 있도록 현실적인 방안을 찾아주어야 한다.

부모는 청소년기 아이의 심리 상태를 이해하고 현실적인 역할 모델을 만들어주어야 한다. 그래야만 아이가 이상 속의 인물에 에너지를 쏟으며 외적으로 화려한 것만 허망하게 쫓는 행동을 막을 수 있다.

공부나 외모 때문에 루저가 되는 게 슬퍼요
자존감

    한 여대생이 텔레비전에서 '키 작은 남자는 루저'라고 언급한 후부터 뭔가를 잘하지 못하거나 남보다 못한 사람을 '루저'라 부르는 현상이 유행하게 되었다. 오늘도 인터넷에는 온갖 루저 이야기가 나온다. 공부 루저, 키 루저, 집안 루저, 외모 루저…. 이런 이야기를 보고 있으면 '나는 어떤 루저인가?' 하고 따져보게 된다. 또래 여자친구에 비해 큰 키에 공부도 아주 못하는 편은 아니고 코가 낮기는 하지만 그런대로 봐줄 만한 얼굴은 된다. 그러나 딱 하나 걸리는 데가 있는데 바로 토실토실한 외모다. 나를 보고 사자나 코끼리 같은 우람한 맹수를 연상시키는 데는 나의 살이 한몫을 하고 있으며 내 인생의 가장 큰 고민거리다.

    한번은 도통 딸의 외모에 관심이 없던 아빠가 "어이쿠, 살이 이렇게 찐 거야?"라고 했다. 누워서 빈둥거리던 나를 보고 놀라서 한 말이었다. 친구들도 장난으로 가끔 "돼야지!" 하고 놀릴 때가 있다. 겉으로는 웃지만 속으로는 통곡을 하게 된다. 급기야 얼마 전에는 1학년 때 좋아했던 담임 선생님이 "너 몸무게가 60kg은 되겠다."라고까지 했다. 60은 여자아이들에겐 치명적인 숫자였다. 몸무게를 아는 것이 두려워 몇 개월간 체중계는 쳐다보지 않던 때였다. 선생님에게 그런 말을 들은 날 밤 나는 아무도 몰래 주방 옆에 놓인 체중계에 올라섰다. 그런데 맙소사 선생님이 말해주었던 몸무게가 딱 내 몸무게였다. 체육 선생님의 예리한 눈으로 내 몸무게를 정확히 집어낸 모양이었다.

아마 그날부터였을 거다. 나는 차일피일 미루어왔던 다이어트를 시작했다. 막다른 골목에 접어든 절박한 심정으로 살과의 전쟁을 선포한 것이었다. 그동안은 먹는 것에 대한 유혹을 떨쳐버리지 못했지만 더 이상 지켜보고만 있을 수는 없었다. 엄마는 물론 나의 다이어트 선언에 대환영이라고 했고 내심 기다렸다는 듯 다음 날부터 내가 좋아하던 육식 대신 풀밭 위주의 식단으로 바꿨다. 여름방학 자율 학습 기간 중에 아이들은 내가 좋아하는 치킨마요를 시켜놓고 나를 놀리며 맛나게 먹었지만 나는 엄마가 챙겨준 선식을 먹어야 했다. 친구들이 밤참을 먹겠다고 우르르 몰려갈 때도 나는 궁둥이를 길게 빼고 따라가지 않으려 애썼다. 혹여 따라는 가도 젓가락질에는 동참하지 않고 꾹 참았다. 이렇게 거의 4주 가까이 안간힘을 썼더니 살이 분리되기 시작했다. 초등학교 3학년부터 떼려야 뗄 수 없었던 나의 살이 두 손을 들고 항복하고 내 몸으로부터 후퇴해갔다.

 살이 빠지면서 루저 의식, 살에 대한 콤플렉스도 조금씩 떨어져 나간 기분이 들었다. 역시 노력하는 자 앞에 루저라는 꼬리표는 어울리지 않았다. 공부든 살이든 무엇이든 의지를 갖고 하면 원하는 바를 이룰 수 있다는 생각이 들었다. 이 간단한 순리를 4주간의 다이어트를 통해 깨닫게 되었다. 다이어트로 용기를 얻은 나는 친구들에게도 '루저 떼기'를 해보라고 했다. 공부든 운동이든 조금만(사실은 많이, 억척스럽게!) 노력하면 할 수 있다고 말이다. 하지만 친구 솔희는 "이렇게 공부해서는 대학 가기도 힘드니 일찌감치 접고 다른 길이나 찾으련다."라며 내 말을 듣지 않았다. 아직 1년이나 남았는데 벌써 포기하다니…. 그렇게 쉽게 자포자기하기에 우리의 앞날은 아직 창창하다. 공부나 외모 때문에 루저가 되는 것은 슬프다. 노력도 하지 않고 스스로를 '루저'라고 단정지으며 자신의 미래에 한계를 설정하는 친구들을 보면 안타깝기 그지없다. 차라리 '루저'라는 말을 몰랐으면 좋았을걸.

꿈꿀 권리조차 빼앗다니, 너 정말 나쁘다

한창 꿈꿀 나이에 이미 루저가 되어버린 아이

사전적으로 루저는 패배자, 경쟁에서 진 사람을 말한다. 영화 '루저 클럽'은 우리 시대의 루저 그리고 청소년에게 간명한 메시지를 전한다. 고등학생인 제리는 주변 친구를 루저라 놀리며 괴롭힌다. 괴롭힘을 당하는 아이들 중에는 키가 작고 야리야리한 윈스턴, 뚱뚱한 매니, 목발을 짚고 다니는 알렉스가 있다. 그중 알렉스는 자신의 돈을 빌려주며 아이들이 제리의 괴롭힘에서 벗어나게 도와준다. 그러던 어느 날 더 이상 참지 못한 알렉스는 제리에게 도전장을 내밀고 루저들은 힘을 합쳐 악순환의 고리를 끊어낸다. 영화는 관객에게 이 세상에 영원한 루저는 없으며 루저가 힘을 합치면 위너의 능력을 뛰어넘을 수 있다고 말한다. 또한 놀림을 당할 때 목소리를 내고 내면에 있는 힘을 끌어내면 더 이상 루저로 머물지 않을 거라 주장한다.

하지만 우울하게도 현실에서는 많은 사람들, 특히 많은 십대들이 외부에서 규정한 루저라는 꼬리표로 인해 무력하게 살아가고 있다.

"나는 가난하고 못생겼고 공부도 못하고 특기도 하나 없고…."

십대라는 젊은 나이에 이렇게 스스로를 루저라는 틀에 가두는 것은 매우 안타까운 일이다.

"나를 루저로 만든 사람은 엄마였어요."

아이가 스스로를 루저라 규정하는 데는 인터넷이나 방송 매체의 영향이 크지만 가정의 영향도 무시할 수 없다. 공부를 못하면 좋은 대학에 못 가고 좋은 대학에 못 가면 좋은 직장을 갖지도 못하고 결혼도 못할 것이라는 부모의 불안이 공부 못하는 아이를 루저로 만든다.

"나를 루저로 만든 첫 번째 사람은 엄마였어요. 늘 나를 부족한 아이 취급했어요. 넌 할 수 있는 게 없다고 눈으로 그리고 온몸으로 말했어요. 어느 순간 엄마 말이 맞는 것 같았어요. 엄마 말대로 난 할 수 있는 게 아무것도 없고 루저로 살 수밖에 없다고요. 내가 만나는 모든 사람들에 비해 열등하다는 느낌을 바꾸고 싶어요. 내가 무가치하다는 생각이 정신을 흔들고 마음을 파괴하고 있어요."

이 학생은 심리학적으로 낮은 자존감(low self-esteem)의 문제를 보이고 있다. 낮은 자존감의 청소년은 미묘한 방식으로, 어떤 때는 좀 더 분명한 방식으로 "너는 부족해."라는 메시지를 주입받는다.

엄마들을 상대로 부모 교육을 하다보면 부모가 아이를 가르칠 때 어떤 것에 집중해야 하는지 묻는 경우가 많다. 이러한 질문에 '아이의 자존감을 길러주는 것이 확실한 투자'라 답한다. 많은 부모가 자녀에게 과외를 시키거나 학원을 보내는 것에는 돈을 아끼지 않으면서 정서적인 투자에는 인색한 모습을 보인다. 부모로부터 너는 충분히 가치 있는 아이라는 메시지를 듣지 못하고 복잡 미묘한 방식으로 스스로에 대한 무가치함만 배운 아이는 자신에 대한 확신을 갖지 못하고 성장한다. 어른이 되어도 자기 자리를 찾지 못하고 데이트를 하든 친구를 만나든 늘 부족함을 느끼고 불편해한다. 이런 사람은 성공을 예상하고 뭔가에 매진하기보다는 실패를 염두에 두고 행동하는 경향이 있다.

이제 세상은 공부만 잘하는 사람을 원하지 않는다. 복잡 다양해진 세상은 다채로운 직업군을 원한다. 투명하고 공정한 사회일수록 소위 전문직의 견고한 성이 무너지는 법이다. 우리 아이가 성인이 되면 선호하는 직종도 분명히 바뀔 것이다. 부모의 잣대로 아이를 평가해 루저로 낙인찍는 것은 옳지 않다.

아이의 안정적인 자존감을 위해 부모가 할 일

요즘 심리학자들은 단순히 자존감의 높고 낮음도 중요하지만 자존감이 안정적인지의 여부도 잘 관찰해야 한다고 주장한다. 자존감이 높으나 불안정한 사람은 외부 자극과 사회적인 평가에 예민해 자존감이 들쭉날쭉하다. 반면 한결같은 자존감을 가지는 사람은 급작스럽거나 위협받는 상황에서도 평정심을 유지할 수 있다. 또한 자존감이 높으면서 안정적인 사람은 좌절 상황에서도 공격적인 행동을 하지 않지만, 자존감이 낮고 불안정한 사람은 상황에 따라 자존감이 왔다 갔다 하기 때문에 적대적인 행동을 많이 한다. 때문에 무조건

잘했다고 하면서 거짓 자존감을 키워주는 것은 도움이 되지 않는다. 그보다는 아이가 시험을 못 봤거나 경쟁에서 졌을 때 실망과 좌절을 경험하고 자신의 한계와 강점을 수용하게 하는 것이 안정적인 자존감 유지에 도움이 된다.

요즘 아이들은 좌절 인내력이 낮다고 평가된다. 부모가 과보호하며 자식을 키우다보니 적절한 좌절(optimal frustration)을 경험할 기회조차 주지 않아 사소한 좌절에도 자존감이 급락해버리는 것이다. 적절한 좌절은 스트레스에 대해 예방 접종을 맞는 것과 같다. 아이가 사회에 잘 적응하게 하려면 실패나 좌절 상황에서 견뎌내는 능력을 키워주는 것이 필요하다.

먹는 게 너무 좋은데 어떡해
식습관 바로잡기

나의 카스는 음식점 메뉴판 같다. 나는 음식을 시키면 통과 의례처럼 꼭 사진을 찍는다. 맛있어 보이게 나름 잘 찍는 편이기도 하다. 때문에 친구들은 내 카스를 보고 '우리 집 맛 짱! 한번 먹어보세요'라고 유혹하는 메뉴판 같다고 한다.

맛있는 음식을 찾는 일은 내 본능이자 취미자 특기다. 틈만 나면 포털 사이트에 있는 맛집 블로그를 순회한다. 전국 방방곡곡의 별미를 눈으로 음미하면 기분이 좋아진다. 이런 취미는 생각보다 어릴 때 생겼다. 초등학생 때부터 음식 전단지를 찾아놓고 첫 페이지부터 끝 페이지까지 정성껏 넘겨보는 취미가 있었다. 세상 어떤 책도 이 음식 전단지보다 진지하게 읽은 적이 없을 정도다. 그보다 더 어릴 땐 엄마가 사놓은 요리책을 보고 먹고 싶은 것에 표시하기도 했다. 물론 엄마의 시간 및 능력 부족으로 먹어본 적은 없지만…. 한번은 친구 집에 놀러갔다가 친구 엄마가 정성껏 해준 음식을 먹게 되었다. 당시 우리 엄마는 밥밖에 할 줄 모르고 김치도 담가본 적이 없었다. 그런데 친구 엄마는 치즈 케이크부터 참치 샌드위치, 도넛까지 맛있는 요리를 잔뜩 만들어주었다. 당시 나로서는 이런 걸 집에서 만들어 먹을 수 있다는 게 놀라울 따름이었다. 최고급 호텔의 요리사라 하더라도 친구 엄마만큼은 못 따라갈 거라고 생각했다. 그러면서 요리 잘하는 엄마를 둔 친구가 부럽기도 했다.

요즘은 집이 아니라 밖에서 맛있는 음식을 찾아다닌다. 페이스북과 같은 SNS에서 검색하면 아주 쉽게 맛집을 찾을 수 있다. 그 덕분에 맛집을 찾아다니는 재미가 쏠쏠하다. 나와 취향이 비슷한 친구들과 학원 가기 전 자투리 시간을 이용해 맛집 탐방을 하곤 한다. 이 무리의 한 친구는 장래 희망이 맛집을 찾아다니는 파워 블로거인데, 맛집 사냥은 나를 비롯한 십대 여학생의 주요 취미인 듯하다. 한때 나는 용돈을 죄다 먹는 데에 써서 친구들로부터 우리 집이 엄청난 부자라는 오해를 사기도 했다. 오해는 쉽게 풀렸지만 친구들은 용돈을 다 털어 먹는 데 써버리는 나의 식탐에 다시 한 번 놀랐다.

나는 카페에서 파는 티라미수를 아주 좋아하는데, 작은 조각 하나에 5천 원 정도라서 음료를 함께 시키면 보통 만 원이 훌쩍 넘는다. 웬만한 밥보다 비싼 가격임에도 불구하고 이틀에 한 번씩은 꼭 먹으러 다녔다. 하지만 최근 산 지 10년이 넘은 아빠의 낡고 바랜 양복을 본 뒤로는 아빠가 저렇게 아껴가며 번 돈으로 마스카르포네 치즈덩어리와 음료수를 먹으려니 양심에 가책이 느껴져 카페 출입을 자제하게 되었다. 그러면서 그동안 카페에 갖다 바친 돈을 모으면 아프리카 아이들 수십 명은 먹여 살릴 수 있을 거라는 휴머니즘적 반성도 함께했다. 가정 형편도 모르고 철없이 몇 십만 원짜리 일진 패딩을 사달라고 졸라대는 개념 없는 아이와 다를 바 없었다. 이렇게 어느 날 갑자기 철이 든 이후로는 웬만하면 카페로 발걸음을 떼지 않는다.

마음 챙김 먹기를 제안하며

십대의 나쁜 식습관

"중학교 2학년 남자아인데요. 음식에 소스를 섞어 먹어야 맛있다고 하면서 각종 소스를 뿌려 먹습니다. 하지 말라고 해도 전혀 듣지 않습니다. 소스가 짜서 그런지 밥을 지나치게 많이 먹고요. 또 소화가 안 된다고 끼니마다 탄산음료를 마십니다. 이런 증상도 병인 걸까요?"

아이의 이상 행동을 염려하는 부모가 보내온 상담글이다. 결론부터 말하자면 이 아이는 병을 앓고 있다기보다는 좋지 않은 식습관에 빠져 있는 것이다.

먹고 마시는 것은 인간의 가장 기본적인 욕구 행위다. 이 욕구를 충족시키는 데 누구는 늘 부족하고 누구는 늘 넘쳐서 문제다. 어떤 아이는 날 때부터 입이 짧아 엄마가 쫓아다니며 젖병을 물리고, 어떤 아이는 타고난 위가 커서 태어나자마자 또래보다 잘 먹는다. 하지만 아이가 성장하면서 먹고 마시는 것은 점점 복잡해진다. 모든 섭식 행위는 정서적이라는 말이 있다. 감정이 먹는 것에 영향을 미쳐 더 먹게도 하고 덜 먹게도 한다는 것이다. 스트레스 상황에서 사람들은 과식(혹은 폭식)을 하거나 아예 음식을 먹지 못하는 양극단을 경험한다. 아이도 자라면서 이런 형태를 닮아가며 영양 과잉 섭취의 시대에 살다보니 못 먹는 쪽보다는 많이 먹는 쪽이 더 곤란을 호소한다.

여자아이는 초등학교 고학년쯤 되면 신체 이미지에 신경을 많이 쓴다. 살을 뺄 목적으로 덜 먹는 아이도 많다. 살을 빼면 더 예뻐지고 자기 가치가 올라갈 것이라 굳게 믿는 시기로 자존감이 극도로 낮은 아이는 먹는 것을 두려워하며 음식을 먹는 것에 대해 거부감을 보이기도 한다. 어떤 아이는 스트레스와 지루함 등을 이유로 폭식을 한다. 치즈 케이크나 치킨, 초콜릿, 아이스크림 같은 달콤한 음식으로 지루함을 달랜다. 보통의 경우 음식을 먹었을 때 즐거움보다 과식을 통해 얻는 불쾌감이 크기 때문에 과식을 자제한다. 그럼에도 폭식을 이어가는 아이는 그 이면에 심리적, 정서적 요인이 있는지 살펴봐야 한다.

마음을 챙기며 건강하게 먹기

살이 찌는 것 때문에 먹는 것이 두려운 아이, 폭식 때문에 심신이 피로한 아이를 위해 '마음 챙김 먹기(mindful eating)'를 제안한다. 원래 위빠사나 명상(불교의 명상법)에서 나온 마음 챙김 먹기는 올바른 식습관을 갖는 데 큰 도움이 된다.

초콜릿을 예로 들어보자. 초콜릿을 먹을 때 사람들은 먹고 있는 초콜릿을 충분히 음미하기 전에 그다음 먹을 것을 생각한다. 그러다 보니 초콜릿 한 통을 다 비우고도 실제로는 제대로 된 맛과 양을 느끼지 못한다. 마음 챙김 먹기는 만족스럽고 즐거운 느낌을 가지며 먹는 것이다. 평상시에는 해보지 않던 방식으로 음식을 먹기 때문에 고역일 수 있지만 확실히 몸과 마음에는 도움이 된다. 이 방법을 아이에게 권하기에 앞서 엄마가 한번 해보자. 먼저 손에 든 초콜릿의 무게를 느끼며 관찰하고 이를 말로 표현한다. 포장을 뜯고 또 관찰하고 냄새를 맡고 감정과 기억을 불러일으키는 과정을 거친다. "내가 왜 이걸 먹고 있지?"와 같은 비판적인 생각이 일어나고 있는지도 살핀다. 초콜릿을 입에 넣었을 때는 맛과 향기, 풍부함, 초콜릿의 질감을 느끼고, 초콜릿이 목구멍을 지나 위로 들어갈 때 감각을 따라간다. 이런 방식으로 초콜릿을 먹으면 아무 생각 없이 허겁지겁 입속에 초콜릿을 마구 던져 넣을 때와는 전혀 다른 경험을 하게 된다.

아이가 어리면 어릴수록 이런 훈련을 재미있어하기 때문에 부모가 먼저 시범적으로 해본 후에 아이와 함께하면 좋을 것이다. 이 훈련은 먹기 외에 걷기, 듣기, 보기 등 오감을 사용한 일상적인 활동에도 적용할 수 있다.

엄마딸은 최강 귀차니스트라고
무력감

　한번은 겨울방학이 지나자 몸무게의 앞자리 수가 바뀔 정도로 살이 빠져서 친구들의 부러움을 한 몸에 받기도 했다. 친구들은 어떻게 살을 뺐냐고 물어봤다. 나는 '비결은 식이 요법'이라고 알려주었다. 그런데 그 식이 요법이란 것이 좀 독특하다. 음식을 조절하는 것이 아니라 아예 아무것도 먹지 않는 것이다. 그러나 '오늘은 굶어야지.' 하고 독하게 마음을 먹을 건 없다. 아침에 일어나서 먹을 건 대충 먹고 컴퓨터나 휴대폰을 붙잡고 있기만 하면 된다. 시간이 흘러가는 것도 잊고 지낸다. 집에 밥 챙겨줄 사람이 없으면 점심이나 저녁쯤은 그냥 넘긴다. 그럼 살이 빠진다. 친구들은 물었다.

　"원래 대단한 식탐을 가진 네가 어떻게?"

　대답은 간단했다.

"나는 최강 귀차니스트(귀찮은 일을 싫어하는 사람)라고!"

아무리 음식을 좋아해도 내가 직접 해먹어야 하는 상황이라면 나는 고민 없이 금식에 들어간다. 식욕을 이긴 귀차니즘(귀찮은 일을 싫어하는 사고방식)이다. 일단 귀차니즘이 발동하면 말도 하기 귀찮고 그냥 방에서 음악이나 들으며 가만히 누워 있는 게 좋다. 방해하는 사람 없이 귀염둥이 치와와 푸푸만 데리고 음악에 파묻혀 있으면 아주 그만이다.

몇몇 친구들은 나더러 '약속 브레이커'라고도 한다. 사실 나는 만무방(김유정의 단편 소설 제목, 염치없고 막돼먹은 사람을 말한다)처럼 마음대로 약속을 취소하기 일쑤다. 물론 진짜 만무방은 못 되어 엄마, 아빠, 학원, 시험 기간 등 갖은 이유를 팔아가며 그럴싸하게 약속을 취소해버린다. 이런 귀차니즘은 공부할 때도 발동되는데 외우는 걸 끔찍이 싫어하는 데서 드러난다. 그리고 외우는 것만큼이나 싫은 게 봤던 책 또 보기다. 한번은 공부를 엄청 잘하는 아이와 짝이 된 적이 있는데 그 친구 책을 보고 깜짝 놀랐다. 나는 교과서도 여러 번 보는 걸 싫어한다. 한 번 본 지문은 귀찮아서 여간해서는 또 읽지 않는다. 그런데 그 친구 교과서는 미대 입시생이 명암 연습을 해놓은 것마냥 줄이 쭉쭉 가 있었다. 아마 수십 번은 보고 또 본 듯했다. 조용하고 얌전해서 책도 깔끔하게 볼 줄 알았는데 대반전이었다. 내가 누워서 지문이 닳도록 휴대폰을 만지고 있을 때 그 애는 지문이 닳도록 국어책을 읽고 있었던 것이다. 그에 비해 내 책은 선생님이 말해준 내용만 대충 필기되어 깔끔하다 못해 새 책처럼 깨끗했다. 국어 시험 전날에도 문학은 마음으로 느끼는 거라며 집에 누워서 잠만 잤던 것이 부끄러워졌다. 나의 귀차니즘은 음악, 미술, 체육 등 예체능 분야에서도 폭넓게 발휘된다. 음악 시간에는 대충 선생님 귀에만 들릴 정도로 소곤거리며 가창 수행 평가를 마치고, 미술 시간에는 제일 늦게 그림을 제출한다. 체육 시간에는 달리기 같은 것을 시키면 숨이 차오르기 시작할 때쯤 대충 포기하고 나온다.

물론 내가 태어날 때부터 그랬던 것은 아니다. 엄마 말에 따르면 이런 나도 한때는 굉장히 움직임이 많은 동적인 아이였다고 한다. 초등학교 1, 2학년 때는 달리기만 하면 1등을 도맡아 했다. 점차 나이가 들고 해야 할 일이 내가 감당할 수 있는 양보다 많아지면서 대충 해버리거나 미루는 습관이 생긴 것 같다. 하지만 나는 내가 관심 있는 영역이나 좋아하는 일에는 궁둥이를 바짝바짝 들어올린다. 좋아하는 뮤지션의 내한 공연에 가기 위해 기를 쓰고 표를 구하려고 하며, 좋아하는 브랜드에 신상이 나왔다 하면 시험 기간에도 매장으로 달려간다. 엄마는 나의 선택적 귀차니즘, 특히 공부에 최강 귀차니즘을 보이는 것을 심히 못마땅해한다. 어른들은 '성실은 미덕'이라며 부지런함을 강조하지만 아직은 크게 와 닿지 않는다.

최강 귀차니스트 탈출을 위한 2가지 제안

어느새 귀차니스트가 되어버린 아이

어린아이는 종달새 같다. 새벽부터 일어나 엄마, 아빠를 깨우기도 하고 누군가 부르면 부리나케 달려가 "나두! 나두!"를 외친다. 그랬던 아이가 청소년기에 접어들면 돌연 최강 귀차니스트가 되어버린다. 전화를 받으라 해도 '귀찮다' 밥을 먹으라 해도 '귀찮다' 숙제 좀 하라 해도 '귀찮다'라고 한다. 방학 때는 세수도 안 하고 하루 종일 방 안에 처박혀 지내는 십대를 둔 엄마는 그야말로 속이 터진다. 아이 안에 우울감과 무력감이 자리 잡아 은둔형 외톨이라도 되는 건 아닌지 걱정되기도 한다. 아이가 최강 귀차니스트라는 꼬리표를 달게 되었을 때 엄마가 고려해볼 것은 2가지다. 첫째는 '돼지개'를 길들이는 것, 둘째는 아이가 과도한 기대에 압도되어 무언가를 할 엄두를 못 내는 것은 아닌지 살피는 것이다.

귀차니스트 아이를 변화시키는 2가지

독일의 인성 트레이너인 마르코 폰 뮌히하우젠(Marco von Munchhausen)은 〈내 안의 돼지개 길들이기〉란 책에서 아이들이 귀차니스트가 되는 이유를 '돼지개'라고 통칭하는 아이들 안에 존재하는 나쁜 유혹 때문이라 설명했다. 원래는 멧돼지 사냥을 위해 훈련된 개인 돼지개가 책에서는 자기에게 달라붙어 있는 부정적 자아 혹은 마음속의 유혹을 상징하는 심리학 용어로 쓰이고 있다. 십대 아이가 "난 안 돼. 난 못해." "조금만 이따가 하지 뭐." 하면서 무언가를 계속 미루거나 하지 않는 것도 이런 마음속의 돼지개 때문이라는 것이다. 한편 이와 유사하게 〈게으름뱅이 나무늘보〉라는 동화는 나무늘보가 어떻게 해서 하루에 18시간 이상 잠을 자면서 생활하게 되었는지 인간에 빗대어 설명하고 있다. '조금 이따가, 내일 해야지, 좀 더 쉬었다가, 조금만 더 잔 뒤에' 이러면서 할 일을 차일피일 미루다 인생의 전부가 매달려 있음 하나로 귀결되었다는 것이다. 이 책은 귀찮아서 할 일을 미루는 습관을 고치지 않으면 무의미하고 무력한 생을 살게 될 것이라는 경고의 메시지를 담고 있다.

  십대는 자기 고유의 정체성을 확립해가는 시기다. 귀찮다는 이유로 성장의 과정을 미루다보면 성인이 되어도 성인다운 행동이나 사회적 상호작용을 할 수 없다. 아이에게도 이런 점을 알려주면서 스스로 돼지개를 길들이도록 유도해야 한다. 뮌히하우젠에 따르면, 아이에게 무리한 것을 한꺼번에 시키면 그 일에 압도되는 경향이 있으므로 작은 것이라도 반복적으로 익혀서 숙달시켜주는 게 좋다. 구체적으로는 아이의 수준에 맞게 세부적이면서 현실적인 목표를 세우자. 부담 없이 할 일을 시작하게 하고 목표를 잘게 쪼개어 조금씩 규칙적으로 반복하게 하고 이 반복의 힘을 통해 귀차니즘에서 탈출하게 하자. 어느 정도 익숙해지면 스스로 자기 조절을 해냈다는 성취감까지 자연스럽게 따라오게 된다.

귀차니즘의 또 다른 경우는 너무 일찍부터 과도한 기대에 내몰렸던 아이가 중요한 순간에 무력감과 귀차니즘을 호소하는 것이다. 상담실에서 만난 초등학교 6학년 여자아이는 3살 무렵부터 8~9개의 학원을 다녔다. 엄마는 자신이 못 배운 것에 대한 한이 많아 딸아이는 모자람 없이 배우게 하고 싶었다고 한다. 말도 잘 못하는 아이를 데리고 스포츠 센터부터 발레 학원, 연산 학원 등 소위 말하는 '학원 뺑뺑이'를 돌렸다. 그런데 초등학교 6학년 어느 날 돌연 아이는 더 이상 학원은 물론 학교에 가는 것도 힘들어했다. 엄마의 강요에 의해서 어린 나이부터 학원을 전전한 아이에게 이런 일이 종종 나타난다. 이런 아이는 정작 공부가 필요한 고학년에 들어가면 학교나 학원 공부에 대해 심한 부담감을 느끼고 공부를 아예 안 하려는 극단적인 모습도 보이는데 너무 일찍부터 에너지를 소모한 탓이다.

아이가 성장하기 위해서는 적절한 자극과 좌절이 필요하다. 그러나 연령에 맞지 않는 과잉 자극은 내면의 에너지를 쉽게 닳게 만든다. 에너지 한계의 법칙에 의해 정작 필요한 시기에 에너지를 끄집어낼 수 없게 되는 것이다.

아이가 스스로 성취할 수 있도록 기다려주기

발달 심리학에서는 인지든 정서든 도덕성이든 일정한 발달 단계가 있다고 본다. 요즘 아이들은 예전 아이들에 비해 똑똑해졌다고는 하지만 발달 단계에 맞지 않는 무리한 자극을 주면 뇌에 과부하가 걸릴 수밖에 없다. 따라서 자극을 주되, 아이의 발달 수준에 맞게 자극을 주는 것이 매우 중요하다.

귀찮은 상태는 뇌와 마음이 그 어느 것에도 감흥을 일으키지 않는다는 것을 말한다. 귀차니즘의 이면에는 스스로의 작은 노력에 감동한 역사가 별로 없어 자발적으로 내적인 동기를 끌어내지 못한 결과가 담겨 있기도 하다. 아이는 아무리 작은 일이라도 스스로 뭔가를 해냄으로써 성취와 성공 경험을 쌓는다. 그러므로 부모는 자신의 작은 노력에 감동할 줄 아는 아이가 될 수 있도록 소소한 자극과 격려를 해주는 것이 필요하다. 단, 자극과 격려가 물질적 보상과 같을 필요는 없다. 물질적 보상으로 아이를 독려하게 되면 어린아이일 때부터 외적 보상에 집착하게 만들 수 있고 외부의 보상만 쫓다 엔진이 과열되어 기계 자체가 타버릴 수 있다. 무엇보다 부모에게는 아이가 스스로 내면의 동기를 끄집어낼 수 있도록 기다려주는 지혜가 필요하다.

우리도 깔창과 화장이 필요해요
외모에 대한 관심

　난 원래 굉장한 귀차니스트라서 중학교 3학년 때까지만 해도 얼굴에 로션조차 제대로 바르지 않았다. 그래서 겨울에는 피부가 가뭄만난 논바닥마냥 쩍쩍 갈라졌다. 그러다 고등학교에 올라와서는 (잘 보일 사람이 있는 것은 아니지만) 좀 더 먼 곳까지 학교를 다녀야 해서 비비크림을 바르고 다니기 시작했다. 그래도 귀차니즘은 남아 있어 눈화장까지는 엄두를 못 냈는데 틴트는 잘 활용하고 있다. 틴트는 아주 편리하다. 여자아이들의 필수품인 거울도 필요 없다. 언제 어디서든 입술에 쓱쓱 발라주면 끝이다. 그러면 얼굴에 생기가 돈다. 틴트를 바르지 않았을 때는 아이들이 토인마냥 얼굴에 핏기가 없어 보인다고 놀렸다. 어떤 때는 친구가 찾아와 어디 아프냐고 걱정해주기도 했다. 그런데 입술에 틴트를 바른 후부터는 이런 말이 쏙 들어가게 되었고 이 다음부터 줄곧 틴트 애호가로 살고 있다. 틴트에 대한 나의 집착은 남다른데 밖에 나갔다가 집에서 틴트를 가져오지 않은 것을 알고 인근 로드샵에서 틴트를 새로 산 적도 있다. 한번은 친구가 생일 선물을 주는데 아주 작은 파우치였다. 너무 작아서 어디다 쓰겠냐고 농담처럼 물어봤더니 틴트를 좋아하니 틴트 전용 파우치를 사준 거라 했다.

그런데 친구들을 살펴보니 대부분이 화장품을 담는 커다란 파우치 하나 정도는 기본으로 들고 다녔다. 아이섀도에 아이라인, 마스카라, 블러셔, 하이라이터까지 완벽하게 화장 도구를 챙겨가지고 다닐 정도였다. 풀 메이크업으로 학교에 오는 친구들도 있었다. 한 친구는 늦잠을 자서 화장을 미처 하지 못했다며 학교에서 눈썹을 그리기 시작해 2교시 끝날 때쯤에야 전체 화장을 끝내기도 했다. 수다를 떨면서도 손은 눈썹을 향해 있고 수업 중에도 거울을 보며 뭔가를 그려댔다. 이렇게 화장으로 얼굴을 꽁꽁 싸매고 오는 애들을 보며 친구들은 "너 쌩얼(민낯)이 기대된다. 수학여행 가서 보자."라며 농담을 던지기도 한다.

화장품과 함께 요즘 여자아이들이 필수품으로 꼽는 것은 서클렌즈다. 눈이 크고 또랑또랑해 보여서 여자아이들이 파우치에 꼭 넣어 다니는 필수품이 되었다. 하지만 서클렌즈는 눈에 직접 닿는 것이기 때문에 잘못 착용하면 부작용이 생길 수 있다. 싸구려를 끼고 다니다가 결막염에 걸린 친구는 서클렌즈가 주는 미적 만족감을 포기하지 못해 눈이 빨개져서 돌아다니곤 했다. 또 자기 눈에 잘 맞는 것인지도 모른 채 무조건 큰 렌즈만 찾아 끼다가 흰자의 절반 이상을 렌즈로 덮어버린 친구도 있다. 친구들은 흰자가 별로 없고 검은 동공이 주를 이루는 이런 눈을 '개눈'이라 부르는데 어감이 심히 좋지 않다.

과한 아이라인에 섀도를 떡칠해대는 갸루 화장이나 야맘바 화장을 좋아하는 아이들도 있는데, 이런 친구들을 볼 때면 '수수한 얼굴이 가장 예쁜 얼굴'이라는 어른들의 말에 공감이 가기도 한다. 그럼에도 불구하고 여자아이들이 화장을 하는 것은 이제 당연한 일이 되었다. 최근에는 남자아이들도 화장을 하는데 잘 구분이 되지 않아 가끔은 친구들의 피부를 유심히 들여다보게 된다. 여자아이들에게 그리고 몇몇 남자아이들에게까지도 화장은 귀중한 자기 관리의 일부가 되었다. 하지만 화장을 해서 더 예쁜 모습을 보이고 싶고 깔창을 깔아서 키가 더 커 보이고 싶은 것을 무턱대고 비난할 수만은 없다.

끌리는 사람이 되고 싶다면

'외모도 실력' 틀린 말은 아니지만

한 조사에서 따르면 중학교 여학생의 90% 이상이 화장을 한다고 한다. 중학생이 이 정도면 고등학생은 한두 명 빼고는 거의 다 화장을 한다고 봐도 될 것이다. 예뻐지고 싶은 것은 인간의 본능이라지만 요즘 아이들을 보면 이 본능이 너무나 잘 그리고 과하게 표현되는 것 같아 조금 당혹스럽기도 하다. 하지만 우리 사회가 대놓고 이야기하는 것이 '외모도 실력'이니 아이들만 탓할 수는 없다. 심리학에서는 이를 후광 효과(halo effect)라고 하는데, 심리학자들이 미국의 군대 문화를 연구하다 이러한 개념을 만들어냈다. 장교들이 자신의 직속 부하를 평가할 때 '부하가 잘생기고 자세가 바르면 어떤 일이든 잘 처리할 것'이라는 생각을 가지며 그런 부하에게 높은 점수를 주고 있었다. 이처럼 외모나 신분, 나이 등 한두 가지 특성이 전체 인상에 긍정적인 영향을 준다는 후광 효과는 이후 일반적인 이론으로 받아들여졌다.

'외모도 실력'이라는 말을 뒷받침하는 또 다른 이론으로 단순 보상 효과(simple reward effect)도 있다. 예쁘고 매력적인 사람은 보고만 있어도 기분이 좋아지고 힘 있고 매력적인 사람과 친해지면 뭔가 얻는 것이 생길 것 같은(보상을 제공받을 수 있을 것 같은) 느낌이 들기 때문에 그들에게 호감을 갖게 된다는 이론이다. 한마디로 외모나 체격이 인상 형성에 한몫을 한다는 것인데 부정할 수 없다.

외모는 절대 매력의 전부가 될 수 없다

이론이야 어찌되었든 간에 우리나라의 외모 지향을 돌이켜보면 지나친 감이 확실히 있다. 얼마 전 프랑스에서 수십 년을 살다 온 지인으로부터 '한국에 와보니 가는 곳마다 아이의 외모가 화젯거리여서 놀랐다. 누구를 닮아 예쁘다, 안 예쁘다고 이야기하는데 아이 외모에 대한 평가를 아무렇지 않게 하는 것이 낯설다'라는 말을 들었다. 프랑스에서는 아이들의 외모를 가지고 놀리거나 평가하는 말은 잘 하지 않는다는 것이다. 외모를 평가하고 호불호를 따지는 태도가 우리 문화 깊숙이 박혀 있다보니 십대 아이도 '외모 가꾸기'를 지상 최대 과제로 꼽는 것이 아닌지 반성하게 되었다.

외모가 아무리 중요한들 현실에서 외모가 사람을 평가하는 전부는 될 수 없다. 커뮤니케이션 전문가들은 매력의 요건을 단순히 예쁘다, 안 예쁘다로 정의할 수 없다고 말한다. 그보다는 비언어적으로 표현되는 말투, 억양, 손짓, 몸짓이 더 큰 영향을 미친다고 한다. UCLA 교수이자 심리학자인 앨버트 메러비언(Albert Mehrabian)은 전체 의사소통의 7%만이 언어적 요소로 전달되고 나머지 93%는 앞서 열거한 비언어적인 요소에 의해 작용한다고 밝혔다. 이는 사람의 매력을 발산하는 데도 동일하게 작용한다. 일례로 화장을 세련되게 하고 젊어 보이는 얼굴이라도 표정에 생기가 없고 목소리, 억양, 말투가 신경질적이라면 매력적으로 보이지 않는다. 외모가 남들보다 못하다고 해도 자신감 있는 표정과 말투, 당당하게 걷는 자세, 사람을 대할 때 친절과 호감 어린 태도를 보이면 충분히 매력적인 사람이 될 수 있다.

내면의 아름다움은 절대 사라지지 않는다

만나면 만날수록, 겪으면 겪을수록 좋은 '진국'은 사실 첫인상이 좋은 것과는 거리가 멀다. 기대가 크면 실망도 큰 법이다. 후광 효과든 단순 보상 효과든 어디까지나 첫인상 이상으로 효과를 나타내지는 못한다. 화장술은 시각적 요소에 해당되기 때문에 예쁘고 세련되게 꾸미는 것이 다른 사람들에게 더 좋아 보일 수는 있다. 하지만 거기에 맞는 표정과 몸짓, 자세, 목소리 톤, 말하는 태도와 같은 비언어적 요소가 갖춰지지 않으면 돼지 목에 진주 목걸이일 뿐이다. 매력은 그 사람이 가진 가치관, 내면의 아름다움, 태도에서 발산되는 것이다. '미모는 가죽 한 꺼풀에 지나지 않는다(Beauty is only skin-deep)'라고 했다. 화장을 요란하게 한 얼굴보다는 그 사람이 가지고 있는 삶에 대한 기본적인 태도, 사람을 대하는 자세, 가치관, 내적 신념이 더 중요하다는 것인데, 요즘 아이들에게 이 뜻을 알려주기 위해서는 시간이 좀 걸릴 것 같다.

자꾸 꾸물거리고만 싶어라
게으름

    엄마는 생각하자마자 행동하는 유형이지만 나는 먼저 생각하고 나서 한참을 꾸물거리다가 마지못해 행동하는 유형이다. 이러한 까닭에 엄마는 늘 내게 재촉을 해댄다. 심지어 아침밥 먹을 때도 제시간에 학교 가는 것이 지상 최대 과제인 양 분초를 다투며 수저질을 재촉한다. 밥 먹는 것 하나도 이 정도니 시험 공부할 때는 답답해 속이 터질 것이다. 긴장도 잘 안 하고 여유 부리는 내 모습에 엄마는 "시험 때는 적당한 긴장감을 가져야 해. 너무 긴장해도 문제지만 긴장하지 않아도 발전이 없는 거야."라고 잔소리를 한다.

    하지만 나는 뭔가를 급하게 하고 싶지 않다. 그저 천천히 여유를 즐기고 싶다. 친구들도 가끔씩 이런 내 모습에 성질이 난다고 하지만 삶의 여유를 포기하고 싶은 마음은 없다. 다만 가끔씩 필 받으면 꾸물거림을 걷어내고 빠릿빠릿하게 하려고 애쓰기도 한다. 피아노만 해도 그렇다. 요즘 나의 관심이 꽂힌 곳은 피아노다. 초등학교 4학년 즈음 그만두었다가 고등학교 1학년 때 전학 온 친구가 피아노를 치는 모습에 반해 다시 시작했다. 이후로 피아노 치기에 몰두하고 있다. 엄마는 시험 때는 스트레스 해소용으로 적당히 연습하라고 하지만 몰두해서 피아노를 2시간 정도 친 적도 있다. 그만 치라는 엄마의 성화를 못 들은 척하며 피아노를 치기란 쉽지 않지만 그래도 몰입해 치다보면 그런 잔소리는 귀에 들어오지 않는다.

 이런 내 모습을 보면 꾸물거림도 참 선택적이라는 생각을 하게 된다. 여유를 부리고 싶다가도 하고 싶은 것이 생기면 순식간에 돌변하기 때문이다. 나 같은 아이들을 빨리 움직이게 하는 원동력은 좋아하는 것을 하게 해주는 것이다. 지금은 내가 원해서 하는 것이 별로 없는 상태이다보니 자발성과 주도성이 잘 생기지 않는 것이다. 이쯤 되면 나나 친구들이 꾸물거리는 습관을 갖는 것은 뭔가 몰두할 것을 찾지 못했기 때문이라는 결론에 도달하게 된다. 나뿐만 아니라 많은 아이들이 학원에 다니는데, 자기가 스스로 가고 싶어서 다니는 아이는 별로 없고 엄마에게 등 떠밀려 다니는 경우가 대부분이다. 우리들은 관성의 법칙에 의해 가방을 들고 학원과 학교 집을 왔다 갔다 할 뿐이다. 놀이동산에 갈 때, 자기가 좋아하는 드럼 학원에 갈 때, 친구 생일 파티에 갈 때 꾸물거리는 아이들은 거의 없다. 엄마가 깨우거나 독촉

하지 않아도 자발적으로 일어나서 빛의 속도로 준비해 출발한다. 친구들이 나를 놔두고 갈까 봐 제시간보다 일찍 도착하기도 한다.

중학교 때는 "너는 매사에 왜 이렇게 꾸물거리니? 꾸물거리는 것은 아주 안 좋은 습관이다."와 같은 엄마의 잔소리를 귀로는 듣지만 마음으로는 심하게 거부했는데, 고등학교에 입학하고 나서부터는 그대로 귀담아듣는 편이다. 한 살 한 살 나이를 더 먹어가면서 무슨 일이든 게으름을 피우며 안 해버리는 무책임한 행동은 하지 않게 되었다. 어쨌든 나도 나름의 노력을 하고 있는 만큼 주변 사람들도 나에게 조금은 관대해졌으면 하는 바람이다.

꾸물거림과 완벽주의

꾸물거리는 아이 중에는 완벽주의자도 많다

성격이 급한 부모에게 꾸물거리고 행동이 굼뜬 아이는 굉장한 스트레스다. 부모는 아이의 굼뜬 행동이 눈에 거슬려 빨리 좀 움직이라고 하지만 아이는 생각처럼 시동이 잘 걸리지 않는다. 말하자면 행동을 관장하는 뇌 회로에 불이 빨리 들어오지 않는 것이다. 눈에 보이는 회로가 있다면 부모는 직접 전원을 켜주고 싶은 심정일 것이다.

상담하면서 놀라는 것은 이렇게 꾸물거려 부모 속을 태우는 아이 중에는 완벽주의나 강박적 성향을 가진 아이가 제법 많다는 점이다. 쉽게 말하면 완벽하게 강박적으로 잘하려 하다보니 일을 시작하는 것 자체가 매우 힘든 것이다. 일반적으로 부모는 꾸물거리는 아이는 성격이 게으른 탓이라 생각한다. '꾸물거리는 완벽주의자'는 상상도 하지 못한다. 하지만 완벽주의 성향의 아이는 과제가 너무 거대하고 시간 소모적이라고 생각될 때 자꾸 꾸물거리게 된다. 자기의 높은 기준이나 부모와 교사의 기대를 충족시킬 수 없다는 판단이 서면 아이에게 있어서 이미 그 과제는 완수하기 어려운 것이 된다. 터널의 끝이 잘 보이지 않으니 지속성을 유지하기 힘들어지는 것이다.

완벽주의 성향의 아이가 고쳐야 할 3가지

아이가 일을 완벽하게 해내기 위해 꾸물거리거나 미루려는 특성을 보인다면 다음의 3가지 태도를 바꾸어야 그 꾸물거림을 없앨 수 있다.

첫째, '항상 최선을 다하라' 식의 강박을 걷어낸다. 이 말은 좋은 뜻을 담고 있지만 몇 가지 함정을 가지고 있다. 항상 최선을 다한다는 것은 에너지 효용성 법칙에 맞지 않고 현실적이지도 않다. 주어진 시간과 에너지 자원에 한계가 있기 때문에 모든 것을 최선을 다해서 하기란 여간 어려운 일이 아니다. 따라서 공부나 과제를 할 때는 우선순

위를 정하는 것이 좋다. 그다지 중요하지 않은 과제라면 시간과 에너지를 절약해서 끝내고 중요하다면 시간과 에너지를 들여 완벽을 기하는 것이다. 일례로 모든 과목을 다 잘하기는 어렵다. 어떤 아이는 예체능에 강하고, 어떤 아이는 국어에 강하고, 또 어떤 아이는 수학이나 영어에 강점을 보인다. 21세기는 전문성의 시대이기 때문에 하나를 전문적으로 해내는 것으로도 충분하다. 그러므로 아이가 자존감과 자부심을 높일 수 있는 일에 최선을 다하도록 유도해야 한다. 모든 것을 완벽하게 다하려고 애쓰기보다는 중요한 것을 잘하려고 하는 태도가 필요하다.

둘째, should를 can으로 바꾼다. '해야 한다'를 '할 수 있다'로 바꾸는 것이다. 해야 한다는 생각은 하지 않으면 안 된다는 심리적 압박을 가져온다. 그렇게 되면 부담감으로 인해 일을 제대로 하지 못하고 힘이 빠질 수도 있다. 결과적으로는 하고 있는 일에서 다른 대안과 선택이 없다고 믿게 된다. 반면 할 수 있다는 생각은 주어진 시간에 할 수 있는 일을 선택할 수 있는 권리, 능력, 의무를 부여하여 보다 현실적이고 성숙한 메시지를 준다.

셋째, 과제를 완수하려고 할 때 시간제한(time limit)을 둔다. 시간은 유한하기 때문에 의식주 외에 다른 것을 할 수 있는 시간이 매우 제한적일 수밖에 없다. 그러므로 미루고 있는 일에 충분한 시간을 낼 수 있도록 시간 예산(time budget)을 짜고 이를 활용하는 것이 좋다. 완벽주의자는 일을 완벽하게 하려고 훨씬 많은 시간을 들인다. 시간 예산 내에 일을 하고 있는지를 점검하면서 꾸물거림을 줄이는 것이 좋다.

부모의 기대를 한 단계 낮추자

완벽주의가 전적으로 악영향만 주는 것은 아니다. 다만, 완벽하게 일하고 공부하는 것은 미덕에 가깝지만 아이가 괴로울 정도라면 해가 되는 것이다. 완벽하게 하려다가 오히려 일이 더 늦어지고 지연되는 것을 강박적인 늦장 부림(obsessive slowness)이라 한다. 이런 아이는 긴장을 풀고 같이 즐길 수 있는 활동을 하면서 적절한 휴식과 여유를 갖게 해주어야 한다. 쉬지 않고 강박적으로 공부만 한 아이는 사회생활에서 강박적인 일 중독자가 될 수도 있고 대인관계나 삶에서 즐거움을 누리지 못할 수도 있다.

부모의 태도도 점검 대상이다. 부모가 완벽주의 성향을 갖고 있거나 지나친 요구를 하고 있다면 그러한 의식을 먼저 바꾸어야 한다. 이런 부모는 아이가 완벽하지 못한 행동을 하면 참지 못하고 아이의 행동을 좀처럼 인정해주지 않기 때문에 아이를 완벽주의적이고 강박적인 성향으로 만든다. 엄하다고 아이가 잘 크는 것이 아니다. 아이의 기질과 성격, 능력과 한계를 객관적으로 잘 관찰해서 아이에게 맞는 현실적 기대를 갖는 것이 중요하다. 아이가 부모의 지나친 기대로 완벽주의에 눌려 꾸물거리는 것인지 잘 살펴봐야 할 것이다.

PART
03

나도 나를
알고 싶어요

성 격

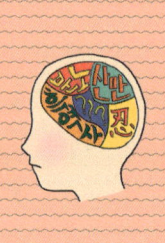

외향적인 친구와 내향적인 친구
천성과 성격

나는 외향적인 성격이다. 엄마는 내 성격이 극외향적이라고 한다. 학교에서 실시한 MBTI 검사에서도 극외향적인 ENFP가 나왔다. 엄마는 나와 정반대 유형이라고 했다. 내가 공부할 때도 노는 것처럼 하는 유형이라면 엄마는 노는 것도 일할 때처럼 하는 유형(ISTJ)이라고 했다. 성격 검사에서처럼 엄마와 나는 상극인 면이 많다. 다른 것을 다르다고 생각하면 그만이지만 엄마와 다른 면을 발견할 때마다 감정적으로 사사건건 부딪히게 된다. 나는 여행가는 걸 좋아하는데 엄마는 가만히 집에 앉아 책 읽는 것을 좋아한다. 내가 주말에 영화를 보러 가자고 하면 엄마는 그냥 집 주변 탄천이나 산책하자고 한다. 엄마의 취향에 맞춰 산책을 같이해도 엄마와 대화를 하다보면 수시로 마음 상하는 일이 생긴다. 걸으면서 그날 있었던 일을 낱낱이 말하는 나와 달리 엄마는 입을 다물고만 있다. 잠깐 맞장구를 쳐주고는 "이젠 조용히 자기 마음을 돌아보며 걷자."라며 이야기를 끊어버린다. 게다가 엄마는 예능을 다큐로 받아들이는 심각한 진지쟁이다. 내가 친구들과 휴대폰으로 한 시간이고 두 시간이고 수다를 즐기는 반면 엄마는 좀처럼 친구들과 수다를 떨지 않는 것 같다. 엄마의 표현대로라면 '시간이 아까워서'일 것이다.

친구들 중에도 나와 성격이 반대인 아이들이 많다. 내가 아는 사람 중에 최고로 내성적인 아이가 있는데 바로 전교 1등을 다투는 우빈이다. 우빈이는 우리 학교에서 최고로 공부를 열심히 하는 아이다. 나는 점심 시간 종도 치기 전에 마구 달려가 밥을 먹지만 우빈이는 내가 밥을 다 먹고 올 때까지 교실에 앉아 공부를 한다. 도대체 밥은 언제 먹느냐고 물으니 공부하다가 적당히 밥 먹고 와서 다시 공부한다고 했다. 그렇게 우빈이는 공부벌레 이미지로 자리를 잡아갔다. 그런데 공부를 잘하는 우빈이에게도 치명적인 단점이 있었는데 아주 소심하다는 것이다. 전 과목에서 거의 100점을 맞아 모든 선생님으로부터 칭찬을 받고 있지만 한 선생님이 이런 말을 했다.

"우빈이는 이제 말만 좀 하면 되겠다."

장난으로 한 말이었지만 사실이다. 난 우물쭈물 말하는 사람은 딱 질색인데 우빈이는 발표할 때마다 무슨 소리를 하는지 도통 알아들을 수 없다. 수행 평가 그룹 작업 때 우빈이를 그룹에 넣느냐 마느냐를 두고 실랑이를 한 적도 있다. 머리 쓰는 일에는 단연 우빈이가 최고지만 지나치게 소심하고 말수가 적으니 우리 그룹에 도움이 될지 안 될지 판단이 서지 않았기 때문이다.

우빈이와는 정반대로 엄청날 정도로 외향적인 아이도 있다. 이 친구는 말도 시원시원하게 하고 재밌기까지 해서 모두들 친구가 되고 싶어 하지만 역시 단점은 있다. 시간이 좀 지나면 오버하는 것처럼 보인다는 것이다. 처음엔 귀엽고 활발한 성격이 나랑 닮아서 그 친구와 잘 어울려 다녔지만 자꾸 오버해대는 통에 결국에는 정나미가 떨어지는 지경에 이르렀다. 예를 들면 갑자기 복도 한복판에서 "(오타쿠에 빙의된 것 같은 몸짓으로) 현지짱!"하면서 마구 달려오는 것이다. 그럴 때면 모르는 척하고 지나치거나 쥐구멍에라도 숨고 싶다. 복도에 있는 아이들이 일제히 나와 그 친구를 쳐다보는데 "제발 입 좀 다물어달라."라고 빌고 싶은 정도다. 이처럼 극외향적인 친구들은 금세 친해지긴 하지만 활발함이 너무 지나쳐 나중에는 아이들이 조금씩 거부감을 느끼며 멀어져간다.

써놓고 보니 내향적이건 외향적이건 친구로서 다 장단점이 있는 것 같다. 스스로 자신의 단점을 고쳐나가고 친구들이 그 단점을 조금씩 이해해주려 노력하면 그리 못 지낼 것까지야 없겠지만 현실에서는 물과 기름처럼 외향적, 내향적 그룹이 확연히 나누어져 지내게 되니, 역시 이론과 현실은 참 다른 것 같다.

내향적 혹은 외향적, 장단을 알고 인정하자

외향을 강요하는 사회

성격 유형에서 가장 대표적인 기준이 외향성과 내향성이다. 그래서 성격을 연구하는 심리학자들 중 많은 사람들이 오래전부터 외향성과 내향성을 연구해왔다. 어떤 연구에서는 외향성과 내향성의 우열을 가리기도 하는데, 대표적인 심리학자가 영국의 한스 아이젠크(Hans Eysenck)다. 그는 외향적인 사람은 붙임성 있고 열정적이고 사교적인 반면, 내성적인 사람은 비사교적이고 열정이 없고 냉담한 것으로 정의했다.

이런 영향을 받아서인지 사회적으로도 외향적이고 자기표현을 활발하게 잘하는 사람을 유능하게 여기는 분위기다. 외향적인 사람과 내향적인 사람은 말하는 목소리의 톤부터 다르다. 수다스러운 외향적인 사람 앞에 서면 내성적인 사람은 위축되고 자신의 생각을 잘 전달하지 못한다. 규모가 큰 집단이 모이는 왁자지껄한 곳에 가면 내성적인 사람은 벗어나고 싶고 군중 속의 고독을 느끼기도 한다. 그럴수록 내향적인 사람은 혼자만의 생각 속으로 더욱 침잠해간다. 때문에 부모는 시끄럽고 복잡한 세상에서 자기 아이만 뒤처질까 사회성과 표현력을 높여 외향적인 아이로 키우고자 한다. 내성적이고 자기표현을 잘 못하면 인생에서 패배자가 될 것 같은 염려와 불안 때문에 아이에게 외향성을 강요하는 것이다.

내향적 아이도 충분한 장점이 있다

결론부터 말하자면 외향성과 내향성은 타고난 성격 기질이나 성향에 가깝다. 노력을 하면 바뀌기도 하지만 대개 성격 특성으로 한평생 변하지 않을 확률이 높다. 최근 심리학 연구자들은 뇌 스캐닝을 통해 내성적인 사람과 외향적인 사람은 뇌 정보 처리에 차이점이 있다고 설명하고 있다. 정신 분석가인 마티 래니(Marti Laney)는 내향성은 깊이 있게 정보를 처리하고 창의적이고 자기 성찰적이며 융통성 있고 책임감 있는 성격이라 규정했다. 단적으로 말해 내향성도 충분한 장점을 가지고 있다는 것이다. 소피아 뎀블링(Sophia Dembling)도 〈나는 내성적인 사람입니다(the introvert's way)〉라는 책에서 내성적인 성향이 존재감 없음이나 활력의 결핍, 공백과 동일시되는 것에 반감을 표현하며 내향성은 그 자체의 에너지와 존재감을 가지고 있다고 설파했다.

외향적인 사람의 눈에는 조용히 있는 내성적인 사람이 너무 진지하게 느껴지고 재미없을 수 있다. 하지만 내성적인 아이는 뭔가에 깊이 있게 몰입하는 능력이 있다. 뿐만 아니라 굳이 사람을 넓게, 많이 만나지 않아도 자기 향취를 드러낼 수 있다. 특히 요즘처럼 블로그나 글쓰기가 대중화된 사회에서는 굳이 목소리를 높이지 않아도 충분히 의견을 피력할 수 있으므로 말수가 적거나 조용하다고 하여 다른 사람의 목소리에 묻힐 염려는 하지 않아도 될 것이다.

각각의 장점을 살릴 수 있도록

앞서 밝혔듯 대체적으로 부모는 아이의 마음을 헤아리지 않고 무조건 아이가 외향적으로 자라길 바란다. 그래서 아이가 내성적인 성향을 보이면 엄마는 근심과 걱정을 쌓아놓고 산다. 심지어 아이가 사회성이 지나치게 떨어지는 아스퍼거 장애(asperger disorder)가 아닐까 염려하고 정신 건강 의학과나 아동 상담소를 찾기도 한다. (참고로 아스퍼거 장애에 속하는 아이는 극히 드물고, 타인과 어울리는 것보다 혼자 있는 것을 선호하는 것이라면 단순히 내성적인 아이일 뿐이다.)

내성적인 사람과 외향적인 사람은 언뜻 보면 잘 맞지 않는 것 같지만 서로 간의 존중과 타협, 연민, 공감을 통해 얼마든지 지속적인 관계를 맺을 수 있다. 비방이나 수치심을 자극하는 요소나 서로의 성격에 대한 좋고 나쁨을 판단하는 선입견만 없다면 누구든지 친구가 될 수 있는 것이다. 엄마와 아이 관계에서도 마찬가지다. 엄마는 조용히 평화롭게 책을 읽거나 쉬는 것을 좋아하는데 아이는 휴일만 되면 어디 놀러가자고 조른다면 내성적인 엄마는 매우 피곤할 것이다. 반면 아이가 기질적으로 매우 내성적인데 부모가 매우 활발해 아이를 이리저리 끌고 다닌다면 아이는 본성에 맞지 않는 양육으로 힘들어질 것이다. 이때도 부모에게 필요한 것은 아이의 성향을 외향적으로 혹은 내향적으로 바꾸려는 노력이 아니라 존중과 이해다.

    내성적인 아이는 사색하고 책 읽는 것을 좋아한다. 사회성을 기른다고 억지로 친구들을 불러 모으고 아이를 밖으로 끄집어내는 것이 능사가 아니다. 이 세상에는 내성적인 사람이 조용히 깊게 몰입할 수 있는 일이 많다. 그러니 사회성이 없다고 지레 걱정할 필요는 없다. 무작정 넓은 관계를 추구하면서 산만한 인간관계를 맺기보다는 소수의 친구들과 깊이 있는 인연을 추구하는 이가 자기 일에 열중하며 자족하는 삶을 살 수 있다는 것을 기억하자.

감정을 잘 표현하는 것과 그렇지 않은 것
자기표현력

    나는 감정을 있는 그대로 표현하는 편이다. 싫으면 싫다, 좋으면 좋다 바로 말하는 게 편하다. 그래서 나는 겉과 속이 다른 부류를 굉장히 싫어한다. 예를 들어 속으로는 엄청 싫어하면서 앞에서는 전혀 티를 내지 않고 잘해주는 척하는 친구들을 좋아하지 않는다. 물론 좋게 말하면 솔직하고, 나쁘게 말하면 싸가지 없는 이런 나의 성격이 모든 면에서 좋은 것은 아니다.

    한번은 친구가 추천해준 학원으로 옮기려고 면담을 갔는데 어떤 부분이 마음에 안 들었는지 갑자기 그 학원이 싫어졌다. 내가 노골적으로 싫은 내색을 했던 탓에 면담하던 원장님이 "너 혹시 오늘 기분 나쁜 일이 있었니?" 하고 물어봤다. 나는 아니라고 답했는데 원장님은 "그럼 혹시 이 학원 다녀야 된다고 협박받고 강제로 면담 온 거니?"하고 되물었다. 그제야 내가 너무 싫은 티를 내고 있나 하는 급반성을 했다. 중학교 때는 교장 선생님에게 "선생님 급식에 고기가 너무 안 나와요."라든지 "고깃국에 고기가 없어요. 먹을 것이 없어서 너무 배고파요. 아직 성장기잖아요."라며 솔직하게 급식 품평을 해대기도 했다. 교장 선생님은 졸업 때까지 급식에 고기가 나오는 날이면 "오늘은 고기 맛있게 먹었니?" 하고 내게 묻곤 했다. 한번은 추운 겨울날 학교에서 교장 선생님과 마주쳤다. 내가 "쌤, 저희 너무 추운데 히터 왜 안 틀어주세요?"라고 했더니 교장 선생님은 "아직은 별로 안 추워서 다음 주 정도는 되어야 틀 거다."라고 했다. 그런데도 나는 "오늘도 너무 추워서 하루 종일 바들바들 떨었어요."라고 굳이 말하고 집에 갔다. 그런데 그다음 날 아침 학교에 갔더니 히터가 틀어져 있었다. 교내 아침 방송에서는 날씨가 너무 추워진 관계로 히터를 예정보다 일찍 틀게 되었다는 설명이 나왔다. 몇 가지 사건을 겪으며 나는 솔직하게 내 감정과 마음을 표현하는 것이 득이 되는 게 많다는 생각을 했다.

이런 나의 특성을 잘 아는 엄마는 어른들 앞에서는 싫어도 가급적 내색하지 말고 감정을 잘 절제해서 표현하라고 하는데 쉽지가 않다. 때로는 너무 지나치게 솔직하고 있는 그대로 표현을 해버리는 탓에 낭패를 보는 경우도 있다. 내가 맞다고 생각하는 일에 엄마, 아빠가 간섭을 하거나 방해를 하면 불필요할 정도로 더 거칠고 날카롭게 표현하게 되기도 한다. 순간 엄마, 아빠의 얼굴이 일그러지는 것을 보면 미안한 생각이 없는 건 아니다. 때문에 나도 가끔은 조신하게 행동하려고 노력한다. 친구 엄마로부터 "어머, 현지는 정말 예의가 바르구나."라는 말을 들은 적도 있다.

내가 이렇게 솔직한 성격을 가지게 된 데는 집안 분위기가 한몫한 것 같다. 우리 집은 감정 표현에 있어서 상당히 자유로운 편이다. 친구 중에는 아빠가 너무 엄해서 집에서 '찍' 소리도 못 한다고 하는 애도 있다. 어떤 애는 엄마가 너무 차갑고 무서워서 엄마에게 대드는 것은 상상할 수도 없다고 한다. 그 아이는 친구들과 놀 때도 늘 긴장되고 불편한 표정을 짓고 있다. 시험 끝나는 날이라 친구들과 시내에 놀러 가자고 해도 저녁 7시만 되면 허둥지둥 집으로 돌아간다. 그런 애가 하루는 동아리 오빠들과 술 파티를 하고 먼 데까지 차를 타고 가서 바람을 쐬고 왔다고 하는 말에 깜짝 놀란 적도 있다.

이처럼 감정 표현을 잘 하지 못해서 위험천만한 행동으로 폭발하는 친구들도 있다. 자기의 성격 취향이라면 별일 아니지만 감정을 표현하고 싶은데 절제해야 하는 상황에 놓여 있는 친구들을 보면 참 안타까울 때가 많다.

부정적인 감정을 적절히 표현할 수 있는 법을 가르치자

감정 표현은 나쁜 게 아니다

상담실에서 30대 초반의 엄마를 만났다. 5살 아이를 키우고 있는데 남편과의 관계로 힘들어하고 있었다. 구체적인 상황을 묻자, 남편은 화가 나면 아이 장난감이나 물건을 집어던지는 버릇이 있다고 했다. 문제는 이 엄마가 놀란 아이를 달래는 방법이었다. 엄마는 "아빠가 장난감을 던지는 것은 지금 화가 나서 그런 것이 아니라 장난감이 마음에 들지 않아 새것을 사주려고 부수는 거야."라고 말한다는 것이다. 엄마는 아이에게 아빠가 화났다고 말하기가 두렵다고 했다. 이 엄마의 친정아버지는 술을 좋아하는 분이었는데 술주정을 많이 했고 어떤 때는 심하게 때리기도 했다. 가족들은 아버지가 술을 마시고 들어오는 날이면 모두들 자는 척했고 집안은 쥐 죽은 듯이 조용했다. 아이들을 깨워 잔소리를 몇 시간씩 늘어놓을 때도 있었는데 자식들은 모두 꾹 참고 지내야 했다. 이 엄마가 대학생이 되었을 무렵 그런 아버지에게 감정이 폭발하고 말았다. 그런데 공교롭게도 다음 날 아버지가 갑자기 쓰러지는 일이 벌어졌다.

그녀는 평생 부정적인 감정을 자제하며 살아왔다. 어릴 때는 가정 분위기가 너무 강압적이어서, 커서는 아버지가 쓰러진 것을 자책하며 참아왔던 것이다. 상담 과정에서 자신의 행동이 아이에게 어떤 영향을 미치게 될지 심각한 고민에 빠져 있었다. 아이도 나이가 들면 아빠가 화가 나서 그런 행동을 한 것이란 걸 알 텐데 엄마가 그런 상황을 부정하는 이야기를 계속하면 아이는 혼란에 빠지게 될 것이다. 자기는 아빠가 화가 났다고 느끼는데 엄마는 그렇지 않다고 하는 상황에서 아이는 엄마가 자신의 감정을 인정해주지 않는다고 받아들이며 감정에 대한 확신이 없는 사람으로 성장할 수 있다. 그리고 엄마의 영향을 받아 부정적인 감정을 '나쁜 것, 옳지 못한 것'으로 인식하며 부자연스러운 방식으로 감정을 표현하게 될 것이다.

부모가 알아야 할 감정을 다루는 원칙 3가지

성인이 되었을 때 배우자와의 관계를 비롯한 이성 관계나 대인 관계에서 감정 표현을 몹시 어려워하는 것을 '감정 표현 불능증(alexitymia)'이라고 한다. 부모가 감정 표현을 금지하고 억압하면 아이는 감정을 표현하는 방법을 배울 수 있는 기회가 줄어든다. 특히 부정적인 감정을 표현하는 것에 대해 금기시하고 자신과 타인의 감정을 있는 그대로 인정하지 않는 가정 분위기에서 자라면 아이는 감정적으로 미성숙한 상태로 머무는 '내면 아이'를 지닌 채 살 수밖에 없다. 감정을 다루는 원칙을 배우는 것은 그래서 중요하다.

첫째, 감정의 굴뚝을 만들어주어 갇혀 있던 감정에 다가가야 한다.

부정적인 감정은 생존가(survival value)를 가지고 있다. 부정적인 감정은 아이러니하게도 억압하면 억압할수록 올라오려는 속성이 있다. 따라서 굴뚝처럼 배출할 수 있는 통로가 필요하다. 이를 심리학에서는 정신적 아이러니 효과(mental irony effect)라고도 한다. 쓰레기를 쌓아두면 유독한 독소가 생기듯 감정의 찌꺼기는 우울증이나 화병 같은 독소를 만들어낸다. 그러므로 마음 깊은 곳에 숨겨두고 있던 감정을 불러와 갇혀 있던 감정이 표면에 떠오르게 해서 처리해야 한다.

둘째, 생각은 틀릴 수 있지만 감정은 언제나 옳다. 감정을 잘 인식하고 부정적인 감정을 잘 다루려면 생각과 감정을 구분할 필요가 있다. 생각은 비합리적이거나 부정확하거나 틀릴 수 있지만 감정은 잘못된 것이 없다. 감정 자체는 항상 옳다. 어떤 사람이 특정 감정을 느꼈다면 그것은 그 사람의 내적 진실이다. 때문에 그 사람이 그런 감정을 느꼈다고 해서 '그렇게 느끼면 안 된다'라고 말할 수는 없다. 아이가 가지고 있는 생각이 말도 안 된다고 생각될지라도 절대 감정까지 무시해서는 안 된다. "남자는 남들 앞에서 우는 모습을 보이면 안 돼." "여자는 조신하게 행동해야지." "어디다 대고 그렇게 심통을 부려." "조그만 게 어디서 화를 내고 그래."와 같은 대화는 바람직하지 않다. 부모가 옆에서 존중해주고 받아들여주면 아이는 마음 안에 감정을 덩어리로 뭉쳐놓지 않는다. 주변 사람이 알아주면 화, 적개심, 슬픔이 언제 그랬냐는 듯 저절로 사라진다.

셋째, 감정을 인정하고 이름을 붙여주자. 십대 아이는 감정을 조절하고 적절하게 표현하는 뇌의 고등 기능이 아직 충분히 발달하지 않은 상태다. 만약 감정 조절이 잘 안 된다면 부모가 아이의 감정을 수용하고 인정하여 조절하는 역할을 해주어야 한다. 부모 역시 평상시 감정을 잘 조절하고 다스리는 모습을 보여야 하고 가정 내에서 감정의 소통이 자연스럽게 일어나도록 해야 한다. 감정 자체는 나쁘지 않지만 그 감정을 때와 상황에 맞게 표현하는 것에 따라 호불호가 갈릴 수 있음을 아이에게 인식시켜야 한다.

산만함, 노가 시키는 것 같아요
주의력 부족

    난 매우 산만하고 덜렁대는 성격이다. 덜렁이인 내게 방 전체는 하나의 옷장이다. 사실 옷장이자 필통이자 쓰레기통이다. 먹은 것은 그 자리에 두고 옷은 아무 데나 휙휙 던져두고 연필 같은 필기구도 필통이 아닌 방 안 여기저기에 흩어져 있다. 가만히 앉아 있어도 필요한 게 다 손에 잡힌다. 오죽하면 아무도 없을 때 삼촌이 놀러왔다가 내 방을 보고 혹시 집에 도둑이 든 것이 아니냐고 물어볼 정도였다. 한번은 중학교 때 친구들 간에 '누구의 방이 더 더러운가?' 배틀을 벌이기도 했다. 카톡에 사진을 올리면서 친구들끼리 서로 자기 방이 제일 더럽다고 실랑이를 벌이고 있었는데 내 방 사진을 찍어 올렸더니 다들 조용해졌다. 엄마와 외할머니는 내 방 상태를 두고 늘상 신경전을 벌였는데 고등학생이 되니 엄마나 할머니나 다들 포기한 것 같다.

방을 산만하고 어수선하게 해놓는 것은 기억조차 나지 않는 어린 시절 때문이 아닌가 추측해본다. 어디서 글을 봤는데 아기 때 엄마가 기저귀를 빨리 갈아주지 않으면 그 애는 커서 지저분하고 잘 치우지 않게 된다는 것이다. 그 글을 보고 '설마 우리 엄마가 그래서 내가 산만해진 것은 아니겠지.' 하고 생각했는데 엄마와 대화하다 설마가 사실이었던 것을 알았다. 내가 태어나고도 엄마는 공부와 일을 병행하느라 무지 바빴다고 한다. 그래서 내 기저귀도 제때 못 갈아주고 잘 안 치워줬다는 것이다. 엄마는 공부나 일은 잘 하지만 집안 살림이나 육아에는 그다지 열성적이지 않았던 것 같다. 그래서 가끔씩 엄마를 원망해보기도 하지만 어디까지나 농담 수준으로만 그런다.

게다가 내 산만함이 전적으로 엄마 탓이라고 하기에는 내가 너무 커버렸다. 얼마 전에는 체육복 반바지와 교복 카디건을 잃어버렸는데 엄마는 고등학생이나 된 애가 교복을 잃어버리고 다닌다고 산만한 내 주의력에 혀를 끌끌 찼다. 내가 생각해도 교복을 한 개도 아니고 여러 개 잃어버리는 것은 문제가 있었지만 엄마 앞에서는 인정하기 싫어서 벌컥 화를 냈다.

"내가 잃어버린 게 아니라 학교에 뒀는데 없어졌단 말이야."

궁색한 변명이긴 했지만 틀린 말은 아니었다. 우리 반에는 나 말고도 자기 물건을 잘 간수하지 못하는 아이들 천지다. 실내화 한 짝, 참고서 두어 개, 심지어 지갑을 통째로 잃어버리고 온 반을 뒤집는 아이들도 있다.

물론 엄마는 나와는 반대로 산만한 성격이 절대 아니다. 무서울 정도의 집중력을 보여주기도 한다. 내가 공부하며 집중하는 시간이 30분이 한계라면 엄마는 5시간도 넘는다. 어렸을 적에는 그것이 불만이었다. 밥도 제때 안 차려주고 컴퓨터 작업만 하는 엄마가 미워서 일부러 컴퓨터를 끈 적도 있다. 이런 엄마는 나의 산만함, 주의력 없음에 답답해한다. 나 자신도 짜증이 나는데 오죽할까. 30분이 멀다하고 의자에서 일어나 집안을 서성이는 것을 보며 "아무리 말해도 고쳐지지 않으니 뇌가 그렇게 시키는 것 같구나."라고도 했다. 심리학자답게 자꾸만 뇌 과학을 들먹이며 '전두엽의 문제'라고 하는데 전후좌우를 살펴보면 일면 타당하게 들리기도 한다.

주의력 부족한 아이를 양육한다는 건

우리 아이, ADHD 아닐까?

아이가 걸음마를 떼거나 옹알이부터 말을 배우기 시작할 때 엄마는 자신의 아이가 세상에서 가장 빠른 아이라고 착각한다.

"우리 애는 걷자마자 뛰었어요."

"우리 애는 글도 안 가르쳤는데 아빠 신문 읽는 것을 보더니 글자를 읽더라고요."

"젓가락질하는 것 보면 집중력이 대단해요."

"욕심이 많은 것을 보니 크면 공부도 잘할 것 같아요."

그러나 이런 기대는 아이가 초등학교에 들어가면서 깨지기 시작한다. 초등학교 고학년쯤 되면 엄마에게도 아이를 객관적으로 바라볼 수 있는 눈이 생기는데, 집중력이 좋지 않고 행동도 빠르지 않고 공부 욕심은 약에 쓰려 해도 없는 아이의 현실이 그대로 보이기 시작한다. 이때쯤 엄마들끼리 모이면 주의력 결핍 장애(ADHD)에 대해서 심각한 토론을 벌인다. 말을 잘 듣는 친구들과 비교하며 한참 부족한 우리 아이가 병을 앓고 있는 것은 아닌지 의심하기도 한다. 실제 초등학교 저학년에 가보면 반에서 서너 명은 ADHD 진단을 받고 약을 먹고 있다. 텔레비전이나 매체 등에 많이 보고되면서 ADHD가 과잉 진단되는 것이 아닌지 논란이 일 정도다. 하지만 이 시기 대부분의 아이는 엄마의 우려와 달리 그저 평범하게 그 시기를 보내고 있는 것일 뿐이다.

주의력 결핍 아이가 건강하지 못한 부모를 만났을 때

주의력 결핍 장애아의 경우 남자아이는 부산하고 과잉 행동을 보이지만 여자아이는 부주의한 유형이 많아서 쉽게 눈에 띄지 않는다.

실제로 주의 산만, 부주의 등의 증상이 있는데도 아무런 치료나 상담을 받지 않고 내버려두는 경우도 있다. 뇌가 자연 성숙하면서 이런 주의력 문제가 자연적으로 좋아지기도 하지만 계속 남아 있을 경우 성인이 되어서도 무책임하고 충동적인 어른이 될 수 있다. 가장 안 좋은 조합은 주의력 결핍이 있는 아이가 건강하지 못한 부모를 만났을 때다. 과잉 행동을 보이는 아이들은 다른 아이들보다 유난히 모터가 빠르게 돌아가는 느낌이 든다. 이런 아이를 키우는 것은 쉽지 않다. 특히 엄마가 여러 가지 생활 스트레스로 힘든 상태라면 모터가 빨리 돌아가는 아이를 통제하기가 쉽지 않다.

지석이 엄마는 아이와 함께 쉼터를 찾았다. 아버지의 폭력을 피해 국가가 지원하는 모자 쉼터를 찾은 것이다. 당시 지석이 엄마는 가정불화와 폭력을 겪으면서 심신이 지친 상태였는데 지석이의 주의 산만을 통제하기 버거워 아이 양육도 힘들어했다. 일반적으로 주의력 결핍 장애의 원인은 태어날 때 미세한 뇌 손상을 입기 때문이라고 알려져 있으며 환경적인 스트레스가 가중되면 증상이 더 심해진다. 지석이로서도 더 힘든 상황이었던 것이다.

과잉 행동을 악화시키지 않도록 환경 개선이 필요하다

아이는 특성상 부모가 제 역할을 못하면 스스로 보호자의 역할을 하게 된다. 부모에 대한 부담감이 아이를 애어른으로 만드는 것이다.

이런 경우 아이가 철이 일찍 들어 좋을 수도 있겠다고 생각할 수 있지만 아이 입장에서는 전혀 그렇지 않다. 자신의 인생에서 '철이 없는 시기'를 박탈당한 채 살아가야 하기 때문이다.

건강한 아이에게든 과잉 행동을 보이는 아이에게든 부모는 아이가 엄마나 아빠의 문제로 부담감을 느끼지 않도록 해야 한다. "너 때문이야."라며 엄마가 아이에게 모든 문제의 원인을 넘겨버린다면 아이는 스스로 '내가 엄마를 힘들게 하고 있다'라며 죄책감을 느끼게 된다. 많은 부모가 "내가 너 때문에 못 살겠다."라며 아이를 비난하면서 아이가 아직 철이 덜 들어 이 말을 인지하지 못할 거라고 생각한다. 하지만 아무리 부산한 아이도 여러 번 반복해서 듣게 되면 뇌의 한 부분에서 말을 기억하고 각인시킨다. 각인된 기억은 인생의 어느 시기에서든 되살아나 아이의 자존감을 떨어트린다. 아이의 과잉 행동에 대해 정신 건강 의학과 치료나 심리 상담을 받을 때 엄마도 양육 태도나 우울감에 대한 치료나 심리 상담을 함께 받는 것이 좋다.

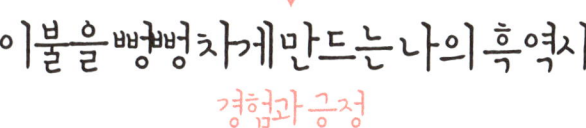

이불을 뻥뻥 차게 만드는 나의 흑역사
경험과 긍정

요즘 십대 사이에서 유행하는 말 중에 '흑역사'라는 것이 있다. 흑역사는 본인에게는 창피한 사건이지만 주변 사람에게는 좋은 놀림거리가 된다. 지우고 싶은 어두운 과거라고 하면 간단히 설명이 되겠다. 이놈의 흑역사 때문에 나는 잠자기 일보 직전에 이불을 뻥뻥 걷어차곤 한다. 잊고 있었던 부끄러운 사건이 스멀스멀 떠오르기 때문이다. 까맣게 잊었다고 생각했다가도 꼭 홀로 있는 조용한 시간에 다시 생각난다. 이때는 왜 그런 멍청한 짓을 해댔는지 자괴감마저 든다. 이런 감정을 몰아내기 위한 발버둥으로 나는 이불을 뒤집어쓰고 심하게 발길질을 해댄다.

도덕 시간에 배운 대로라면 우리 같은 십대는 '상상의 청중'을 늘 의식하고 살아가며, 주변 사람, 특히 또래의 시선과 평가에 매우 민감하다. 때문에 남들은 거들떠보지 않는 본인의 사사로운 일도 자괴감마저 느끼는 흑역사로 간직하게 된다.

중학교 1학년 때 일이다. 친구가 자기를 '쌔끈(세련되고 끝내준다)이'라고 하기에 나는 코웃음을 치면서 "네가 쌔끈이면 난 여신이다." 하고 받아주었다. 그 이후로 장난 삼아 친구들끼리 "넌 귀요미 해!" "넌 시크 해!"라며 이름 앞에 별명을 붙이고 놀았다. 그런데 교내 신문에서 우리 반을 취재하러 왔다가 재미난 별명을 가진 친구가 있느냐 물었고 친구들은 장난으로 날 지목했다.

"쟤요. 우리 반 여신이에요."

나는 교내 신문에 별명과 함께 실렸고 그 신문이 발행된 후 복도를 나다닐 수 없는 신세가 되었다. 내가 복도를 지나갈 때면 여기저기서 "어, 여신 안녕." 하고 장난을 걸어와 고개를 들 수 없었기 때문이다. 아직도 이 일만 생각하면 자다가도 이불을 뻥뻥 걷어찬다.

나에 버금가는 흑역사의 소유자가 있었으니 혜연이라는 친구다. 혜연이는 중학교 1학년 때까지 꽤 나대는 스타일이었다. 그때 한참 '아내의 유혹'이라는 드라마가 인기를 끌고 있었는데 "(점 찍고) 복수할 거야!"라는 말이 유행이었다. 혜연이는 복도에서 컴퓨터용 사인펜을 들고 자기 얼굴에 점을 찍으며 "복수할 거야."를 외치고 다녔다. 3년이 지난 지금 혜연이에게 그 이야기를 꺼내면 죽일 듯이 욕을 하며 화를 낸다. 이른바 쪽 팔려서 견딜 수가 없는 모양이다. 또 한 친구 지수는 같은 반 남자아이를 좋아했는데 수학여행 가는 버스에서 은근슬쩍 그 남자아이에게 머리를 기대고 자버렸다. 그리고 반 친구들끼리 간 노래방에서도 남자아이 옆에서 구애하는 듯한 노래를 불러 호감을 샀다. 이렇게 지수는 남자아이에게 기댄 채 사진이 찍혔고 공개적으로 구애도 해서 두고두고 놀림거리가 되었다. 그런데 문제는 남자아이였다. 학기 초반에는 귀여워서 반 아이들이 너도나도 좋아했지만 점점 깨는 모습을 보이면서 아이들의 기피 대상 1호가 되었다. 아마도 지수의 최대 흑역사가 아닐까 싶다.

흑역사는 끄집어내서 놀리는 쪽이야 재미있겠지만 놀림을 당하는 쪽에서는 지우고 싶은 어두운 과거다. 그러나 흑역사 한두 개쯤 없는 사람이 어디 있겠는가. 내 경우에도 노트 한 권을 흑역사로 채우고도 남을 정도로 많다. 사이가 좋을 때는 일종의 정전 협정으로 서로의 흑역사를 덮어두지만 가끔 사이가 틀어지면 친구끼리 약점 삼기도 한다. 언제쯤에야 이런 흑역사 앞에서 당당해질까? 어른이 되면 흑역사 앞에서도 당당해지지 않을까 하는 희망을 가져본다.

흑역사를 극복하는 회복 탄력성 키우기

누구에게나 흑역사는 있다

요즘 십대 사이에서 흑역사라는 말이 유행이다. 상담 시간에 만난 십대들도 어두운 과거 기억에 사로잡혀 있는 경우가 많다. 보통 십대 초반 그러니까 중학생 정도의 아이는 세상이 자기중심적으로 돌아간다고 믿는 경향이 있다. 때문에 사소한 일에도 수치스러움과 부끄러움을 과도하게 느끼는 경향이 있다. 앞머리를 너무 짧게 깎아서 창피하다고 학교에 가지 않겠다고 하기도 하고 별일 아닌 것도 큰일로 만들기 일쑤다. 어떤 아이는 중학교 때 이가 못생겼다고 놀리는 친구에게 아무 말도 하지 못했던 것이 자신의 흑역사라고 고백하기도 했다. 지금은 고등학생이 되었는데도 "한마디도 못하고 당했다." 하며 아직까지 억울해한다. 어떤 아이는 초등학교 3학년 때 수학 점수를 30점 받은 것이 자신의 흑역사라고 했다. 그 후로 수학에 대한 자신감을 잃어 수학이 괴물같이 느껴진다고 고백했다.

이처럼 사소하지만 어두운 과거는 누구에게나 있으며 비루했던 과거를 잊고 싶어 하는 것은 당연지사다. 그러나 관건은 잊을 수 있느냐 없느냐가 아니다. 어떤 사람은 흑역사를 잘 극복하고 멋지게 살아가는 반면, 어떤 사람은 평생을 흑역사에서 헤어나지 못한다.

청소년기는 회복 탄력성을 키울 적기

과거 좋지 않은 사건의 부정적인 영향을 잘 극복하는 것을 심리학에서는 회복 탄력성(resilience)이라는 말로 설명하고 있다. 회복 탄력성이란 물리학 용어로 물질의 구부러지는 성질을 의미하는데, 인간사에 적용하면 역경이나 외부의 부정적 사건의 영향에도 불구하고 부러지지 않고 성숙, 성장하는 능력을 말한다. 말하자면 밑바닥까지 떨어져도 오뚝이처럼 꿋꿋하게 튀어 오르는 능력을 일컫는다. 물체마다 탄성이 다르듯이 사람마다 탄성이 다르다. 역경으로 인해 밑바닥까지 떨어졌다가도 강한 회복 탄력성으로 더 높이 튀어 오르는 사람이 있는가 하면 그 자리에 주저앉는 사람도 있다.

중국 베이징대학교와 톈진 정신 의학 연구소에서 발표한 매우 흥미로운 연구 자료를 살펴보자. 사람으로 치면 청소년기에 해당되는 생후 28~55일 정도의 쥐에게 '예측 가능한 가벼운 스트레스'를 반복적으로 주었더니 성년이 되었을 때 회복 탄력성이 다른 쥐에 비해 월등히 높아졌다. 이런 결과는 고등 인지 기능을 담당하는 전전두엽 뇌세포의 변화와 관련이 있다. 아이의 뇌의 구조와 기능은 자라면서 경험, 행동, 학습에 따라 달라질 수 있다. 뇌의 가소성과, 뉴런의 유연성 덕분에 긍정적 경험에 따라 뇌의 구조가 바뀔 수도 있다. 이런 관점에서 보면 아이가 어릴 때부터 긍정적 경험을 하는 것이 효과적이다. 불가피하게 부정적인 경험, 즉 흑역사를 갖게 되었다면 그 사건 자체에 연연하기보다는 사건에 대한 태도를 바꾸게 하는 것이 좋다.

역경을 연구하는 심리학자들에 따르면 역경을 잘 견딜 수 있도록 도와주는 조력자가 옆에 있을 때 역경은 문제 해결 능력, 창의성과 같은 고등 인지 기능의 발달에 도움이 된다고 한다.

정서적 지원이 회복 탄력성을 키운다

흑역사는 현재와 미래를 좀먹으면서 끊임없이 되살아나는 악령이 될 수도 있다. "너는 그것밖에 안 되니?" 하며 아이를 몰아세우기보다는 "나는 너를 믿어."라는 메시지를 주며 끊임없이 격려하고 지지하는 자세가 필요하다. 자연스럽게 아이의 회복 탄력성을 키우는 방법은 좌절 인내력, 자기 수용, 자기 신뢰, 유머라는 4가지 키워드를 기억하는 데서부터 시작된다.

아이들의 좌절을 견디는 능력은 점차 떨어지고 있다. 따라서 큰 좌절을 견디고 이겨낼 수 있는 예방 접종 차원의 능력 개발 과정이 필요하다. 높은 좌절 인내력(HFT, high frustration tolerance)은 요즘 아이들에게 꼭 필요하다. 자기 수용을 기르는 것도 중요하다. 아이가 쉽게 자기 비난의 악순환에 빠지는 이유는 스스로를 사랑하지 않기 때문이다. 자기 수용은 건강한 마음을 가지게 하는 핵심적인 개념이다. 또한 어떤 순간에도 자신을 믿는 자세를 길러주어야 한다. 자신을 있는 그대로 믿는 사람은 역경이 있을 때 다시 일어서기 쉽다. 마지막으로 유머러스한 삶의 태도를 갖도록 부모가 모범을 보이면 좋다. 나치 수용소에서 살아남아 '의미 치료(logotherapy)'를 개발한 빅터 프랭클(Victor Frankl)은 유머를 자기 보존을 위한 영혼의 무기라고 소개했다. 따라서 유머를 통해 여유를 얻는 방법을 익히는 것도 좋다.

"일어나지 말았어야 했는데…."라고 후회해봤자 문제 해결에는 전혀 도움이 되지 않는다. 이미 벌어진 흑역사나 좋지 않은 결과에 대해 그 이후에 어떤 태도나 관점을 가지느냐가 훨씬 더 중요하다.

하고 싶은 것을 못하면 화가 나요
감정조절

엄마는 내게 '욕구 중심적인 성향이 강한 편'이라는 진단을 내렸다. 하지만 자기가 하고 싶은 것을 못하게 되는 상황에서 허허 웃을 수 있는 사람이 얼마나 될까? 특히 질풍노도의 시기라고 하는 사춘기를 보내는 십대라면 화내고 성질부리는 것이 당연한 것 아닐까? 나는 원하는 게 즉각적으로 이루어지지 않으면 금방 인상이 바뀌고 짜증을 많이 내는 편이다. 어렸을 때도 지금과 크게 다르지 않아 원하는 것을 사주지 않으면 한 시간이고 울면서 떼를 썼다고 한다. 나보다 7살이나 어린 초등학생 동생도 나 못지않게 떼를 쓰며 자기가 원하는 것을 쟁취하고 있다. 동물학자가 되려는지 거의 모든 동물을 좋아하는데, 엄마는 동물을 싫어하면서도 동생이 떼를 써서 사달라고 하면 대개 항복하고 사준다. 내가 버릇 나빠진다고 사주지 말라고 하면 "이런 걸 두고 사돈 남 말한다고 하는 거야."라며 동생의 떼는 나보다 심하지 않다고 한다.

그나마 나나 내 동생과 같은 여자아이들은 욕구가 좌절되어도 짜증이나 낼 뿐이지 공격적인 행동을 하지는 않는다. 그런데 남자아이들은 자기 욕구가 충족되지 않으면 쉽게 공격적인 행동을 보인다. 수업 시간에 선생님이 잠자는 것을 깨웠다는 이유로 "에이, ㅅㅂ!" 하며 책상을 걷어차고 나가버린 남자아이도 있었다. 그때는 뭔가 큰 일이 벌어질 것 같아 마음을 졸이며 깜놀(깜짝 놀람)했다. 인터넷상에서 싸움을 벌이다 '현피(현실의 앞 글자와 PK(player kill)의 앞 글자를 딴 신조어, 게임, 메신저 등 웹상에서 벌어지는 일이 실제로 살인, 싸움으로 이어지는 것을 나타낸다)'하는 애들도 있다는 것을 알고는 있었지만 버젓이 선생님한테 욕을 해대는 아이는 처음이었다. 우리 반의 한 친구는 아빠가 자신이 사달라는 보드를 사주지 않자 SNS에 아빠 욕을 올리기도 했다.

"저딴 것도 아빠라고. ㅅㅂ 해준 게 뭘 있다고."

그러나 이 글을 읽은 주위 아이들의 반응은 냉담 그 자체였다. "너 말 좀 가려서 해라." "아빠한테 말하는 꼬락서니가 왜 그래!"라는 댓글이 달렸다. 아이들이 자기에게 동조해주지 않자 아빠 욕을 했던 아이는 자신의 글을 삭제해버렸다. 본인이야 자신의 욕구가 해소되지 않는 상황이 짜증스러웠겠지만 이를 지켜보는 애먼 친구들까지도 단체로 스트레스 지수가 올라가는 상황이었다. 이런 친구들을 보면 자신이 하고 싶은 대로 하는 것이 정답은 아니라는 생각을 하게 된다. 자기의 행동이 주변 사람에게 불편함을 준다는 것쯤은 알고 살아야 하지 않겠는가.

환경도 매우 중요하다. 꽤나 잘나간다는 아빠를 둔 친구는 "사주세요." 한마디면 못 얻는 게 없다고 자랑했다. 명품 옷이나 가방이 몇 개씩이나 있다. 형편이 갑자기 안 좋아져서 원하는 것을 얻지 못하는 상황이 되면 어떻게 될까 걱정이 될 정도다. 아마 남들보다 더 쉽게 좌절하고 힘들어할 것이다.

욕구 좌절과 공격성

아이가 공격성을 가지게 되는 이유

아이들마다 공격적인 행동을 하는 이유는 다르다. 어떤 아이는 선천적으로 많은 자극을 필요로 하는데, 신체적인 접촉을 통해 세상을 감지하다보니 쉽게 공격적 성향을 띠게 된다. 이런 아이는 다른 아이에 비해 공격적인 자극과 놀이를 더 좋아한다. 반면에 어떤 아이는 너무 예민해서 공격적으로 되기도 한다. 이런 아이는 누가 다가오면 자신의 영역을 침범하는 것으로 생각하는데 사춘기가 되면 이와 같은 기질이 더욱 강해진다. 자신을 도와주거나 돌봐주려 하는 것도 사적인 경계를 넘어서는 것으로 간주해 공격적으로 돌변한다. 사춘기 아이는 자기 욕구가 잘 해결되지 않으면 눈에 띄게 반항하며 신경질적인 반응을 보인다. 이런 공격적 성향이 두드러지게 나타난 것이 학교폭력, 사이버 폭력이다. 공격성을 내포한 게임이나 미디어 매체가 난무하다보니 이를 여과 없이 드러내는 학생도 많아졌다.

공격적인 아이를 엄하게 체벌하는 것은 불난 집에 기름을 붓는 것과 같다. 강한 것과 강한 것은 서로 부딪힐 수밖에 없다. 그렇다고 아이의 공격성을 방치해서는 안 된다. 자존감이 낮고 허용적인 부모는 아이의 행동을 제어하지 못하는데 그럴수록 아이는 자신의 공격성을 강화해갈 뿐이다.

한계를 가르치는 훈육이 필요할 때

"아이를 키우다보면 제 자신이 형편없고 쓸모없는 사람이 된 것 같아요."라는 말을 자주하는 부모가 있다. 이렇게 자신감이 결여된 부모의 모습은 양육 태도에도 그대로 반영된다. 아이에게 적절한 한계를 설정하려면 부모 스스로에게 내적인 힘이 있어야 한다. 공격적으로 반항하는 아이로 인해 마음이 약해져서 아이가 하는 대로 끌려다닐 수 있기 때문이다. 이것은 분명히 아이에게도 해가 된다. 단호하게 대처해야 할 일에 부모가 한계를 설정해주지 않으면 아이는 자기가 원하는 것을 얻기 위해 공격적인 행동을 해도 괜찮다고 생각한다. 이와 같이 부모의 방치가 계속되면 아이로서는 자신의 잘못된 성격을 개선할 수 있는 기회가 영영 사라져버리는 것이다.

상담실을 찾은 어떤 엄마는 아이에게 되도록 "안 돼."라는 말을 하지 않고 살아왔다고 했다. 이유를 물으니 좋은 엄마라면 아이가 원하는 것을 다 들어줘야 하는 것이 아니냐고 반문했다. 부모의 권위에 눌려 왔던 자신의 삶을 억울해하며 아이에게는 과하게 관대하고 허용적인 태도를 보인 사례였다. 이런 아이는 사춘기에 들어서면 한계를 적당히 내면화하여 자기 조절과 훈육을 배워가는 또래에 비해 자기 조절 능력이 심하게 떨어진다. 무엇보다 자기 행동에 대한 책임을 지지 않으려 하기 때문에 성인이 되어도 꾸준하게 일을 하거나 배우는 능력이 갖춰지지 않는다. 한계를 설정하는 것은 건강하고 중요한 양육 방법이다. 말을 잘 안 듣고 반항하는 아이일수록 '단호하고 명확한 의사소통'이 필요하다. 이를 통해 아이가 통제감과 조절 능력을 배울 수 있다.

한편, 공격성은 충동적인 습관으로 나타나기도 하지만 욕구 좌절에 대한 반응이기도 한다. 아이가 공격적인 모습을 보이면 어떤 욕구가 좌절되어 그런 것인지 알아보는 것도 필요하다. 아이가 기질적으로 충동적이고 공격적인 성향이 강하다면 우선 한계와 규칙을 일관성 있게 제시해야 한다.

공격성을 줄이는 STOP 기법

전문가들은 공격성을 완화시키기 위한 방편으로 남자아이의 경우 스포츠 활동을 제안한다. 심하면 상담을 통해 사회성을 배우면서 공격성을 완화하도록 유도한다. 여자아이의 경우는 감정을 조절하는 기술을 적용한다. 초등학생에게는 감정일지를 써보게 하는 것도 도움이 된다. 하지만 청소년쯤 되면 짜증을 잘 내고 수시로 분노를 폭발시키는데 이 시기에는 감정일지가 잘 통하지 않는다. 아이가 짜증내고 화낸다고 부모도 똑같이 해서는 안 된다. 폭풍우가 내리치는 중에도 묵묵히 땅을 딛고 하늘을 받치고 있는 산과 같은 마음을 가져야 한다. 부모에게는 아이의 분노를 견뎌낼 수 있는 힘이 필요하다. 같이 공격하기보다는 타임아웃(time out)을 외치고 잠시 멈추는 것이 좋다. 이를 통해 즉각적으로 나오는 공격적인 행동을 줄일 수 있다. STOP 기법을 소개하면 다음과 같다.

우선 멈추고(stop) 심호흡하고(take a breath) 관찰하고(observe) 감정을 처리한다(processing).

PART
04

좋은 걸
어떡해

친 구

은밀하게 통쾌하게
십대의 뒷담화

사람들이 수다를 좋아한다는 것은 어제오늘의 이야기가 아닌 것 같다. 얼마 전에는 뒷담화를 할 수 있는 뒷테(뒷담화 테스트)라는 어플도 나왔다. 특히 여자친구들 사이에서는 뒷담화를 하면서 친해지는 경우가 비일비재하다. 심지어는 뒷담화를 밥처럼 늘 달고 사는 느낌이고 죽을 때까지 끊지 못할 것도 같다.

"어휴, 쟨 왜 저렇게 나댄다니?"

"어머, 어디서 귀여운 척이야. 재수 없게."

"ㅇ ㅆ, 저놈의 대머리 자식. 변태 같은 짓거리하고는⋯."

이런 말에 "맞아, 맞아. 쟤 정말 재수 없어."라고 맞장구를 쳐줘야 흥이 나는 법이다. 괜히 착한 척하면서 "걔 그래도 공부는 잘하잖아. 성실하기도 하고."라고 말했다가는 무리에 끼지 못한다. 남자아이들도 예외는 아니겠지만 뒷담화는 여자아이들이 더 심한 것 같다. 마치 남자들의 주먹다짐과 같은 것이랄까? 마음에 안 드는 사람이 있으면 누군가와 그 사람 뒷담화를 나눠야 속이 시원해진다. 괜히 홀로 속에 담아두면 부글부글 끓고 짜증만 더 난다. 세상에는 마음에 안 드는 인간이 수두룩한데 그럴 땐 욕을 한 바가지 퍼부어줘야 직성이 풀리지 않겠는가.

나는 솔직히 뒷담화보다는 앞담화를 즐기는 편이었다. 중학교 1학년 때가 피크였던 걸로 기억한다. 앞에서는 아무 말도 못하면서 뒤에서 흉을 보는 아이들이 무척이나 싫었다. 그래서 맘에 안 드는 사람이 생기면 그 앞에서 퍼붓는 편이 되고 싶었다. 그 당시에는 출처 없는 정의감에 불타 그게 훨씬 더 솔직한 방법이라고 생각했던 것 같다. 하지만 고등학생이 되면서부터 앞담화도 그다지 유익할 것이 없다는 생각이 조금씩 들었다. 아이들과 수없는 밀당(밀고 당기기)을 하면서 인간관계에 눈을 뜨고 십대의 우정이란 쿠크다스 과자처럼 부스러지기 쉬운 것 같다는 생각이 들기도 했다. 친구가 없으면 못 살 것 같아서 하루 종일 친구들과 재잘거리면서도, 속을 그대로 내놓았다가는 금방 뒷담화의 주인공이 되어버리기 때문에 마음속의 말을 모두 다 하지는 못한다. 대놓고 친구에게 비난을 퍼붓는 아이조차 그 화살이 자기에게 돌아오면 가만히 있지 않는 것을 보았다. 뒷담화를 즐기던 아이도 자신이 뒷담화의 주인공이 되면 쿨하게 웃으며 넘기지 못한다.

뒷담화는 상대방에게 직접적으로 상처를 주지 않으면서도 마음에 안 드는 것을 끄집어내서 표현할 수 있으니 스트레스 해소에 그만이라는 장점도 있다. 뒷담화에 동참하면서 결속력을 다지고 더욱 똘똘 뭉치게 되니 끊으려야 끊을 수 없는 것이다. 하지만 뒷담화든 앞담화든 자신의 허물은 잘 보지 못하면서 남의 허물만 찾는 부류는 되지 말아야겠다. 고등학생이 되면서 '당사자의 고통'을 조금은 알게 된 때문이다.

뒷담화의 심리학

여자는 왜 뒷담화에 열을 올리나?

솔직히 다른 사람에 대해 좋은 이야기를 하는 것보다 좋지 않은 이야기를 하는 것이 더 사람들의 흥미를 끈다. 앞에서 직접적으로 비판을 늘어놓기보다는 뒤에서 허물을 이야기하는 것이 더 편하다. 때문에 어린아이도 일찍부터 뒷담화를 즐기기 시작한다. 유치원 무렵부터 서너 명씩 친구 집에 몰려다니는 경향을 보이는데, 이때 언어 능력이 발달된 아이는 다른 친구를 놓고 뒷담화를 나누기 시작한다. 여자아이의 언어 능력은 남자아이에 비해 일찍 발달하기 때문에 여자아이들이 뒷담화에 더 빨리, 많이 빠져든다.

　남자도 뒷담화를 많이 나누지만 그 본질은 사뭇 다르다. 남자에게 뒷담화는 자신의 영향력과 힘을 과시하기 위한 것이다. 반면에 여자는 상대와 친밀한 관계를 유지하고 정서적인 결속을 위한 수단으로 뒷담화를 사용한다. 언어학자 존 로크(John Locke) 박사는 〈듀얼 앤 듀엣(duels and duets)〉에서 남자에 비해 여자가 뒷담화를 많이 하는 이유에 대하여 오랜 진화 과정을 들어 설명하고 있다. 오래전부터 여자는 자기 주변 사람에 대해 걱정하고 그들에 대해 이야기할 필요성을 갖고 있었다. 수다를 떨고 싶은 여자의 본능적인 욕구 이면에는 자신의 삶 속에 들어와 있는 주변인을 하나로 묶고 그 관계를 견고하게 유지하고 싶은 심리가 반영되어 있다는 것이다. 여자들에게 뒷담화는 자신이 속한 공동체를 지키기 위한 진화의 산물로서 유전적으로 프로그램된 본능에 가깝다는 것이다.

　현실적으로 뒷담화를 하는 이유를 살펴보면 우선 누군가의 이미지나 평판을 손상시키기 위한 의도에서 비롯된다. 그리고 평소에 품고 있던 좋지 않은 생각이나 적대감을 앞에서 직접 표현하기 어려울 때에도 뒷담화를 하게 된다. 나를 무시하거나 나에게 해를 끼치는 상대에게 똑같은 방식으로 되갚아주려는 의도에서 뒷담화를 일삼기도 한다. 정신 분석적으로 뒷담화가 일어나는 심리를 살펴보면 자기가 품고 있는 좋지 않은 감정의 원인을 상대방에게 던져버리는 투사

(projection)라는 방어 기제가 작동되는 것을 확인할 수 있다. 내 자신에게 있다고 받아들이기 어려운 감정이나 충동, 생각을 마치 그 사람이 갖고 있는 것처럼 믿고 악의적인 비난을 하는 것이다. 나의 단점을 적나라하게 드러내도록 부추기는 상대가 있고 상대에 대한 혐오감이 커질수록 뒷담화에 가속도가 붙는다. 내가 가지지 못한 것을 가진 '재수 없는' 상대방에 대한 시기와 질투가 뒷담화를 한층 독하게 만들기도 한다. 그러나 이면을 살펴보면 뒷담화는 나의 부족한 부분을 비추는 거울과 같다. 재수 없는 상대는 가지고 있고 나는 가지지 못한 '한 부분'이 분명히 존재한다는 것을 깨닫게 되기 때문이다.

뒷담화의 장점 vs 단점

물론 뒷담화의 장점도 있다. 가장 좋은 점은 감정의 정화, 즉 카타르시스를 일으킨다는 것이다. 누군가에 대한 험담을 하여 마음속에 쌓였던 부정적인 감정이 일시에 해소되기도 한다. 말 그대로 감정적 배설이다. 서로 데면데면하다가도 공공의 적이 생기면 결속력이 생긴다. 감정적인 배출도 하고 뒷담화를 나누는 사람과 친밀감과 결속력도 다지게 되니 뒷담화의 유혹에서 빠져나오기는 쉽지 않다. 이러한 감정의 정화에도 불구하고 자신은 카타르시스를 느끼고 원시적인 감정을 배출할 수 있어 좋지만 뒷담화의 타깃이 된 그 사람에게는 치명타가 될 수도 있다는 맹점을 지닌다. 십대 청소년의 경우 친구들의 험담이나 뒷담화를 못 견디고 우울증에 걸리거나 자살을 시도하기도 한다. 무엇보다 뒷담화의 내용은 부메랑처럼 돌아와서 뒷담화를 한 본인에게조차 큰 상처를 주기도 한다. 문제는 이런 사실을 다 알면서도 뒷담화를 하고 싶은 욕구를 주체하지 못하는 것이다.

뒷담화는 표현의 욕구, 다만 조금 더 신중할 것

〈임금님 귀는 당나귀 귀〉라는 동화를 한 번쯤 들어봤을 것이다. 늘어진 귀를 감추고 있는 임금님의 비밀을 알게 된 이발사는 그 비밀을 지키려다 병이 날 지경이었다. 그래서 몰래 숲 속에 가서 구멍을 파고 "임금님 귀는 당나귀 귀!" 하고 속삭였다. 그런데 바람이 불 때마다 갈대숲에서는 "임금님 귀는 당나귀 귀!"라는 소리가 사방으로 울려 퍼졌다. 그렇게 숨기고자 했던 임금님의 비밀이 온 세상에 알려진 것이다.

당나귀처럼 긴 임금님의 귀는 허물이자 비밀을 뜻한다. 비밀은 아무리 감추려 해도 언젠가는 드러나기 마련이고 발 없는 말이 천 리 가듯 입 밖으로 나온 말은 순식간에 사람들에게 퍼진다. 이 동화에서 중요한 포인트는 왕의 비밀을 알고 있는 이발사가 끝까지 비밀을 간직하기보다 비밀을 입 밖으로 내는 쪽을 선택했다는 것이다. 비밀을 발설하고 표현하고자 하는 욕구는 본능에 가깝다. 자신에 관한 비밀이든, 타인에 관한 비밀이든 억압하고 통제해야 하는 경우에는 표현의 욕구가 더 커질 수밖에 없다. 동서고금을 막론하고 이런 이야기가 비슷비슷하게 전해지는 것을 보면 표현의 욕구가 시공간을 초월한 인간의 보편적인 욕구라는 것을 알 수 있다.

뒷담화는 사람들이 가지고 있는 고질적인 속성이라 끊으려야 끊을 수 없다. 하지만 뒷담화로 인해 상처받는 상대방의 마음을 헤아린다면 보다 신중해질 수 있을 것이다. 특히 십대의 경우 뒷담화가 속칭 은따(은근한 따돌림)로 이어진다. 자신을 음해하고 인신공격을 해대는 세상에서 유아독존으로 태평하게 살아갈 수 있는 강심장이 얼마나 되겠는가? 누구도 뒷담화의 피해에서 벗어날 수 없다는 점에서 아이에게 그 폐해를 인식시키고 조심할 필요가 있다.

'카톡 왔어' 반갑고도 두려운 인사
SNS 폭력

"까톡 왔숑! 까톡 왔숑!"

카톡이 도착했다. 10시에 학원이 끝나고 10분 만에 집에 도착해서 본격적인 카톡 세상에 들어간다. 손가락으로 자판을 두드리는 것뿐인데 시간은 총알처럼 흐른다. 슬슬 졸음이 오고 내일 일이 걱정되기 시작할 때 그리고 엄마와 약속한 휴대폰 반납 시간이 되어서야 아쉬운 인사를 하며 카톡방을 나온다. 내 하루 일과의 80%는 카톡이라고 해도 과언이 아니다. 공부는 딱 정해진 시간만 하지만 카톡은 시도 때도 없다. 카톡을 끊지 못하는 데 나의 활달한 성격도 한몫 한다. 친구가 없으면 왠지 모르게 기운이 빠지는 데에다 학원을 혼자 다니다보니 카톡에 계속 목매게 된다. 쉬는 시간에는 일부러 무심하고 시크한 척 다리를 꼬고 앉아서 카톡을 한다. 친구가 옆에 없어도 외롭지 않고 주변 사람에게 바쁘고 인기 있는 사람처럼 보여서 좋다. 답장이 오지 않을 때는 왔던 카톡을 확인하며 시간을 보낸다.

　불과 2~3년 전만 해도 단체로 메신저를 주고받고 사진을 보내고 보이스톡을 이용해 무제한으로 수다를 떠는 일은 없었다. 그런데 지금은 카톡이 없는 세상을 상상할 수 없다. 친구네 반은 담임 선생님이 반 아이를 모두 초대해서 카톡으로 종례를 하기도 한다. 우리 반도 알림 사항이 있을 땐 간혹 카톡 종례를 한다. 물론 카톡을 한다고 다 친해지는 것은 아니다. 카톡을 하다가 더 소외되는 경우도 있다. 반 아이가 참여하는 단체톡에는 분명 30명이 모두 초대되어 있지만 전부 대화에 참여하지는 않기 때문이다. 말하는 애들만 계속 대화를 이어가고 흔히 비주류라고 하는 애들은 카톡방 대화에 끼지 않는다. 한번은 비주류인 친구가 얼마나 말을 했나 세어봤더니 한 학기 통틀어 한 번밖에 되지 않았다. 어떤 때는 "헐! 얘 말하는 거 처음 봐."라는 글이 달려 있기도 했다. 이후에는 한 번도 글을 남기지 않은 걸 보니 이런 반응이 겨우 용기내서 말한 아이를 당황하게 만든 것 같다.

　이보다 더 심한 경우도 있는데 카톡 때문에 왕따를 당하는 '카톡 왕따'라는 것도 생겼다. 고등학교보다는 중학교에서 자주 일어나는 불상사(!)로 싫어하는 애들을 대놓고 욕할 수 없을 때 별칭을 부르며 욕을 하는 것이다. 카톡 왕따를 당하는 아이와 왕따를 시키는 주동자가 누구인지 뻔히 알지만 특별히 이름이 언급된 것이 아니기 때문에 따지거나 신고하기도 애매하다. 카톡 왕따를 저지르는 아이들은 학교 폭력에라도 걸리면 문제가 되니까 자기들만의 은어로 뒷담화를 하는 잔꾀를 부린다. 카톡은 친근하고 편리한 앱이지만 어찌 보면 악용될 소지가 많다.

어쨌든 나에게 있어 카톡을 할 수 있는 휴대폰은 분신과 같은 존재다. 새로운 기기를 좋아하는 나는 스마트폰이 출시되자마자 엄마를 졸라댔다. 그렇게 스마트폰을 손에 넣었고 최신 기종이 나올 때마다 어떻게든 휴대폰을 갈아치우려고 매번 애를 쓴다. 나에게 휴대폰은 귀하디 귀한 보물 1호다. 하지만 11시가 되면 엄마는 휴대폰을 회수하고자 내 방 문을 두드린다. 나는 단 1분 1초라도 더 하기 위해 맹렬하게 손가락을 놀리는데 엄마의 기분에 따라서 이후 상황이 달라진다. 어떤 때는 휴대폰을 빨리 내놓으라고 성화를 해대고 어떤 때는 너그럽게 10분 이상을 기다려준다. 친구들은 고등학교 2학년이나 되었는데도 여태 휴대폰을 엄마에게 압수당하느냐며 지질하다고 놀린다. 하지만 이것이야말로 나와 엄마가 고군분투해서 찾은 가장 평화로운 공존 방식이라는 것을 그들은 알까?

SNS를 이용해 공격하는 십대의 심리

SNS는 참 편리하지만…

　중·고등학생 자녀를 둔 엄마라면 새벽 2~3시까지 잠을 자지 않고 스마트폰으로 카톡을 하고 있는 아이를 한두 번은 보았을 것이다. 시험 때 카톡을 하지 못하게 하는 부모와 1분이라도 더 하려는 아이 사이에 벌어지는 실랑이는 흔한 일상이다. 나만 해도 학원을 마친 아이를 데리러 갈 때마다 차에 타자마자 스마트폰을 열어 수백 통의 '반톡(같은 반 친구들끼리 하는 카톡)'을 확인하고 댓글을 다는 딸아이의 모습을 인내심을 갖고 거의 매일 봐야 한다.

　카톡과 같은 SNS는 매우 편리한 기능을 가지고 있다. 요금 제한 없이 집단으로 메시지를 주고받을 수 있어 여럿이서 의견 모을 때 편리하다. 단체 카톡을 통해 일제히 메시지를 전달할 수도 있다. 그러나 아직 통제 능력이 떨어지는 십대의 경우 자제력을 잃고 한자리에서 3~4시간 동안 꿈쩍도 하지 않은 채 카톡을 하는 경우가 많다. 시험 기간에 그런 광경을 지켜보아야 하는 엄마로서는 속이 타들어가는 일이 아닐 수 없다. 게다가 요즘은 카톡을 통해 학교 폭력이 은밀히 진행되는 경우가 많다고 한다. 대개 학원을 다녀오는 밤 9시 이후 단체로 반톡을 하는 것이 일상처럼 되어 있는데, 여기서 은근하게 자행되는 폭력 때문에 마음앓이를 하는 아이가 늘어나고 있다. 예를 들어 이름을 밝히지 않고 '김 모 양, 이 모 양, ㄱㅌ' 등으로 부르며 그 아이들을 괴롭히는 것이다.

"야, 김 모 양 정말 짜증나지 않냐? 생긴 건 진짜 ○ 같은 게 지갑은 에르메스 들고 다니더라."

이런 글이 하나 올라오면 'ㅋㅋ'이 수십 개 달린다. 반 친구들 거의 전체가 괴롭힘에 동조하는 상황이다. 피해 학생이 '한 번만 더 그러면 학교 폭력위에 신고하겠다'라고 해도 "김 모 양이라고 했지 언제 너를 놀렸냐?"라며 증거도 없으면서 자기를 위협한다고 적반하장으로 나온다. 걸리면 "장난이었어요. 놀이한 거예요."라고 발뺌한다. 일선 교사들에 의하면 학교 폭력이 공론화되면서 물리적 폭력은 줄었지만 '무시, 모욕, 언어적 협박, 명예 훼손' 등의 정서적인 괴롭힘이 급속히 늘고 있다고 한다. 은밀한 괴롭힘이 SNS를 통해 확산되고 있다는 것은 부모에게는 매우 안타까운 현실이다. 정부에서는 학교 폭력을 4대 악의 하나로 규정하고 대책을 내놓고 있지만 아이들은 SNS 기술의 발달이 가져온 사이버 공간에서 패거리 문화를 견고하게 만들고 있다. 대체 아이들은 왜 이렇게 반톡과 같은 집단 활동에 몰두하는 것일까?

단체 카톡에 몰두하고 사이버 폭력에 빠지는 십대의 심리

자기 정체성을 찾아가는 발달 시점인 청소년기에 또래는 매우 중요하다. 또래 친구를 통해 유사점, 차이점을 변별해가면서 자신의 정체성을 확립한다. 그러나 우리나라의 십대는 늦게까지 공부에 얽매어 있다보니 친구들과 생각을 나눌 시간이 부족하다. 별수 없이 학원이 끝나는 시간인 주로 밤 10시 이후에 또래 집단 활동에 몰두하게 된다. 아이들이 SNS에 몰리면서 이를 통한 정서적 폭력도 증가하고 있다. 보통 불편한 주제를 놓고 얼굴을 맞대고 상대방과 이야기하다보면 그 자리를 피하고 싶은 마음이 든다. 때문에 주로 뒷담화를 즐기게 되는데, 사이버 공간에서는 알든 모르든 얼굴을 보지 않기 때문에 머릿속으로 검열하거나 거르지 않고 독설을 내뱉는 일이 가능하다. 사춘기에는 자기 조절력이 더 떨어지다보니 쉽게 거친 말이 쏟아지는 것이다.

　아이들이 적절하게 표출하지 못한 내면의 공격성과 폭력성이 카톡이나 카스를 통해 빠르게 확산되는 것은 청소년이 처해 있는 상황과도 관계가 있다. 어려서부터 공부 경쟁에 내몰리다보니 또래와의 관계에서라도 스트레스를 해소하고 싶은 마음이 된다. "너는 왜 이 정도밖에 안되니? 쟤는 잘한다던데." "하나에서 열까지 제대로 하는 것이 없어." 등 남과 비교 당하는 문화 속에서 입시 경쟁까지 심해지다보니 질풍노도의 청소년기에 들어오면 억눌러왔던 내면의 공격성이 고개를 든다. 사이버상에서 약자를 괴롭히며 억압된 공격성을 분출하고 거기서 우월감과 희열을 느끼기도 한다.

피해자와 가해자 모두 우리의 아이

　한편 부모는 내 아이가 피해자가 되지 않는 것에만 관심을 보일 뿐 남을 괴롭히는 것에 대해서는 별다른 관심을 보이지 않는다. 가해자로 지목이 되어도 "우리 아이가 그럴 리가 없어요."라며 문제를 회피하는 부모가 많다. 적절한 훈육이 필요한데도 불구하고 부모의 과보호로 시기를 놓치기도 한다. 청소년기는 또래 관계를 통해 이타성과 도덕성을 발전시켜야 한다. 이 시기에 적절한 훈육이 되지 않으면 남을 괴롭히고도 죄책감을 느끼지 못하는 아이로 자랄 수 있다. 특히 사이버상의 집단 괴롭힘은 혼자 하는 것이 아니라 집단으로 한 것이기 때문에 "나만 그런 게 아닌데…."라며 자기 합리화에 급급한 경우가 많다. 자신의 잘못을 깨닫지 않으면 도덕성 발달에 심각한 결함이 생긴다. 내 아이도 피해자 혹은 가해자가 될 수 있다는 생각으로 아이를 살피고 아이가 하는 SNS 활동에도 관심을 가져야 할 것이다.

친구 없인 못 살아
십대의 우정

나의 허벅지는 살이 과하게 붙어 있기는 하지만 기본은 탄탄한 근육질이다. 초등학교 1학년 때부터 지금까지 10년 동안 매일같이 롤러블레이드를 타고 아파트 단지를 돌아다닌 결과다. 친구 보람이와 나는 처음 만나 최근까지 골목대장마냥 아파트 단지를 돌아다녔다. 초등학교 때는 둘이서 하도 남자애들을 괴롭히고 다녀서 남자애들로부터 '조폭 마누라'라는 별명을 얻기도 했다. 나는 항상 보람이의 타고난 운동신경을 부러워했고 보람이와 어울리며 웬만한 운동은 잘하게 되었다. 엄마는 '잘 키운 딸 하나 열 아들 안 부럽다'가 아닌 '그냥 키운 딸 하나가 열 아들 못지않다'라며 웃었는데, 둘이 붙어 있으면 딱 그 정도로 천방지축이었다. 나와 보람이와의 우정은 그만큼 단단한 것이었다.

고등학교에 들어와서 10년지기 보람이와의 우정과 추억을 능가할 만한 친구를 사귀게 되었다. 고등학교가 집에서 약간 떨어져 있었기 때문에 입학식 날 만난 아이들은 대부분 초면이었다. 그렇지만 입학식 날부터 야간 자율 학습을 하며 14시간 정도를 붙어 있다보니 금세 친해지게 되었다. 야간 자율 학습이 끝나고 밤 10시에 집에 갈 때쯤에는 우리가 고작 오늘 아침에 만났다는 것이 놀라울 정도로 가까워졌다. 서먹서먹하던 분위기는 완전히 바뀌어 있었다. 야간 자율 학습을 하면서 유독 가족같이 친해진 친구가 은정이다. 이후에 야간 자율 학습을 그만두고 밤 12시까지 공부하는 일명 노예 학원에도 같이 다녔는데, 잠만 각자 집에서 자고 올 뿐 아침부터 한밤중까지 함께 지내다보니 어느 순간에는 눈빛만 봐도 서로 통할 정도가 되었다. 이렇게 끔찍하게 오래 붙어 있는 탓에 짜증나는 일도 생겼지만 나중에는 미운 정, 고운 정이 쌓여서 더 돈독한 관계가 되었다.

어른들은 우리가 한 교실에서 하루 종일 생활하며 시험이란 경쟁 관계에 놓여 있고, 야간 자율 학습이나 학원 공부 등으로 지쳐서 친구 관계도 메말라 있을 것이라 생각하지만 사실 그렇지도 않다. 공부라는 사막 한복판에 있기 때문에 야간 자율 학습이나 학원 생활 틈틈이 친구들과 어울리는 것이 오아시스처럼 달콤한 것이다. 또한 하루 종일 친구들과 붙어 있다보면 엄마, 아빠보다도 친구가 나의 생활에 더 큰 영향을 준다. 엄마는 잔소리만 하지만 친구와는 즐거운 이야기를 하게 되고 그러면 기분도 덩달아 좋아진다. 친구의 장점도 금방 배우게 된다. 물론 친구에게서 장점만 배우는 것은 아니다. 10년지기 보람이와 같이 다닐 때 우리 둘은 기질이 비슷해 싸우기도 잘 싸우고 상처도 많이 줬다. 하지만 이 또한 하나의 성장통 아닐까?

어른들은 자식의 허물을 잘 못 보는 것인지 아이에게 문제가 생기면 '친구를 잘못 만나 물들었다'라고 하는데 내 생각은 전혀 그렇지 않다. 나쁜 물이 드는 건 그 사람이 이미 좋지 못한 그릇을 가지고 있기 때문이다. 그리고 고등학생 정도 되면 자기에게 맞는 친구를 스스로 가려 사귈 줄도 알게 된다.

부모보다는 친구를 찾게 되는 십대

친구 따라 강남 갈래요

초등학교 때까지만 해도 엄마 뒤를 졸졸 따라다니며 조잘조잘 이야기를 해대던 아이가 중학교에 들어가면 엄마, 아빠와 대화하는 것보다 친구와 이야기하는 것을 더 좋아한다. 부모가 묻는 말에는 '예, 아니오'로 간단히 답하면서 친구에게는 장문의 문자 메시지를 보내고 SNS로 쉴 새 없이 수다를 벌인다. 이 광경을 보는 부모는 답답하고 서운하겠지만 청소년기의 아이는 친구와의 교재를 통해 부모와의 동일시에서 벗어나 독립성과 자율성을 찾아나간다는 특성을 지닌다는 것을 이해해주어야 한다.

이 과정에서 또래 관계는 건전한 성장과 발달을 도우며 가족이 제공해주지 못하는 여러 가지 기능을 한다. 우선 교제의 즐거움이 가장 크다. 친구를 사귀는 것은 부모가 제공해줄 수 없는 재미와 즐거움을 준다. 다음은 친밀감이다. 속마음을 털어놓을 수 있고 자기가 누군가에게 수용되는 경험을 할 수 있다. 친구라는 타인의 욕구나 기분을 민감하게 알아차리는 것을 통해 마음의 공감을 배우기도 한다. 또한 친구로부터 받는 칭찬과 존중은 가족, 특히 부모로부터 받는 칭찬 못지 않게 자존감과 자기 가치에 대한 확신을 준다. 무엇보다도 친구는 어려운 상황에서 격려와 위로 등으로 마음의 안정감을 가져다준다. 사춘기 아이들은 부모에게 말하기 어려운 것도 친한 친구에게 이야기함으로써 실질적인 위로와 도움을 받는다. 때문에 보통의 아이는 자기를 믿어주는 안정된 관계를 형성한 친구 한 명만 있어도 질풍노도의 시기를 잘 넘긴다.

부모는 자기 아이에게 문제가 생기면 "원래 그런 애가 아니었는데 나쁜 친구를 사귀어서 그래요."라고 말하곤 한다. 그러면서 나쁜(?) 친구와 사귀지 못하게 한다. 그러나 이런 금지는 그다지 효과가 없다. 요즘 같은 세상에 아이들 간의 SNS를 차단하기란 거의 불가능하다. 마음에 안 드는 친구라도 일단은 만나는 것을 허용하고, 아이가 스스로 친구 관계에 대해 판단할 수 있도록 편하게 이야기를 나누는 분위기를 조성하는 것이 좋다. 또 친구들에게서 좋은 영향을 받는 것을 기대하듯이 내 아이가 다른 친구에게 좋은 영향을 줄 수 있도록 관심을 가져야 한다. 초등학교 때까지는 엄마가 친구들을 불러 먹을 것을 해주며 또래 집단을 직접 형성해주기도 한다. 하지만 중학교만 들어가도 엄마가 친구를 만들어줄 수 있는 시기는 이미 지나버린다. 청소년기는 성인이 되기 위한 과도기로서 아이에게 관심을 갖되 한 발 떨어져 지켜볼 수밖에 없다. 아이 스스로 옳은 판단을 하고 대처할 수 있도록 믿고 격려해주어야 한다.

인간관계의 균형감을 배우며 성장하기

청소년기에는 위계적인 가족 관계보다는 평등한 또래 관계를 선호하며 또래를 통해 자신의 가치를 확인하고자 한다. 청소년기 자녀를 둔 부모는 고삐를 느슨히 하고 뒤에 서서 아이를 지지해주는 버팀목으로 있어야 한다. 버팀목으로서의 가장 중요한 기능은 안정적인 애착 형성이다. 가장 기초적인 부모와의 관계에서 애착 형성이 잘 되지 않은 아이는 친구에게 과도하게 몰두하는 경향이 있다. 또한 거절에 대한 민감도가 매우 높아 상대가 자신의 의사대로 되지 않거나 자신의 의사가 무시되었을 경우 사소한 거부와 좌절에도 크게 낙담하게 된다.

〈성공하는 10대들의 7가지 습관〉을 쓴 숀 코비(Sean Covey)는 "친구는 많을수록 좋다. 하지만 친구들을 토대로 삶이라는 집을 짓지는 말아라. 친구들은 불안정한 기초다."라고 했다. 십대 때는 베프(베스트 프렌드, 가장 친한 친구)가 평생지기가 될 것 같지만 살아보면 꼭 그렇지도 않다. 다양한 친구를 통해 삶의 즐거움과 가치를 발견해나가는 것은 좋지만 모든 관계가 그러하듯이 십대의 우정도 시간과 상황에 따라 변화무쌍하다는 것을 인지하게 해주어야 한다. 물론 아이도 경험을 통해 친밀한 관계가 오래 지속되지 않고 금방 균열이 생기고 깨어지는 것을 안다. 하지만 아이들은 근시안적이기 때문에 장기적인 결과를 예측하기보다는 순간의 기분과 열정에 사로잡혀 친구 관계를 형성하거나 집단 패거리 문화를 만들어 일탈을 하기도 한다.

인간관계에서는 균형감이 중요하다. 한쪽에 올인하고 집착하면 가족 관계, 학업, 취미 생활 등 삶의 여러 영역에서 균형감을 갖기 어렵다. 친구에게 너무 몰두하고 집착하는 모습을 보인다면 친구와 같이 하지 않아도 혼자 즐길 수 있는 활동이나 취미 생활을 발견하게 도와주는 것도 한 가지 방법이다. 인생을 살다보면 친구와 어울리며 즐거움을 추구하는 시간도 필요하지만 혼자서 즐길 수 있는 활동을 통해 내면을 다듬는 시간도 필요하다는 것을 아이도 배워야 한다.

남친에 빠진 내 친구
십대의 사랑

"연희야, 갑자기 치킨이 너무 먹고 싶어. 얼른 나와!"
"나 지금 성우랑 있는데 방해되니까 끊어."
"……"

이게 요즘 내 신세다. 예전 같았으면 한걸음에 달려왔을 친구마저도 남자친구가 생기자 태도가 돌변했다. 난 친구의 남자친구한테 밀리는 쩌리('껄절이'에서 온 말, 보잘것없는 존재를 의미한다)가 되었다. 난 연희가 남자친구와 금방 헤어질 줄 알았다. 그런데 나의 예상과는 달리 1년이 다 되어가도록 무탈하게 사귀고 있다. 그 기간 동안 나는 줄곧 솔로였는데 말이다. 게다가 나는 연희가 남자친구와 싸울 때마다 연희 남자친구에 대한 욕이란 욕은 다 들어줬다. 남자친구 욕을 하도 들어서 내가 다 지겨운데 둘은 여전히 아무 일도 없다는 듯이 잘 사귀고 있으니 이게 뭔 일이냔 말이다. 십대의 사랑은 풋사랑이고 얼마 못 간다는 어른들의 고정관념과는 달리 요즘은 연희처럼 오랫동안 남자친구를 사귀는 친구들이 꽤 많다.

물론 한편에서는 유통 기간이 매우 짧은 우유처럼 남자친구를 쉽게 갈아 치우는 친구들도 있다. 내 친구 나리는 남자친구가 아주 자주 바뀌는 편이다. 얼마 전 함께 얼굴을 본 그 남자친구 이야기를 하는 줄 알고 듣고 있다보면 어느새 듣도 보도 못한 새 남자친구 이야기를 늘어놓고 있다. 거기다 남자친구와의 관계에 조금만 문제가 있으면 깨버리고 싶다고 온갖 하소연을 늘어놓다가도 몇 시간만 지나면 '우리 멋진 ○○이 ♡' 하며 카스에 사진을 올린다. 하지만 그래놓고 얼마 안 가 또 헤어진다. 헤어지고 나서는 외롭다며 얼마나 친구들을 괴롭히는지. 이런 친구들은 남자애가 못나거나 지질하다 싶으면 거들떠보지도 않는다. 자꾸 바뀔 남자친구를 왜 사귀는지 잘 모르겠다. 남자를 사귄다는 것을 과시하려고 하는 부분도 있는 것 같다.

친구 중에는 남자친구와 헤어지고 이별 후유증을 앓는 아이도 있다. 소희는 남자친구와 헤어지고 며칠간 식음을 전폐하고 수업 때도 멍한 눈으로 앉아 있기 일쑤였다. 성적도 떨어지고 한참을 힘들어한 후에야 정상으로 돌아왔다. 어떤 친구들은 남자친구를 사귀면서 너무 멀리 가버리기도 한다. 동성 친구는 안중에도 없고 남자친구를 위해 태어난 아이처럼 남자아이에게 빠져버려 깊은 배신감을 느끼게 하기도 한다.

어느 날 엄마는 공지영 작가가 자신의 딸에게 쓴 〈나는 너를 끝까지 응원할 것이다〉라는 책을 읽더니, 뜬금없이 "너도 헤어질 순간이 오면 잘 헤어질 수 있는 남자와 사귀어라."라고 말했다. 아직 남자친구를 사귀어본 적이 없는 나는 일종의 잔소리라 생각하고 그 말을 한쪽 귀로 듣고 한쪽 귀로 흘려보냈다. 그런데 얼마 전에 그 말의 뜻을 어렴풋이 알 수 있을 것 같은 사건이 있었다. 최근 동아리 선배 언니가 겪은 이야기다. 그 언니는 좀 잘사는 집 남자친구를 사귀었다. 8개월 정도 사귀었는데 남자친구는 집이 부자여서 그랬는지 무슨 날만 되면 이벤트를 해주고 선물 공세를 퍼부었다. 그러다 언니가 고등학교 3학년이 되어 공부를 위해 헤어지자고 했더니 그 남자친구는 언니에게 그 동안 쏟아부은 돈 200만 원을 내놓으라고 했다고 한다. 선배 언니가 돈을 줄 수 없다고 하자 블로그나 카페에 글을 올리며 괴롭혔는데 그 정도가 상상을 초월할 정도였다. 이야기를 듣던 친구들은 그런 스토커, 지질남과는 잘 헤어졌다고 맞장구를 쳐주었다. 선배 언니의 경우를 보면서 사랑은 시작하기도 유지하기도 그만두기도 참 어려운 것 같다고 생각했다.

"꽃보다 남자?" 십대 애정의 심리학

호감의 원리

후기 청소년기에 들어오면 이성에 대한 단순한 호감에서 복잡한 사랑의 감정을 느끼는 아이들이 많다. 고등학교 1학년 영준이는 다른 고등학교에 다니는 여자친구와 헤어진 후 계속 집착하는 모습을 보였다. 헤어지면 죽어버리겠다고 하루에 수십 통씩 문자 메시지를 보내기도 했다. 사건은 여자친구 부모가 나서서 강제로 전학을 시키고서야 일단락되었다. 아이가 막장 드라마를 방불케 하는 모습으로 '사랑'을 표현할 때 부모는 매우 당혹스럽다.

십대의 사랑을 논하기 전에 가장 원초적인 질문을 던져보자. 누군가에게 특별한 호감을 갖게 되는 것은 무엇 때문일까? 심리학자들은 신체적 매력이 우선한다고 보고 있다. 신체적 매력은 누군가 좋아하도록 만드는 중요한 요인이다. 이 외에 반복적 접촉도 호감의 발달에 기여한다. 누군가를 자주 보는 것만으로도 그 사람에 대해 긍정적으로 생각할 가능성이 높아진다. 때문에 십대 초반에는 아이돌과 같은 연예인에 열광하지만 나이가 좀 들면 접촉 빈도가 높은 이성 친구에게로 호감이 옮겨간다. 엄마는 아이에게 '여친, 남친'이 생겼다는 말을 들으면 걱정부터 앞선다. 가장 근심이 되는 것은 단연 성적(成績)이겠지만 성적(性的)인 문제도 간과할 수 없다. 지나친 스킨십과 집착 등 도를 넘는 행동을 하지 않을까 늘 노심초사하는 엄마들도 있다.

사랑의 3요소 : 열정, 친밀감, 헌신

사랑을 연구하는 심리학자들에 따르면 인종과 문화가 다른 여러 나라에서도 사랑에 대한 태도와 경험은 비슷하게 나타난다고 한다. 인종과 문화를 뛰어넘어 사랑의 공통된 유형이 나타난다는 것이다. 학자들이 분류하는 사랑의 유형 중 가장 많이 언급되는 것은 동반자적 사랑(companionate love)과 열정적 사랑(passionate love)이다. 동반자적 사랑은 상대를 위해 자신의 시간, 주의, 자원 등을 투자하고 이타적으로 누군가를 사랑하는 것이다. 종교에서 말하는 사랑, 부모 자식 간의 사랑은 이 동반자적 사랑에 해당된다. 반면 열정적 사랑은 강렬하게 급속도로 사랑에 빠진 것과 같은 느낌이다. 성적 매력을 동반하고 상대방이 자신만을 사랑해주기를 바라는 배타적인 욕망이 자리 잡고 신체적인 친밀감과 관계가 끝나는 것에 대한 두려움을 동반한다.

사랑의 삼각형 모델을 주장한 스턴버그(Sternberg)에 따르면 사랑은 열정, 친밀감, 헌신을 포함하고 있다고 한다. 열정만 있는 사랑은 헌신과 친밀감은 없는 얼빠진 사랑이다. 친밀감만 있는 사랑도 헌신과 열정이 없으면 불완전하다. 헌신만 있는 사랑도 공허하기는 마찬가지다. 당연히 완전한 사랑은 상대에 대한 열정, 친밀감, 헌신 이 3

가지를 모두 가지고 있는 것이다. 하지만 불완전한 인간의 특성상 이 3가지를 다 가지고 있는 경우는 드물다. 특히 십대의 사랑은 열정만 있거나, 열정과 친밀감만 있고 헌신이 부족한 경우가 다반사다. 현실적으로 우리나라의 십대는 경제적, 심리적으로 독립할 수 있는 나이가 아니기 때문에 장기적인 계획을 세울 수 없다. 불완전한 사랑은 때때로 사랑을 주는 사람에게도 받는 사람에게도 큰 상처를 남긴다.

이성 관계를 허심탄회하게 이야기하자

고등학생 딸아이를 둔 한 엄마가 딸아이에게 남자친구가 생겼다는 것을 안 순간부터 노심초사의 나날을 보내고 있다며 상담을 요청했다. 딸이 조금만 늦게 들어와도 신경증적이고 과도한 불안이 찾아왔다. 엄마에게 아이와 이성 문제를 허심탄회하게 이야기해보는 것이 어떻겠냐고 물었으나 엄마는 "딸아이와 어떻게 그런 이야기를 해요?"라고 답했다. 쉰을 바라보는 엄마는 평생 모범적인 모습으로 살았다. 반면 딸은 자유분방한 기질로 자신이 원하는 것은 꼭 하고 마는 성격이었다. 엄마는 고등학생 딸이 남자친구를 사귀고 학원을 빼먹는 행동을 도저히 이해할 수 없었다. 적당한 불안과 긴장은 혹 있을지도 모르는 문제를 미리 예상하고 마음의 준비를 하게 해주지만, 과도한 불안은 신경증적이 되고 장애가 될 수 있다. 엄마는 거의 노이로제 수준으로 아이의 이성 관계에 대해 불안해했는데, 가장 큰 원인은 딸과 이런 이야기를 편안하게 나눌 수 없다는 것이었다. 엄마는 딸의 이성 교제를 쉽게 받아들이지 못했고 딸을 믿지 못하고 의심하다보니 모녀 관계가 나빠진 것은 불 보듯 뻔했다.

    결론적으로 요즘과 같은 세상에서는 부모가 100% 아이의 이성 문제를 통제하는 게 불가능하다. SNS와 같은 편리한 통신 장비가 널린 세상에서 육체적으로 성인 뺨치게 성장한 아이를 무슨 수로 24시간 통제할 수 있단 말인가. 부모가 할 수 있는 최선은 아이와 대화를 하는 것뿐이다. 물론 딸아이가 순순히 대화에 응해주지 않거나 회피적인 태도를 보이거나 거짓말을 할 수도 있다. 하지만 그 과정에서 부모는 자녀와의 상호 신뢰를 형성하기 위해 노력해야 하고 아이의 마음의 소리를 들어야 한다. 부모의 신뢰를 인지하는 아이는 부모의 믿음을 저버리지 않기 위해서라도 염려하는 선을 넘지 않는다. 아이와 마음을 열고 이야기하는 분위기를 자주 만든다면 이성 문제가 생겨도 조금 더 편하게 대처할 수 있을 것이다.

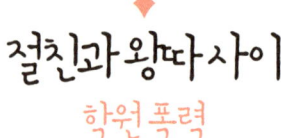

절친과 왕따 사이
학원 폭력

"선생님, 사실 전 1학년 때 왕따를 당했어요."

이건 한두 명의 이야기가 아니다. 언젠가 중학교 때 기술·가정 선생님 말에 따르면 한 반의 여자애 15명이 모두 똑같이 이렇게 이야기했다고 한다. 그만큼 중학생 사이에서 왕따는 흔한 일이 된 것 같다. 농담 삼아 들은 이야기로는 일본에서는 여고생 셋만 모이면 돌아가면서 왕따가 된다고 한다. 한 명이 화장실을 가는 순간 두 학생이 화장실 간 학생의 뒷담화를 한다. 돌아오면 아무 일 없다는 듯 수다를 계속 떨다가 다른 애가 화장실에 가면 남겨진 둘은 또 화장실 간 아이의 뒷담화를 하는 식이라는 것이다. 이렇게 돌아가면서 왕따를 시키고 당하니 누가 가해자고 누가 피해자인지 애매해진다.

파란만장한 우정의 세계를 경험하기는 나도 마찬가지다. 나는 원래 친구들을 좋아해서 카톡 명단에 350명 정도가 등록되어 있다. 또래 아이들의 등록 인원이 평균 200명인데 비해 좀 많은 숫자다. 하지만 이 중 자주 연락을 하는 친구는 10명도 채 되지 않는다. 가끔씩 카톡 친구 명단을 훑어보는 것은 내 사소한 취미인데 목록을 보면 연락이 끊긴 아이, 한때는 절친(친한 친구)이었으나 지금은 전혀 만나지 않는 아이, 심지어는 만난다 해도 눈인사조차 주고받지 않는 아이들도 제법 있다.

    은서만 해도 그렇다. 중학교 1~2학년 때 같은 반이어서 학교에서 붙어 다니고 학원도 같이 다니면서 절친으로 지냈다. 그러다 중학교 3학년 때 급격하게 사이가 멀어졌다. 그때 나는 다른 친구들을 통해 은서가 나와 은밀하게 나눴던 이야기를 친구들에게 퍼트리고 다닌다는 것을 들었다. 심지어 내 욕을 하고 다닌다는 것을 알고 나는 적잖이 충격을 받았고 은서에게 전처럼 말을 걸거나 같이 다니기가 싫어졌다. 그 후로 시쳇말로 생 까기(모르는 척하기)를 시작했다. 반대로 지금도 내 베프 중 하나인 우영이는 원래 나와는 천적에 가까운 사이였다. 그러다가 뒷담화를 너무 좋아해 기피 대상 1호였던 여자애에 대해 이야기를 하다가 둘이 급속도로 친해져버렸다. 내가 뒷담화 깠던 애와 다른 애 뒷담화를 까다가 친해진 격이다. 어제의 적은 오늘의 친구가 되고 어제의 친구는 오늘의 적이 되니 십대의 우정이란 엎치락뒤치락의 연속이다.

요즘은 학폭(학교 폭력)이 너무 심해지다보니 모든 아이들을 잠재적인 피해자나 가해자로 보는 분위기다. 따돌림을 주도하는 애는 당한 애에게 당할 만한 이유가 있다고 당당하게 말한다. 그러나 그런 자기 합리화는 비겁한 변명밖에 되지 않는다. 왕따와 같은 악행은 언젠가는 부메랑처럼 자신에게 돌아오게 되어 있다. 뿌린 대로 거둔다는 진리는 십대의 우정에서도 유효하다.

지독한 장난, 그 심각한 이야기

가해자는 장난이지만 피해자는 상처 입는 학교 폭력

이경화 작가의 〈지독한 장난〉이라는 책에는 집단 따돌림으로 고통받는 아이들의 모습이 생생하게 그려진다. 절대적 권력자인 강민의 조종으로 체구도 작고 소심한 준서는 혜진이를 괴롭힌다. 반 친구들은 준서에게 동조하거나 못 본 척 방관한다. 준서는 더 악랄하고 지독하게 혜진이를 괴롭히면서 강민에게 인정받고 싶어 한다. 그러나 강민은 준서마저도 괴롭힌다. 비참하게 당하는 준서를 혜진이가 막아주고 방관만 하던 친구들이 혜진에게 합세하면서 이야기는 정의의 편으로 돌아선다. 이 이야기의 핵심은 피해자, 가해자, 방관자가 모두 다

똑같은 아이들이라는 것이다. 가해를 하던 강민조차도 학교 폭력의 피해자였다.

실제로 집단 따돌림을 당해 정신적 고통을 호소하는 학생을 만나 보았다. 그중 한 아이는 여름에도 긴팔을 입고 겨울에는 두세 겹의 옷을 입고 학교를 다녔다. 이유를 묻자 아주 조그만 목소리로 "괴롭히는 아이들이 고무줄로 튕기고 꼬집고 때리고 발로 차는데 너무 아파서 옷을 많이 입었어요."라고 답했다. 상담이 진행되고 가해 학생을 만나 보았을 때 사태의 심각함을 다시 확인할 수 있었다. 가해 아이는 "재미로요."라고 짧게 답했다. 거기다 가해 학생의 부모는 "우리 아이는 그런 애가 아니에요."라고 발뺌을 하거나 "애들이 크다보면 그럴 수도 있죠."라며 문제의식을 느끼지 못하는 태도를 보였다. 장난이기 때문에 미안하지 않다는 아이와 자기 아이가 다칠까 봐 전전긍긍하는 부모를 보면서 장난 치고는 너무나 지독한 현실에 정신이 아찔한 날들이었다.

특별한 이유가 없다는 것이 가장 큰 문제

집단 따돌림은 누구나 대상이 될 수 있다. 학기 초에 약해 보이는 한 아이가 타깃이 되기도 한다. 타깃이 정해지면 반 아이들이 그 아이를 왕따시키는 데 가담한다. 특별한 이유는 없다. '햄스터처럼 못생겨서, 말하는 것이 이상해서, 잘난 척할 것 같아서 혹은 재가 되지 않으면 내가 되기 때문에' 등과 같은 어이없는 핑계거리로 친구를 괴롭힌다.

왕따나 집단 따돌림을 겪은 피해자는 대인 기피증과 신경 불안증을 보이고 심하게는 자살을 시도하기도 한다. 현실에서 따돌림을 당하는 아이에게 직접적인 방패막이 되어줄 수 있는 사람은 학교 선생님과 또래인데, 선생님의 수동적인 태도와 아이들의 방관 혹은 보복이 두려워 숨어버리는 태도는 피해자가 홀로 왕따에 맞설 수밖에 없게 한다. 부모는 아이가 왕따라는 싸움에 홀로 내팽개쳐지지 않도록 학교 폭력, 집단 왕따의 가해자와 피해자의 특성을 숙지하고 아이들이 지독한 장난에 빠지지 않도록 살펴주어야 한다.

내 아이도 피해자일 수 있다는 것을 잊지 말자

학교 폭력을 막기 위해 해야 할 일은 무수히 많다. 특히 집단 따돌림은 단순히 청소년만의 문제로서 다루어져서는 안 되며 사회 문화적인 변화가 절실하다. 학교 수준의 대책, 학급 수준의 대책, 개인과 부모(가정적 차원)의 대책, 사회적인 대책 등 각자가 역할을 담당해야 한다. '내 자식은 괜찮겠지.' 하는 부모의 이기적인 생각이 가장 큰 문제다. 어떤 괴롭힘도 정당화될 수 없음을 인식하고 아이에게 좋은 심성과 가치관을 심어주기 위해 노력하며 자녀와의 긴밀한 대화를 통해 평소 아이의 상태를 잘 파악하는 것이 중요하다.

불안과 수치심, 분노, 낮은 자존감, 무기력, 공포, 피해망상 등은 학교 폭력의 피해자가 겪는 고통이다. 또래 관계를 통해 성숙해야 할 시기에 건강한 관계 맺기의 실패로 인해 생기는 이러한 문제는 되돌리기 쉽지 않다. 자녀가 건강하게 자랄 수 있도록 발달 과정에서 사랑과 훈육으로 함께하는 것이 중요하다. 또한 충분한 대화를 할 수 있는 관계 맺음으로 혹여나 자신이 피해를 당하거나, 피해당하는 친구가 있다고 할 때에 부모나 교사에게 도움을 청할 수 있는 아이가 될 수 있도록 교육하는 것도 필요하다.

PART
05

가까워서
더 상처받아요

가 족

엄마는 슈퍼 울트라 초대박 잔소리꾼
잔소리와 트라우마

　친구들과 밥을 먹고 좋아하는 빈지노 노래를 들으며 기분 좋게 집으로 들어왔는데 엄마는 나를 보자마자 온갖 잔소리를 쏟아부으며 신경을 긁는다.
　"너 학원에 또 지각했지? 지각하는 습관 좀 고치라고 해도 말도 안 들어."
　"좋은 습관을 만들어주려고 해도 항상 똑같잖아."
　"어쩜 그렇게 하나도 안 변하냐고!"
　내 자존심 따위는 안중에도 없다. 어떤 날은 내 방에 들어와 "네가 잘하면 이러겠니? 엄마도 이렇게 하고 싶지 않아. 네가 알아서 하면 엄마도 신경을 끄고 싶어."라며 미안한 내색을 비치다가도 역시나 다음 소절은 잔소리로 이어진다.

엄마들은 잔소리 유전자를 가지고 태어난 것일까? 아니면 엄마가 되는 순간부터 잔소리꾼으로 다시 태어나기라도 하는 걸까? 친구들 중에서는 엄마, 아빠의 잔소리 때문에 집을 나가버리고 싶다는 아이도 있다. 어떤 친구는 엄마보다 아빠의 잔소리가 훨씬 심한데 방 청소를 하지 않는다고 때리기까지 한다고 했다. 그러나 이런 친구는 소수고 대부분의 가정에서는 아빠보다는 엄마가 슈퍼 울트라 초대박 잔소리꾼이다. 자식을 어린애 다루듯이 하면서 툭하면 혼낼거리를 찾아내는 '잔소리 대장' 말이다. 방금 학원을 마치고 온 딸에게 공부하라며 다시 책상에 앉으라 하고 옷이 너무 많이 나와 있다고 정리하라 하고 살이 너무 많이 쪘다고 먹는 양을 줄이라 하고…. 계속되는 잔소리는 스트레스로 이어진다. 결국 그만 듣고 싶은 마음에 "어, 어, 어." 하고 대답하면 엄마는 "대답은 잘하네." 하며 나가버린다.

　게다가 엄마는 장난으로 하는 말에도 잔소리를 늘어놓기 일쑤다. 지나치게 심각하고 진지해지는 성향 때문에 개그도 다큐로 바꾸어버린다. 내친엄(내 친구의 엄마)은 훨씬 더 막강한 잔소리꾼이다. 시현이는 화를 안 내기로 유명한 친구로 친구 중에 누구도 시현이가 화내는 걸 본 적이 없다. 그런데 어느 날 나는 눈앞에서 시현이가 고래고래 소리 지르는 것을 보았다. 주말에 친구들끼리 모여서 얘기를 나누다 학원에 가려고 했는데 시현이 엄마가 2분에 한 번꼴로 전화를 했다. 10분 동안 다섯 번이나 전화가 걸려온 것이다. 내용은 간단했다.

"왜 학원을 빨리 안 가니?"

"거기 어디니?"

"지금 학원 가고 있니?"

"누구랑 있니?"

참다 참다 시현이는 소리를 지르고야 말았다.

생각해보면 엄마는 우리와 가장 많이 부딪히는 어른이기 때문에 잔소리가 많은 것 같다. 아빠나 그 외 어른들은 얼굴을 볼 기회가 많지 않으니 나와 대화를 하고 내 생활에 간섭할 사람은 엄마밖에 없다. 그렇지만 왜 엄마들은 아이들에게 할 이야기가 잔소리뿐일까? 잘 듣지도 않는 뻔한 잔소리를 왜 백날 천날 반복하는 것일까?

못 본 척해주는 것도 엄마의 지혜

잔소리와 트라우마?

아이가 청소년기에 들어서면 정리 정돈 문제로 아이와 갈등을 벌이는 엄마, 아빠가 많아진다. 상담실에서 만난 많은 엄마들은 자녀의 행동을 좋은 쪽으로 잡아주고 싶지만 아이가 잘 따라주지 않아 힘들다며 양육 스트레스를 호소한다. 특히 결벽증을 의심할 정도로 집안

살림을 완벽하고 깨끗하게 해내는 엄마는 집안을 어지럽히는 사춘기 딸과 심한 갈등 관계를 보인다. 방을 깨끗이 하라고 잔소리해도 '소귀에 경 읽기'가 되는 경우가 많고 아이의 행동은 바뀌지 않으니 잔소리가 늘어나는 '악순환 드라마'가 계속된다.

그런데 엄마에게는 달갑지 않은 연구 결과가 있다. 잔소리가 쌓이면 트라우마(trauma)가 된다는 것이다. 트라우마라고 하면 보통 생명의 위협을 느낄 만한 사건을 경험하는 것을 말한다. 그러나 요즘 외상을 연구하는 학자들에 따르면 큰 외상 못지않게 작은 외상도 누적 효과가 크다고 한다. 가랑비에 옷 젖듯이 작은 스트레스 사건이 쌓이면 뇌에 독성을 풍기는 큰 외상이 될 수 있다는 것이다.

엄마의 막말이 아이의 자존심을 꺾는다

아이들은 태어남과 동시에 외부 대상인 부모로부터 모든 것을 충족받고 싶어 한다. '욕구덩어리'라고 달리 표현할 도리가 없을 정도다. 그러다 어떤 이유에서든 부모가 아이의 생물학적 기본 욕구를 충족시켜주지 않으면 발달이 지체된다. 거기다 정서적 욕구를 충족받지 못하고 작은 실패를 반복하면 아이는 정서, 성격 발달에 치명적인 외상을 입는다. 사람마다 신체적 통증에 대한 역치(閾値, 자극에 대한 반응을 일으키기 위한 최소 자극)가 다르듯이 정서적 자극도 역치가 다르다. 즉, 같은 스트레스 자극이라도 아이의 성향과 개성에 따라 영향을 받는 정도는 차이가 있다. 예를 들어 어떤 아이는 부모의 이혼에 별다른 영향을 받지 않지만 어떤 아이는 극심하게 영향을 받는다. 따라서 아이의 기질, 주변 환경, 심리적 상황 모두가 중요하다.

그중에서도 아이의 발달에 가장 큰 영향을 미치는 것을 꼽으라면 단연 부모의 태도다. 부모가 강압적이고 억압적이라면 아이의 정서, 성격 발달은 지체되기 쉽다. 특히 부모가 신체적, 언어적 폭력을 계속 사용한다면 이러한 외상이 쌓여 심각한 누적 효과로 나타날 수 있다. 엄마 자체가 갈등이 많은 삶을 살아왔거나 현재 남편과의 갈등, 경제 문제 등으로 마음이 평온하지 않은 상태라면 자신이 가지고 있는 한이나 갈등을 아이에게 투사하기 일쑤다. "저 애만 낳지 않았어도." "누구를 닮아서 저 모양인지." "사람 구실이나 할 수 있을지 몰라." 하는 말은 아이의 마음에 차곡차곡 쌓인다. 아이는 낮은 자존감 때문에 괴로워하다가 성장해서는 "어느 순간부터 엄마가 말한 게 맞다는 생각이 들었어요. 나는 하나도 잘하는 게 없고, 남보다 머리도 떨어지고…. 지금은 어떻게 살아야 할지 막막하고 어떤 때는 나 자신을 포기하고 싶은 마음이 들어요."라고 말하게 된다.

엄마의 긍정적 기대가 아이에게 영감을 주고

하버드대학교 사회 심리학과 로버트 로젠탈(Robert Rosenthal) 교수와 레노어 제이콥슨(Lenore Jacobson) 교장은 미국 샌프란시스코의 한 초등학교에서 흥미로운 실험을 했다. 전교생을 대상으로 지능 검사를 한 후 각 반에서 20% 정도의 학생을 무작위로 뽑아 담임 교사에게 명단을 주며 '지능과 학업 성취도가 향상될 가능성이 높은 학생'이라고 전했다. 8개월이 지나 동일한 지능 검사를 다시 했을 때 그들은 놀라운 결과를 얻었다. 명단에 속한 학생의 평균 점수가 다른 학생보다 성적이 크게 향상되었는데, 이는 명단에 뽑힌 학생에 대한 교사의 기대가 학생의 성적 향상에 영향을 끼친 것으로 해석할 수 있다. 반면 나머지 학생이 속한 집단은 특이할 만한 변화가 일어나지 않았다. 이 실험을 통해 기대치를 높여 실제로도 긍정적 결과를 유도하는 것을 '로젠탈 효과'라고 부르게 되었다.

부모는 아이에게 로젠탈 효과를 불러일으키기에 가장 유력한 사람이다. "너는 충분히 잘할 수 있어."라며 아이에게 기대감과 자신감을 주면 아이는 더 나은 결과를 성취할 수 있다. 잔소리나 아이에게 압박을 주는 말투로는 아이를 변화시키기 힘들다는 것을 경험을 통해 충분히 깨달을 수 있다. 그러니 엄마는 아이에게 바라고 기대하는 모습을 솔선수범해서 보여주도록 하자. 엄마가 모범을 보이면 아이는 그러한 엄마의 모습을 받아들이고 안정적인 대인 이미지를 갖는 게 훨씬 수월해진다. 아이의 행동이 마음에 들지 않더라도 믿고 기다려 주는 지혜가 필요하다.

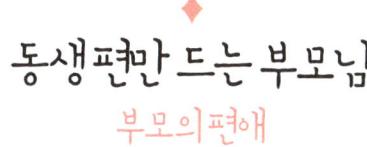

동생 편만 드는 부모님
부모의 편애

 나는 8살 때까지 외동딸로 자랐다. 엄마, 아빠의 유일한 딸이자 귀한 딸이었다. 그런데 동생이 태어나면서 나의 사회적 지위는 완전히 격하되었다. 그나마 동생이 3살이 될 때까지는 외동딸, 귀한 딸의 여운이 남아 있었다. 엄마가 일을 하는 바람에 동생은 태어나자마자 시골 외할머니 댁에 맡겨졌는데, 나는 엄마, 아빠 곁에서 학교를 다니고 있었으니 엄마, 아빠의 사랑을 동생과 나누어 가질 필요가 없었던 것이다. 그러나 내가 만 10살이 되었을 때 시골에 있던 동생이 우리 집으로 돌아왔다. 처음에는 어린 동생이 귀엽기도 하고 예쁘기도 해서 장난감 유모차에 태우고 다니며 소꿉장난을 하기도 했다. 하지만 사사건건 동생 편만 드는 엄마, 아빠와 외할머니의 행동이 눈에 들어오면서 나는 마음이 상하기 시작했다. 내가 학교에 갔다 와서 냉장고 문을 열면 외할머니는 "돼지같이 자꾸 먹으면 어떡하니?" 하고 못 먹게 했다. 그러다 동생이 냉장고 문을 열면 버선발로 뛰어와서는 "아유, 내 강아지!" 하며 챙겨주었다. 동생이 태어나자마자 외할머니가 맡아서 키우기 시작했으니 나름 각별한 정을 느낄 수도 있고 그 점은 이해된다. 그러나 엄마, 아빠까지 동생만 챙길 때는 정말 화가 났다. 내가 볼 때는 동생의 떼가 나보다 훨씬 심한데 엄마는 덜하다고 한다. 조금만 건드려도 다친다고 동생만 끌어안는다. 그럴 때는 집에서 나만 외톨이가 된 것 같다. 급기야 어느 날은 동생과 가족이 없는 먼 곳으로 떠나버리고 말겠다고 가출 직전까지 가기도 했다.

변명처럼 들리겠지만 초등학교 때 내가 친구들에게 집착하게 된 것도 이런 가족의 영향이 크다. 나는 동생이 태어나자마자 아니 엄밀히 말해 동생이 시골에서 생활하다 집으로 올라오자마자 공주에서 무수리로 전락했다. 공주는 궁에서 가족들과 살지만 무수리는 수라간에서 다른 무수리와 산다. 가족으로부터 소외감을 느끼게 되면서부터 나는 친구들과의 관계에 더욱 빠져들었다. 그러다보니 집에 와도 방에 틀어박히기 일쑤였고 저녁 내내 친구와 문자를 주고받으며 시간을 보내기도 했다. 마침 그때는 엄마, 아빠도 바빴기 때문에 가족 누구도 이런 나의 모습에 관심을 보이지 않았다.

그러던 어느 날 사건이 벌어졌다. 어느 일요일 같은 아파트에 사는 친구 다혜와 집 근처 교회에 놀러갔다. 우리는 교회 지하에서 놀이에 집중하고 있었는데 갑자기 경찰이 들이닥쳤다. 설마 경찰이 우리를 잡으러 온 건 아니겠지 하며 마음을 졸이고 있었는데, 가까이로 걸어온 경찰관은 우리에게 "너희가 현지와 다혜니?" 하고 물었다. 알고 보니 저녁때가 다 되었는데도 우리가 집에 돌아오지 않자 엄마가 경찰에 신고한 것이었다. 그날 우리는 난생 처음 경찰차를 타고 집으로 돌아갔다. 엄마는 눈물까지 글썽이며 나를 맞아주었다. 그날은 왠지 엄마가 나를 딸 대접을 해주는 것 같아 기분이 좋았다. 그 사건으로 나는 엄마가 내게 전혀 관심이 없는 것은 아니란 사실을 깨달았다. 하지만 외할머니와의 관계는 여전히 첩첩산중이다. 연세가 많아서인지 할머니는 막무가내로 동생만 예뻐한다. 내 말은 잘 들어주지도 않는다. 심지어 엄마가 퇴근하면 내가 낮에 동생 괴롭힌 일을 과장해서 일러주는 탓에 나만 엄마에게 혼나기 일쑤다.

그러다 초등학교 고학년이 되면서부터 나는 가족들이 동생을 감싸는 것에 별로 개의치 않게 되었다. 가족들보다 친구들이 내 삶에 더 많은 부분을 차지하기 시작했기 때문이다. 한 가지 걱정되는 것은 할머니와 엄마가 너무 오냐오냐해서 동생의 버릇이 점점 나빠진다는 것이다. 막내라고 다 받아주다보니 동생은 마트도 혼자 가지 못하는 약골이 되어버렸다. 이런 걸 봐도 편애는 좋지 않은 것 같다. 사랑을 받지 못하는 것은 문제이지만 사랑을 넘치게 받는 아이도 부족한 부분이 분명히 생긴다.

자기 합리화보다는 따뜻한 위로가 필요하다

편애하지 않았다 vs 차별받았다

"세 딸 중에 둘째로 태어났어요. 위로 언니와 3살 차이, 아래로 동생과 6살 차이예요. 전 늘 대우받지 못하고 자랐지요. 언니는 맏이라서 늘 '잘한다' 칭찬하시고 동생은 막내라 응석을 다 받아주셨어요. 저는 언니에게서 물려받은 옷만 입고 동생과 싸우다 혼나기 일쑤였죠. 저는 서러움을 먹고 자랐어요. 그런데 엄마는 저만 미워한 적 없다고 하시네요. 제 마음은 누가 알아줄까요?"

청소년기 자녀를 둔 엄마에게서 자주 듣게 되는 개인의 역사다. 차별받은 경험을 가진 엄마는 자신의 자녀에게만은 똑같이 평등하게 대해주겠다고 하지만 지금의 십대를 보면 차별 대우의 대물림이 끊겼다고는 말하지 못하겠다.

최근 상담한 새롬이는 '부모님이 여동생과 차별한다'라며 강한 분노와 원망을 표출했다.

"전 열일곱 살이고 동생은 열세 살인데 엄마는 동생만 챙겨줘요. 어떨 때는 저를 사람 취급도 하지 않아요. 동생은 공부를 잘하고 저는 그렇지 못해요. 동생은 반찬 투정을 해도 다 받아주면서 제가 반찬 투정을 하면 숟가락을 뺏으며 먹지 말라고 해요. 동생이 저한테 반말하면 가만히 있다가도 제가 동생에게 큰소리를 내면 멀리서도 쫓아와 머리를 쥐어박거나 욕을 하세요. 마치 새엄마 같아요."

부모들은 열 손가락 깨물어 안 아픈 손가락 없다고 하지만 부모로부터 차별과 편애를 받았다고 지각하는 아이들은 의외로 많다.

형제, 자매 간 피해 의식

홀로 지내던 아이는 동생이 태어나면서 피해 의식을 갖는다. 부모의 사랑을 빼앗긴 것 같아 억울한데 동생 때문에 부모에게서 야단맞고 신체적 벌까지 받으니 어쩔 수 없다. 이때 부모 '언니니까, 누나니까, 오빠니까' 하면서 큰아이를 나무라게 되면 아이의 피해 의식을 가중시킨다. 이럴수록 동생이 더 미워진다. 자칫 부모가 맏이의 이런 억울함이나 분노를 외면하면 동생을 미워하는 마음은 심각한 피해 의식으로 발전한다. 상담을 했던 한 여고생은 부모가 늘 동생만 챙기고 자기를 혼낸다며 초등학생인 남동생을 괴롭혔다. 남동생이 누나를 피해 할머니 댁에서 지낼 정도였다. 그러나 이런 상황에서도 부모는 절대로 아이들을 편애하지 않았다고 항변했다.

동생의 경우도 마찬가지다. 태어나자마자 부모의 사랑을 받고 있는 부모와 친숙한 경쟁자가 세상에 있는 격이다. 그 경쟁자는 자신보다 나이도 많고 힘도 세다. 동생은 부모가 언니나 오빠 편을 들어주면 세상에 홀로 남겨진 것처럼 외로움을 느끼고 의기소침해진다.

부모는 아이가 피해 의식을 호소할 때 열 손가락을 들먹이며 자기 행동을 합리화해서는 안 된다. 일단은 아이의 생각과 느낌을 존중해 주어야 한다. 인간은 누구나 공평한 대접을 받고 싶어 한다. 자기 존재가 무시되거나 평가절하되는 것을 싫어한다. 가정에서 공평하게 대접받은 아이들가 세상에 나가서도 공평함에 덜 집착하고 사람들에게 너그러워질 수 있다는 사실을 기억하자.

아이의 감정을 귀담아듣자

부모는 공평하게 아이를 사랑했다 해도 아이에 따라서 부모의 사랑이 나누어지는 것에 불만을 품고 부족함을 느낄 수 있다. 세 아이의 엄마에게 3시간의 시간이 주어졌다. 엄마는 한 아이에게 1시간씩을 할애하며 동등하게 애정을 쏟았다고 생각했다. 하지만 세 아이도 그렇게 생각할까? 물리적인 시간을 동등하게 나누어 가졌다고 해서 아이들 모두가 '우리 엄마는 참 공평해.'라고 생각하지는 않는다. 아이의 기질과 성향에 따라 누군가는 부족함을 느끼게 될 것이다. 부모의 애정은 무를 자르듯 공명정대하게 나눠질 수 있는 것이 아니다. 이럴 때 부모는 물리적 시간의 할애에 집중하기보다는 한정된 시간에 아이와 밀도 있는 관계를 형성하도록 노력해야 한다.

그럼에도 불구하고 아이가 차별받았다고 인지하고 부모에게 항의 한다면 부모는 이를 무시하지 말고 귀담아들어주어야 한다. 아이로서는 그렇게 느꼈을 수 있다. 느낌은 주관적이므로 절대로 느낌 자체가 틀렸다고 이야기해서는 안 된다. "엄마는 네가 그렇게 느끼고 있는 줄 몰랐어. 다음부터는 엄마가 차별하지 않도록 노력해볼게."라고 말해주는 것이 자기 합리화보다 훨씬 낫다. 아이가 원하는 것은 부모의 관심과 사랑이다. 아이의 말을 무시하지 않고 귀담아들어주는 것은 관심과 사랑의 가장 기본적인 표현 방법이다.

동생은 숙명의 적
형제, 자매간 갈등

　사람은 태어나기 전부터 정해진 숙명의 적이 있는 것 같다. 내 또래의 적은 바로 형, 누나, 오빠, 언니 그리고 동생이다. 지금까지 동생만큼 나를 짜증나게 한 사람은 없었다. 18년이라는 짧은 생을 살았지만 그중에서 가장 많이 싸운 사람이 바로 동생이다. 요즘도 하루에 몇 번씩 동생과 싸우고 있다. 이런 내가 7살 무렵에는 동생을 간절하게 원했다는 것을 나와 내 동생을 아는 사람들이라면 결코 믿지 못할 것이다. 7살 때까지만 해도 나는 친구들이 동생이나 언니랑 노는 모습을 보면 너무 부러웠다. 외동으로 자라는 것이 싫어서 밤마다 고사리 같은 두 손을 모으고 달님을 쳐다보며 동생이 생기기를 기도하기도 했다. 지금 생각하면 왜 그랬는지 손목을 칭칭 감아버리고 싶지만 당시에는 나름 간절했다.

내 나이 8살에 태어난 동생은 하늘이 보내준 천사 같았다. 그런 시절이 있었다니…. 점차 시간이 흐르고 동생이 말이라는 걸 하기 시작할 무렵부터 동생은 내게 짜증과 화를 안겨주는 존재가 되었다. 게다가 바쁜 엄마, 아빠 때문에 동생을 맡아 키우던 외할머니의 편애가 노골적으로 느껴지면서 동생을 예쁘게 볼 수가 없었다. 엄마나 할머니는 싸울 때마다 내게 "너는 도대체 몇 살인데 동생과 싸우니?" "허구한 날 동생이랑 싸우고 있으니 수준도 똑같이 초등학생이지."라며 꾸중을 해댔다. 때로 정말 동생이 나를 골탕 먹이려고 태어난 것 같았다. 동생은 틈만 나면 내 방에 들어와서 물건을 어질러놓았다. 한번은 엄마가 사온 아이스크림 중에서 내가 제일 좋아하는 초콜릿 무스만 먹어치웠다. 동생은 좋아하지 않던 것도 내가 좋아하는 것을 알면 무조건 따라 했다. 이런 식으로 천사 같던 동생은 속된 말로 못돼먹은 아이로 자랐고 우리는 전생의 원수나 된 듯 서로 물어뜯기 일쑤였다.

오히려 나이 차이가 적었다면 상황은 달라졌을까? 한두 살 차이의 형제, 자매는 싸우기도 하지만 비슷한 관심사 때문에 대화를 많이 하면서 친해진다. 그러나 나와 동생은 얘깃거리도 많지 않은 데다 그야말로 세대 차까지 느껴 더욱 더 멀어지는 기분이다. 이런 속사정을 모르는 주변 사람은 7살이라는 적지 않은 나이 차 때문에 "동생이 언니 많이 따르겠다." "언니가 잘 챙겨주겠네."라고 편하게 말을 하지만 사실은 전혀 그렇지 않다. 서너 살까지 "언니님, 언니마마!" 하며 나를 따르던 동생은 초등학교에 들어가면서 본격적으로 나와 맞먹기 시작했다. 물론 나는 동생이 시비조로 대드는 것을 다 포용할 정도로 관대하지 않았다.

숙명의 적과 하루하루 사투를 벌이면서도 내가 동생을 아예 무시하지 않는 것은 가족이라는 정이 조금은 남아 있기 때문이다. 솔직히 동생이 100% 미운 짓만 하는 것은 아니다. 아직은 초등학생인지라 살살 꼬이면 자기가 먹으려던 과자, 아이스크림을 주기도 한다. 이럴 땐 좀 귀엽기도 하다. 얼마 전에는 동생이 자기 반 친구로부터 "해골바가지같이 생긴 게 ㅅㅂ." 하는 소리를 듣고 와서 속상해하는 모습을 보았다. 친구들 때문에 고민하고 있을 때는 언니로서 동생이 안쓰럽다. 이럴 때는 나도 별수 없는 언니인 건지 화가 나서 동생의 학교에 찾아갈까 하는 생각도 했다. 내가 동생을 어떻게 대하든 다른 사람이 동생한테 그러면 참을 수 없다. 거침없는 나와는 달리 동생은 속으로 묵혀놓고 혼자 안달하는 성격이다. 매사에 예민한 촉을 세우는 동생이 힘들어할까 봐 걱정이다.

자매라는 이름으로 치고받으면서도 가족이라는 이름으로 함께할 숙명의 적인 나의 동생. 그 녀석과 평화롭게 공존하는 법을 찾는 것이 지금의 나에게 중요한 과제인 것 같다.

형제, 자매 간 갈등으로 힘겨워하는 십대의 심리

맏이에게 동생이 태어난다는 것은…

　일반적인 가정에서 아이가 하나 더 생긴다는 것은 가족 모두가 풀어야 할 과제를 부여받는 것과 같다. 부모는 경제적 부담이 늘고 책임감도 커지며 양육에 대해서 보다 세밀한 계획이 필요해진다. 큰아이에게 전폭적인 관심을 쏟기도 어렵고 둘째에게만 매달릴 수도 없다.

　이런 상황에서 큰아이는 왕자나 공주 자리에서 물러나 지위가 강등되는 상황에 놓이게 된다. 오죽하면 '맏이에게 동생이 생기는 것은 부모가 사망했을 때와 맞먹을 정도의 충격'이라고 하겠는가. 자신에게 쏟아졌던 절대적인 사랑과 박수갈채를 동생과 나누어가져야 하고 부모와의 관계도 크게 변화한다. 엄마와 아빠 그리고 외동일 경우 아이는 세 사람 중의 하나로 가족 공동체에 포함되어 있다. 하지만 동생이 생기면 가족 공동체 자체가 부부와 아이들로 분리된다. 맏이로서는 두 아이들 중의 하나 혹은 여러 아이들 중의 하나인 '그들'에 포함되는 것이니 억울한 마음이 드는 것은 어찌 보면 당연하다. 맏이의 힘겨움은 청소년기가 되면 더욱 심해진다. 사춘기에 접어들면서 감정의 소용돌이에 빠지게 되는 데다 자신에게 쏠렸던 관심이 동생에게로 옮겨가기 때문에 불만과 불안을 느끼는 정도도 강해진다.

큰아이를 잘 양육하기 위한 3가지 팁

　큰아이와 나이 터울이 많이 나는 작은아이를 키워야 할 때 큰아이가 동생을 편안하게 받아들일 수 있는 몇 가지 팁을 정리해보자.

　우선 작은아이가 없는 상태에서 엄마, 아빠가 큰아이와 밀도 있는 시간을 보내며 부모가 자신을 여전히 사랑하고 자신에게 헌신하고 있다는 것을 느끼게 한다. 다음으로 큰아이가 초기 청소년기인 초등학교 3~4학년이 될 때의 팁이다. 이때부터 아이는 사춘기 반항을 슬슬 보이기 시작한다. 아이가 부정적인 태도를 보이거나, 수동적이든 적극적이든 저항을 하거나 흐트러진 행동으로 부모의 인내심을 테스트할 때 무조건 야단치고 혼내기보다는 긍정적인 태도를 보여주어야 한다. 물론 쉽지 않다. 상담 장면에서 만났던 어떤 초등학생은 엄마를 대신해 유치원에서 동생을 데려오게 하자 동생에게 화풀이를 한다고 물건을 던져 동생이 코피를 쏟기도 했다. 이럴 경우 부모는 매우 당혹스럽겠지만 일단 자신의 마음을 추스르고 큰아이의 감정을 어루만져 주어야 한다. "동생이 밉구나. 미운데 엄마가 동생을 데려오게 하고 동생을 더 예뻐하는 것 같아 화가 났구나."라고 차분히 아이의 마음을 읽어주자.

　세 번째로 큰아이가 누릴 수 있는 특권이 있다는 것을 인식시켜준다. 어렸을 때는 할 수 없었던 일을 시켜주거나 가질 수 없는 것을 갖게 해주는 것이다. 큰아이에게 자기만의 방을 꾸며준다거나 큰아이더러 작은아이에게 어떤 지식이나 기술을 가르치게 하는 것도 좋다. 아이는 동생에게 숫자나 한글을 가르치며 자부심과 책임감을 경험할 수 있고 리더십과 자신감을 배울 수도 있다.

아이가 크면 갈등도 가라앉는다

부모는 형제, 자매 간 다툼을 단순한 질투로 생각하기 쉽지만 실상 이러한 갈등과 공격은 당사자에게는 집단 괴롭힘만큼이나 심각하고 오래간다. 형제, 자매로부터 공격을 많이 받은 아이일수록 우울함이 심하고 불안해하며 화를 잘 낸다는 보고도 있다.

그러나 다행히도 대부분의 경우 중기 청소년기에서 후기 청소년기, 그러니까 중학교 3학년에서 고등학생 정도 되면 이런 동기 간 갈등은 가라앉는데, 아이가 십대 후반기로 넘어가면서 사회적으로 독립된 인격체로 성장하고 친구 관계에 더 몰입하게 되기 때문이다. 이때를 기점으로 자연스럽게 가족 문제에 덜 집중하게 되고 형제, 자매와의 갈등도 관심 밖으로 흘려보낸다. 아이 입장에서는 위의 언니, 오빠나 어린 동생이 부모에게 사랑과 관심을 받든지 말든지 신경 쓰지 않게 되는 것이다. 다만 아주 가끔은 형제, 자매 간 갈등이 평생에 걸쳐 지속되는 경우도 있으니 부모가 아이들의 관계를 잘 살펴보고 적절한 개입을 할 필요가 있다. 가장 중요한 것은 부모가 편을 든다는 느낌을 아이가 받지 않도록 공평한 자세를 취하는 것이다.

낳아달라고 한 것도 아닌데 왜 나 때문에 힘들어?
부모의 이혼

    내 또래 친구들은 결혼에 대한 로망을 가지고 있다. 나도 토끼 같은 자식 2명을 낳아서 행복하게 살고 싶다. 친구들 역시 어떤 남편을 만나 어떤 가정을 꾸릴지 목소리 높여 부푼 꿈에 대해 털어놓는다. '좋은 사람을 만나 남들보다 행복하게 살 것'이라는 믿음만은 하나같이 똑같다. 그러나 결혼하고도 서로 헤어지지 못해 안달하는 부모를 보거나 어른들의 문제를 들으면 결혼에 대한 환상이 조금씩 깨진다.

    친구들의 가정사를 듣다보면 놀랄 때가 한두 번이 아니다. 사실 중학생 때까지만 해도 친구들 역시 별 탈 없는 가정에서 별일 없이 살고 있는 줄 알았다. 정윤이도 그런 친구 중 한 명이었다. 중학교 때 정윤이는 엄마와 단 둘이 살고 있었는데 아빠는 회사 일 때문에 미국에 가 있다고 했다. 그러다 중학교 3학년 때 6개월 간 미국에 있는 아빠에게 간다고 했다. 정윤이를 다시 보기 전까지만 해도 나는 학원과 과외가 없는 천국에서 살다온 정윤이가 한없이 부러웠다. 그런데 고등학교에서 다시 본 정윤이는 미국이 아니라 지옥에 다녀온 사람처럼 얼굴이 어두웠다. 그리고 얼마 후 할머니가 사는 시골로 전학을 간다고도 했다. 그때까지도 내신 성적 때문에 시골 학교로 전학을 가나보다 하고 별다른 생각을 하지 않았다.

그러던 어느 날 학원에 가기 전 잠깐 동안 정윤이를 만나 이야기를 나눴는데, 그제서야 정윤이 엄마, 아빠가 벌써 몇 년 전에 이혼했다는 사실을 알았다. 게다가 이혼한 엄마, 아빠는 모두 새로운 이성 친구가 생겨 정윤이를 키우고 싶어 하지 않았고 그래서 시골 할머니 집으로 이사를 간다고 했다. 부모님이 이혼한 후 엄마와 단둘이 사는 과정에서 정윤이는 수없이 상처를 받았다고 했다. 정윤이 엄마는 "너 키우기 너무 힘들어."라는 말을 서슴없이 했고 정윤이는 속으로 '내가 낳아달라고 한 것도 아닌데 엄마는 괜히 날 낳아서 힘들다고 해.'라고 수없이 되뇌었다고 한다. 그로부터 얼마 후 정윤이는 결국 할머니와도 오래 살지 못하고 고모네로 전학을 갔다. 얼마 전에 만난 정윤이는 전보다 더 어두운 표정을 하고 있었다. 가끔 고모네로 찾아오는 엄마는 고모네 집인 산꼭대기를 올라오기 싫다고 정윤이한테 그 험한 길을 걸어 내려오라고 한다고 했다. 고작 고등학교 2학년밖에 되지 않은 정윤이가 깜깜한 시골 비탈길을 오르내리며 사는 것이 참 힘들다고 생각했다고 말할 때는 나까지 울컥했다.

그러고 보면 친구들 모두 저마다 가슴속에 풀어내기 어려운 비밀 보따리를 한 아름씩 품고 있는 것 같다. 친구 경은이는 걸핏하면 엄마가 아빠와 헤어진다고 해서 짜증이 날 대로 나 있다. 행복을 위해 한 결혼일 텐데 자식까지 버리면서 이혼하는 어른들을 이해할 수 없다. 어른들의 마음이나 상황을 속속들이 알 수는 없겠지만 세상은 꽤나 복잡한 것 같다. 어른들의 복잡한 마음 때문에 정윤이 같은 아이들이 상처받고 찬바람을 온몸으로 맞아야 한다는 점에 대해서 아련한 슬픔이 느껴졌다. 지하철역에서 헤어지면서 정윤이에게 "갈 데 없으면 연락하고 우리 집에 와."라고 했더니 기운 빠진 얼굴로 억지웃음을 지어 보였다. 그 모습이 오랫동안 잊혀지지 않을 것 같다.

가족 해체로 상처받은 아이 감싸 안기

"제 주변에는 아무도 없는 것 같아요."

경제적 문제, 정서적 무관심, 부모의 이혼 및 재혼 등은 어제오늘 일이 아니다. 갈수록 가정에서 안정감을 느끼지 못해 정서적 문제를 일으키고 비행까지 일삼는 아이들이 늘어나고 있다.

"제가 초등학교 때 엄마가 재혼을 해서 지금은 새아빠, 남동생과 같이 살고 있어요. 새아빠에게는 한 번도 아버지라고 불러본 적이 없고 그분도 제게 별로 신경 쓰지 않아요. 저를 귀찮아하는 것 같기도 해요. 엄마는 새아빠와의 사이에서 남동생 둘을 낳았는데 저보다는 동생들을 더 챙기고 새아빠 눈치를 보느라 저한테는 말도 걸지 않아요. 밤늦게 집에 들어가면 자기들끼리만 텔레비전을 보고 웃고 있어요. 그럴 때는 이방인이 된 것 같은 느낌이 들고 나만 사라지면 되겠다는 생각이 들어서 슬퍼져요."

상담실에서 만난 민지는 고등학교 1학년 여학생이다. 집에 조금만 늦게 들어가도 엄마는 문을 열어주지 않는다. 엄마가 민지에게 손찌검을 하는 일은 예사고 친구들이 보는 앞에서 머리채를 잡기도 한다. 민지는 이런 엄마를 이해할 수 없어 자신이 태어난 산부인과에 가서 신생아 기록을 확인하기까지 했다.

일차적으로 아이에게 가정은 경제적으로 의식주를 해결해주는 공동체이며 심리적으로 자신을 보호하고 지지해주는 안전 기지와 같은 정서적 공동체이기도 하다. 그런데 경제적이든 정서적이든 그 기능을 제대로 수행하지 못하는 가정이 점차 많아지고 있다. 부모의 불안전한 양육 태도, 가정 폭력, 이혼 및 결손 등은 아이에게 치명적인 상처가 된다. 일관성이 없고 체벌이 잦고 통제적, 적대적이며 자식을 구속하는 일 등은 잘못된 양육 태도의 대표적 예다. 가정 내 폭력, 이혼은 아이가 가정에서 느껴야 할 안정감을 송두리째 앗아간다. 어떤 학자는 가정 불화를 겪는 아이의 심리를 겨울에 푸근한 담요를 덮고 자고 있는데 누군가 문을 열어놓고 담요를 확 낚아챘을 때와 같은 당혹감과 황망함으로 표현했다. 추운 겨울 허허벌판에 홀로 서서 찬바람과 눈비를 온몸으로 맞고 서 있을 아이를 상상해보라.

배우자와 헤어져도 아이는 상처를 덜 받도록

부부 자신은 스스로의 선택에 의해서 결혼했고 또 이혼했다. 그러나 대부분 헤어질 때는 상대방 때문에 나만 죽는다고 서로 헐뜯는 모양새를 보인다. 아이 앞에서 배우자를 깎아내리는 말을 아무 생각 없이 해버리는 것이다. 상담실에서 만난 민서도 엄마에게서 "제 아빠 닮아 느려 터져서." "제 아빠 딸 아니랄까 봐 하는 짓이 어찌나 무능력한지."라는 말을 수시로 듣다가 우울증까지 걸리고 말았다. 그러나 아이에게 같이 살지 않는 부모는 설사 문제가 있는 부모라 할지라도 그리움의 대상이 된다. 이혼했다고 해서 아이가 상대 배우자를 그리워할 권리까지 박탈해서는 안 되는 것이다. 부부 간의 문제는 부부 관계에서 끝이 나야 한다.

이처럼 남편에 대한 공격성을 자식에게 퍼붓는 엄마들이 의외로 많다. 공격적인 부모와 무관심한 부모는 아이를 쉽게 상처 입히는 전형적인 부모의 유형이다. 먼저 공격적인 부모는 아이에 대해 어느 정도 관심은 있지만 아이의 행동과 생활 태도에 대해 감정적으로 대하거나 대놓고 미워하는 태도를 취한다. 습관적으로 언어적 공격을 일삼고 아이에게 수치심을 주는 태도를 보이기도 한다. 또한 사소한 잘못에 대해서도 가혹한 벌을 가하거나 수치심을 준다. 공격적인 부모 밑에서 자란 아이는 부모로부터 거부나 배척을 당했다고 느끼고 불안과 실패에 취약한 어른이 된다. 자꾸 지적을 받다보면 자신의 잘못을 변명하기에 급급해지고 급기야는 '아무도 내 말을 들어주고 수용해주지 않는다'라는 생각을 가지며 공격적 행동과 비행 행동도 증가한다. 무관심한 부모에 의해 방치된 아이는 크게 문제가 없어 보여도 청소년기에 들어서면 숨어 있던 문제가 수면 위로 떠오른다.

배우자와 헤어지는 과정에서 아이의 고민을 제대로 상대해주지 않고 아이의 행동에 대해 최소한의 지시도 하지 않음으로써 아이는 방치되고 무관심의 대상이 되기도 한다. 이런 아이는 부모의 관심을 끌기 위해 일부러 늦게 귀가하거나 의도적으로 말썽을 부리기도 한다. 급기야 자기중심적이고 제멋대로인 행동을 하면서도 반성하지 않는 성인으로 성장하게 된다.

아이는 분노를 통해 무엇을 표현하고 싶은가?

대개 아이는 문제가 생기면 부모에게 대들고 화를 낸다. 부모는 아이의 이런 모습에 당혹감을 느끼는데 같이 화를 내거나 아이를 잘

못 키웠다며 자괴감에 빠지기도 한다. 부모가 성숙하기 위해서는 사춘기 아이가 표출하는 분노가 2차정서(문제 상황이나 반응을 극복하려고 시도하거나 이에 대한 반발로 나오는 반응)에 불과하다는 것을 인지해야 한다.

중요한 것은 그 안에 숨겨진 1차정서다. 사춘기 아이의 경우 대개의 1차정서는 두려움, 상처 그리고 불안이다. 특히 불안정한 가정 상황이라면 불안과 두려움이 짜증과 분노로 표출되기 쉽다. 부모는 아이가 표현하는 분노, 반항적 행동의 이면에 두려움, 불안이 있다는 것을 간파하고 아이를 수용해주어야 한다. 가정에 위기가 찾아왔을 때 부모는 아이에게 가정의 위기가 어떻게 발생했고 그것을 어떤 방법으로 해결하려 하는지 설명해야 한다. 뿐만 아니라 아이가 가정의 문제를 어느 정도 지각하고 있으며 문제의 책임에 대해 어떻게 생각하고 있는지 살펴야 한다. 아이가 가정 문제로 인해 정서적, 행동적 문제를 일으키고 있다면 부모와의 애착 형성 과정을 살펴보는 것도 중요하다. 당장은 어려운 환경이고 아이의 행동에 문제가 있어 보일지라도 아이가 안정적 애착 관계를 유지해왔다면 좋아질 가능성이 높다. 어떤 연유에서 배우자와 결별하더라도 아이의 대인 관계와 앞으로의 이성 문제 등을 고려해서 양쪽 부모와의 애착 관계를 돈독히 해두는 것이 필요하다.

관심을 넘어선 집착, 정말 쩔어요
엄마의 집착

    더운 여름이었다. 기말고사를 마치고 빙수 맛집을 찾아서 친구와 함께 옆 동네까지 갔다. 팥빙수를 시키고 체크카드를 긁자 '딩동' 엄마로부터 문자가 도착했다.
    "딸아, 또 뭘 먹은 거니?"
    "빙수."
    "어디서?"
    "수지."
    "그렇게 멀리 가지 말라고 했더니 수지까지 갔어? 시험 기간이니까 에너지 비축하면서 공부하라고 했는데."
    "학교에서 여기까지 한 번에 오는 버스 있거든!"
    "그래도 그렇지. 앞으로 시험 끝날 때까지는 멀리 가지 마라."
    이후로도 엄마의 메시지는 몇 통이나 이어졌다. 새삼스럽게 체크카드가 연결된 용돈 통장을 내 이름으로 할걸 그랬다는 후회가 밀려왔다. 거기다 엄마의 관심을 넘어선 걱정, 걱정을 넘어선 집착에 짜증이 났다. 친구에게 이러쿵저러쿵 이야기했더니 친구도 자기 휴대폰에 '엄마'라는 이름으로 날라 온 문자를 보여주었다. 그날만 20개가 넘었다.

"어디니?"

"뭐 먹고 있니?"

"누구랑 먹니?"

"학원 몇 시에 갈 거니?"

친구 엄마도 우리 엄마 못지않았다. 한번은 친구들이랑 치킨집에서 닭갈비를 먹는 중이었다. 친구와 수다를 떠는 데 정신이 팔려 휴대폰을 잠깐 방치했더니 휴대폰 액정에 난리가 났다. 부재중 전화가 6통, 문자도 10개나 찍혀 있었다. 확인해보니 모두 엄마로부터 날아온 것으로 마지막 문자는 "전화 왜 안 받니? 자꾸 안 받으면 치킨집으로 찾아갈 거야."였다. 부랴부랴 엄마한테 전화를 했더니 텔레비전에서 고등학생들이 치맥 먹는 뉴스를 봤다며 불시 점검 중이라 했다. 한바탕 휴대폰으로 소란을 피우고 또 친구한테 이러쿵저러쿵했더니 의외로 그 친구는 "우리 엄마도 나한테 전화 좀 걸어줬으면 좋겠다."라며 자기 엄마는 자신에게 별로 관심이 없다고 쿨하게 답했다. 세상에 그런 엄마도 있다니 신기했다.

난 사실 엄마들이 자식에게 지나친 관심을 보이는 것은 별로 도움이 되지 않는다고 생각한다. 친구 중에는 무슨 일이 생기면 그 일이 엄마 귀에 들어갈까 봐 조마조마해하는 애들이 많다. 시험을 못 보거나 남자친구가 생겨도 엄마한테는 절대로 말하지 않겠다고 한다. 하나부터 열까지 꼬치꼬치 캐묻기 때문이다. 한 친구는 엄마가 너무 엄해서 시험 끝난 기념으로 노래방에 갔다가도 집에 들어오라는 전화를 받으면 부르던 노래를 멈추고 달려 나간다. 어떤 날은 친구들과 더 놀게 해달라고 울면서 엄마와 통화를 하기도 했다. 선우네 엄마는 수시로 전화를 해서 선우의 동선을 감시하고 허튼짓을 하지 못하게 한다. 그런데 그렇게 엄격하게 통제를 받는 선우는 틈만 나면 일탈을 꿈꾼다. 언젠가는 동아리 선배 오빠와 오토바이를 타고 시내를 돌아다녔다며 친구들을 깜짝 놀라게 한 적도 있다.

엄마들은 자신이 잘 감시하면 딸의 일거수일투족을 다 알 수 있을 거라고 생각하지만 커다란 오산이다. 잘 안다고 하면서도 깜깜하게 모르는 부분이 더 많다. 아이들은 엄마가 엄하면 엄할수록 비밀의 방을 만들어 철저하게 감춘다. 엄마는 그 비밀의 방을 여는 열쇠를 쥐고 있다고 생각할지도 모르지만 그럴수록 딸은 그 안에 또 다른 비밀의 방을 만들고 문을 걸어 잠근다. 나도 사실 엄마에게 말하기 어려운 비밀이 여러 개 있다. 가끔은 엄마가 심리학자답게 내 비밀을 알면서도 모른 체하고 있는 건 아닌지 간담이 서늘하기도 하지만….

자식의 사춘기는 심리적 '거리'를 배워가는 시기

온실 속의 화초처럼 살다가 시들어가는 청춘을 보며

요즘 유행어 중에 '헬리콥터 맘, CEO 맘'이라는 말이 있다. 아이에 대한 관심이 지나쳐 일거수일투족을 감시하는 엄마를 일컫는 말이다. 결론부터 이야기하면 부모의 맹목적 사랑은 긍정적인 효과도 있지만 부정적인 효과가 더 많다. 상담실에서 청소년과 20~30대 성인을 보면 부모의 맹목적인 사랑과 집착이 아이를 정서적 절름발이로 만든다는 사실을 실감한다. 하루는 아들의 무능함을 하소연하러 백발의 노모가 상담실로 찾아왔다. 명문대를 졸업한 20대 후반 아들에게 집까지 사주고 생활비를 대주는 노모는 이제 돌이 갓 지난 손자까지 부양하게 되었다고 자신의 신세를 한탄했다. 하지만 아들은 부모 덕택에 생계의 어려움 없이 생활비와 양육비를 쓰고 컴퓨터 게임으로 하루를 보내고 있었다. 이러한 상황을 보니 나도 부모의 한 사람으로서 절로 한숨이 나왔다. 이렇듯 부모의 과잉 보호 속에 자란 아이는 '온실 속의 화초'처럼 지내다 약한 외풍에도 쉽게 쓰러져 시들어간다.

상담실에서 만난 한 청년은 부모가 "이제 너도 컴퓨터 그만하고 취업해야지."라며 컴퓨터를 껐다고 부모를 때리고 컴퓨터를 부수는 난동을 부렸다. 정신 건강 전문가들 사이에서는 자기 연령에 맞는 역할을 하지 않고 컴퓨터 게임 등에 몰두하는 사람들을 신종 정신 질환으로 봐야 하는 것이 아니냐는 우려의 목소리가 나올 정도다.

자립심과 자부심은 스스로 노력하지 않으면 자라지 않는다

최근에 만난 한 50대 여성은 상담실에서 이런 이야기를 털어놨다.
"대학을 졸업할 때까지 해달라는 것 다해주고 오냐오냐 키웠더니 26살 딸아이 입에서 나온 소리가 고작 '엄마 나 취업시켜줘.'였어요."

그녀는 딸아이의 말에 기함을 토하면서 자식한테 다 쏟아부은 대가가 이것밖에 안 되나 싶어 너무 허망하다고 했다.

현재 우리나라의 40~50대 세대는 경제적으로 어려운 시절에 청소년기를 보내고 부모의 도움을 거의 받지 않고 스스로 부를 축적한 세대이기도 하다. 그러다보니 자기가 겪었던 가난을 대물림하지 않으려고 자식에게 맹목적 헌신을 하는 경우가 많았다. 자식들은 물질적으로는 부모 세대보다 풍족한 청소년기를 보냈지만 가난을 겪어보지 않았기 때문에 소위 말하는 '헝그리 정신'이 없다. 이 헝그리 정신을 풀어 쓰면 '자립심'과 '독립심'이 될 것이다. 부모는 아이가 아동기를 거쳐 청소년기에 들어서면 자립심과 자부심을 키워갈 수 있도록 해야 한다. 이 시기에 스스로 할 수 있다는 생각을 심어주지 않으면 남에게 의지하고 사는 나쁜 버릇을 부모가 고스란히 받아주어야 한다. "너는 공부만 해. 엄마가 나머지는 알아서 다 해줄게."라는 도를 넘는 애정

공세는 아이의 독립을 막는 지름길이다.

아이에게 독립심을 키워주고 싶은데 현실적으로 어떤 기준에 맞춰 아이를 대해야 할지 몰라 어려워하는 부모에게 들려주는 이야기가 있다. 철학자 쇼펜하우어(Schopenhauer)의 '고슴도치 딜레마'라는 우화다. 어느 겨울날 고슴도치 형제는 서로를 껴안아 그 체온으로 추위를 이겨내려 했다. 하지만 안자마자 형은 동생의, 동생은 형의 가시로 인해 참을 수 없는 고통을 느껴 몸을 떼어냈다. 그랬더니 이번에는 추위가 그들을 고통스럽게 했다. 고슴도치 형제는 안았다 떼어냈다를 반복하다가 마침내 서로의 몸을 찌르지 않으면서 따뜻해질 수 있는 적당한 거리를 발견했다. 고슴도치 형제의 딜레마는 사춘기 아이를 둔 부모에게 시사하는 바가 크다. 부모라는 큰 산에 기대던 아이가 사춘기가 되면 자기만의 사생활을 원하고 부모의 관심을 집착과 구속이라며 거부한다. 아이에게 가까이 다가가려던 부모는 아이의 가시 돋힌 반항에 상처를 입기도 한다. 하지만 숲 속의 나무도 너무 가까이 심어져 있으면 햇볕을 제대로 받지 못하고 영양분도 충분히 섭취할 수 없다. 사춘기 아이를 둔 부모는 서로를 찌르지 않으면서 여전히 따스함은 느낄 수 있는 적당한 지점을 찾아내야 한다. 지금부터라도 아이를 통제하던 고삐를 풀고 아이와 거리 두는 연습을 시작해보자. 아이가 숨통이 트일 수 있게 적당한 공간을 내주는 과정이라 생각하자.

엄마의 지론 또는 아빠의 지론 어느 게 맞을까?
부모 간 양육 태도 차이

 엄마와 아빠는 성격이 비슷한 것 같으면서도 많이 다르다. 엄마는 자식 문제에 매우 민감하다. 문제가 생기면 외삼촌이나 이모들에게 다 퍼트린다. 내 성적이 떨어졌을 때나 학교생활에 어려움이 생겼을 때 이런 소식은 하루 만에 프랑스에 사는 외삼촌한테까지 전해진다. 엄마의 지론은 문제가 생기면 숨기지 않고 내놓고 다루어야 실마리를 찾을 수 있다는 것인데, 그 문제가 나나 내 동생인 경우가 많다. 어쨌든 엄마의 개방적인 성향으로 인해 나는 문제가 생기면 최대한 버티기 작전을 쓰게 된다. 엄마가 다른 통로로 알게 될 때까지 말이다.

 반면 아빠는 진중한 편이다. 내 이야기, 특히 안 좋은 이야기는 좀처럼 친척들에게 하지 않는다. 문제를 크게 확대해서 이야기하는 엄마와 달리 아빠는 "문제가 있어도 좋다. 우리 딸아, 튼튼하게만 자라 다오." 하면서 허허 웃는 편이다. 나는 그런 아빠가 든든하고 좋다. 때로는 동생의 나쁜 버릇도 다 받아주어 마음에 안 들기도 하지만….

성향이 다른 엄마와 아빠가 나에 대해 동의하는 것 한 가지는 내가 키우기 어려운 아이였다는 것이다. 아기였을 때부터 잘 보챘고 밤낮이 바뀌어 태어난 지 1년 동안 엄마, 아빠의 수면을 방해했다. 이후로는 다른 아이들이 모두 학원에 다니는 초등학교 4학년 때까지 학원에 안 가겠다고 버텼다. 방과 후 시키는 공부는 안 하고 떠들고 놀다가 공부방에서 쫓겨나기도 했다. 그야말로 키우기 어려운 아이 요건을 충족(?)시켰던 것이다. 충분했다. 나로서는 내 의지와 상관없이 벌어진 일도 많은데 모든 걸 뭉뚱그려서 말하니 억울한 마음이 들기도 하지만 분명 엄마, 아빠도 많이 힘들었을 것이다.

엄마는 내가 어렸을 때부터 일을 했는데, 초등학교 때까지는 좀 더 한가한 아빠가 나를 먹이고 재우는 일이 많았다. 놀이방과 공부방으로도 주로 아빠가 데리러 왔다. 그러나 중학생이 되면서 상황이 역전되어 아빠가 늦게 퇴근하고 엄마가 일찍 퇴근하는 날이 늘어났다. 그때부터 엄마는 나와 동생을 키우는 일에 몰두했고 지금과 같은 엄마의 역할을 하게 되었다. 가끔은 집착이라고 느껴질 만큼 관심을 보이는 것을 보면 엄마도 집착 쩌는 여느 엄마와 별반 다를 게 없다.

친구들을 보면 아빠가 너무 무서워서 집에서 아빠가 하는 대장 노릇을 그대로 봐줘야 한다고 하는데 우리 집은 그렇지 않다. 우리 집은 엄마가 대장 같을 때가 많다. 어느 날 아빠는 "지는 것이 이기는 것일 때도 있다."라고 했다. 내가 보기에 이 말은 아빠를 위한 말인 것도 같다. 가정의 평화를 위해서 아빠가 져주는 것처럼 보이는 때가 많기 때문이다. 물론 엄마는 이 말에 동의하지 않는다. 엄마가 바라보는 아빠는 자신이 중요하다고 생각하는 일에는 양보 없이 굳세게 밀고 나가는 스타일이라고 한다.

친구들 집이나 우리 집, 그리고 주변 가정을 살펴보면 엄마, 아빠의 양육 태도에 따라 가정 분위기는 4개로 나뉘는 것 같다. 아빠와 엄마가 모두 엄격한 집, 엄마만 엄한 집, 아빠만 엄한 집, 둘 다 자유롭게 내버려두는 집. 어떤 집이 좋은지 딱 잘라 말하기는 어렵지만 집집마다 그런 분위기가 된 데는 다 사정이 있을 것이다. 다만 엄마, 아빠가 나에 대해 보이는 태도가 조화로워야 나의 스트레스가 줄어들 것이라는 사실만은 확실하다.

부부의 상반된 양육 태도는 아이를 힘들게 한다

서로를 비난하는 부모 밑에서 아이는 무슨 생각을 할까?

창민이는 어릴 때부터 몸이 허약해서 약을 달고 산 데다 기질적으로도 예민한 편이라 사소한 것에도 불안해하고 짜증이 많았다. 그런데 창민이를 더욱 힘들게 한 것은 창민이를 향한 엄마, 아빠의 확연히 다른 태도였다. 엄마는 너무 허용적인 반면 아빠는 너무 엄격했다. 부부는 창민이 문제로 늘 갈등 상태였는데, 창민이가 사춘기에 접어들어 학교생활에 잘 적응하지 못하자 갈등은 더욱 심해졌다. 일반적으로 부부 중 한쪽이 너무 강하고 한쪽은 너무 허용적인 경우 부부는 사사건건 아이 문제로 마찰을 겪을 수밖에 없다. 게다가 부부 간 사이가 좋지 않으면 아이는 더욱 힘들어진다.

고등학교 1학년인 수지는 학교에 가는 것조차 힘들어 상담을 하게 되었다. 수지네 엄마, 아빠는 경제적, 성격적 문제로 별거 상태에 있었는데 엄마는 매우 강하고 아빠는 부드럽지만 유약한 성격이었다. 수지 엄마는 상담 내내 아이들에게 뭐든지 오냐오냐하는 남편의 허용적인 양육 방식을 비난했고 무시하는 말도 서슴지 않았다. 수지의 굼뜬 행동에 대해서도 '아빠 유전자를 물려받아서 저 모양'이라며 아이에게 비난을 퍼부었다. 수지 아빠는 엄마의 행동을 독하다고 비난하면서 "엄마 때문에 너희가 힘든데 내가 도움을 주지 못해서 미안하구나."라며 아이들과 엄마 사이의 균열을 부추겼다. 이렇게 부모가 서로를 비난하는 이야기를 하면 아이들은 로열티(royalty, 부모에 대한 충성) 싸움에 휘말리며 양쪽 부모가 가지고 있는 좋은 점을 전혀 배울 수 없게 된다. 수지의 경우 엄마랑 살며 엄마 말을 잘 듣고 엄마에게 복종해야 할 것 같다는 생각을 하면서도 함께 지내지 못하는 아빠에 대한 연민, 불안감 등으로 힘들어하고 있었다. 더욱이 엄마로부터 무능력하고 무력한 아빠와 비교되는 말을 자주 듣다보니 아빠와 자기 자신을 동일시하면서 복잡한 감정 상태에 빠져 있었던 것이다.

배우자에 대한 비난은 아이의 내면을 상처 입히는 치명타

부부 갈등이나 가족 갈등이 심한 경우 한쪽 부모가 다른 쪽 부모를 심하게 무시하는 행동은 아이의 부모상, 나아가서는 남성상과 여성상에 치명타를 입힐 수 있다. 배우자랑 같이 살고 있든, 어떤 연유로 헤어지게 되었든 옳고 그름을 두고 아이 앞에서 다투는 일은 그만두어야 한다. 배우자에 대한 인신공격을 해서도 안 된다. 아이를 기르는 방법에 차이가 있다고 해서 그것이 결함은 아니지 않은가. 서로의 차이를 인정하고 좋은 점을 인정해주는 자세가 필요하다.

부모가 별거하거나 헤어져 있을 경우 아이는 같이 살지 못하는 부모에 대한 미안함, 그리움, 분노, 연민 등의 복합적인 감정을 지니고 살게 된다. 특히 한쪽 부모가 아이를 친구(혹은 카운슬러) 삼아 배우자에 대해 미주알고주알 나쁜 점을 이야기하게 되면 아이의 마음은 백배 천배 무거워진다. 아이의 그릇은 어른들의 삶의 무게를 감당할 정도로 크지 않다. 태원이 엄마는 알코올 중독자인 남편 때문에 결혼 이후 하루도 편한 날이 없었다. 남편 대신 아이 양육과 경제 활동을 해야 했기에 힘에 부쳤다. 그래서 큰아들인 태원이가 말귀를 알아들을 나이가 되었을 무렵부터 아이를 붙잡고 하소연을 시작했다. 그 결과 태원이는 고등학생이 되면서부터 중압감을 견디지 못하고 심각한 우울증에 시달리게 되었다.

부부는 양육의 공동 주체이자 공동 책임자

아이에게 문제가 생기면 엄마와 아빠가 서로 머리와 가슴을 맞대고 공조해서 풀어나가야 한다. 간혹 "아빠가 알면 너도 큰일이고 나도 큰일이다."라는 말을 하면서 문제를 숨기려 하는 엄마도 있다. 이 경우 아이와 엄마는 공범 의식에 사로잡혀 불안감과 긴장감을 느끼게 된다. 아이 입장에서는 문제로부터 인생을 배우기보다는 '엄마가 나서서 해결해주겠지.' 하는 의존감과 기대 심리만 키울 수 있다. 부모는 근시안적인 시각에서 문제를 처리하려는 생각을 버려야 한다.

근래 엄마에게 강조하는 육아 지침 중 하나는 아빠와 공조 체계를 이루라는 것이다. 엄마는 잘 인식하지 못할지라도 아이를 키우는 데 있어 아빠의 영향은 매우 크다. 따라서 양육 과정에서 아빠와 공조 체계를 구축해 아이라는 하위 체계를 다루는 것이 현명하다. 한 초등학생이 가족에 대해 '아빠는 왜 있는지 모르겠다'라고 쓴 글에 마냥 웃을 수만은 없다. 엄마는 힘에 부치는 문제를 혼자 끙끙 끌어안고 있지 말고 남편을 공동 양육자로 인식하고 협조와 도움을 청해야 한다. 혹여 책임감과 헌신이 부족한 아빠일지라도 아이를 잘 키우고 싶은 마음과 의도가 있다는 것을 인정해야 한다. 아빠의 존재감을 뿌리내리게 해야 아이가 자라서 건강한 여성상 또는 남성상을 형성하고 배우자를 선택할 수 있다.

엄마, 아빠의 양육 스타일은 자신의 기질적인 성향, 현재 겪고 있는 스트레스 수준, 어릴 때 자신이 어떤 양육을 받았는가에 따라 결정된다. 심리학자 바움린드(Baumrind)는 양육 스타일을 권위주의적 스타일, 권위적 스타일, 허용적 스타일, 방임 스타일의 4가지로 나누고 있다.

이 중에서 가장 좋은 양육은 권위적 스타일이다. 자식에게 강압적으로 권위주의를 내세우거나 자식을 지나치게 방임하는 등의 극단적인 부모 태도는 아이의 마음을 병들게 한다. 부모가 적당한 권위를 가지고 아이와 소통할 수 있어야 아이에게 건강한 자아를 심어줄 수 있다. 특히 중요한 것은 어느 한쪽 부모에게 힘이 쏠리지 않고 양쪽 모두 균형감 있게 나누어 가져야 한다는 점이다.

일하는 엄마 vs 집에 있는 엄마
엄마의 직업

엄마는 내가 태어나기 전부터 공부하랴 일하랴 정신이 없었다. 그래서 나는 태어난 지 6개월 만에 남의 손에서 자랐다. 엄마는 논문을 쓰느라 이모 등에 나를 업혀놓고 하루 종일 자기 방에 박혀 있었다고 한다. 나한테 들키면 논문을 못 쓸까 봐 집에 없는 척했던 적도 있다고 했다. 이런 이야기를 들을 때면 나는 엄마가 참 매정하다는 생각이 든다. 나는 내 의지와 상관없이 돌 무렵부터 놀이방에 다녔고 이 무렵부터 옆집 아줌마, 삼촌 여자친구, 외숙모, 친구 엄마 등으로부터 보살핌을 받았다. 어쩌면 나의 천방지축 기질이 이런 다양한 환경의 영향으로 만들어진 것은 아닐까 심각하게 따져볼 때도 있다.

유치원 때 선생님들의 단골 질문은 "이 다음에 커서 뭐가 될래?"였다. 난 무심한 척 "집에 있는 여자요."라고 답했다. 엄마가 집에 있는 친구들이 너무 부러워 크면 아이를 위해 집안일에 헌신하는 엄마가 되고 싶다고 생각했다. 놀이방에 가장 늦게 데리러오는 엄마가 싫었고 가뭄에 콩 나듯 일찍 오는 날에는 "우리 엄마야!" 하고 으쓱했던 기억이 난다. 초등학교 때도 나는 공부방이나 친구집에 맡겨졌다. 초등학교 저학년 때까지 나는 오로지 바쁜 엄마를 둔 이유로 학교에서 혼나기 일쑤였다. 당시 나뭇잎을 주워오라는 숙제를 해가지 않은 아이는 반에서 나밖에 없었다. 심지어는 방과 후에 나를 돌봐주던 분이 만들어준 준비물 가방도 챙겨주지 않아 나만 선생님한테 혼이 났다. 엄마가 무심코 내 가방에서 준비물 가방을 빼놓았기 때문이다.

 이런저런 일로 일하는 엄마가 그리도 싫었건만 학년이 올라가고 나이가 들면서 엄마의 역할에 대해서 생각이 많이 바뀌었다. 진학 지도를 받거나 직업 체험 활동을 하면서 엄마의 역할만큼 엄마가 하는 일도 소중하다는 것을 알았다. 엄마의 직장에 가서 엄마가 일하는 모습을 직접 보고 나서는 엄마에 대한 생각도 많이 달라졌다. 같은 아파트에 사는 아줌마들이 근처 커피숍이나 음식점에 모여 하루 종일 수다를 떠는 것과 달리 직장에서 열심히 일하는 엄마의 모습은 멋있어 보였다. 임상 심리 전문가로서 전문적인 일을 하고 대학에서 강의도 한다는 것에 자부심이 생기기도 했다. 슬슬 진로를 고민하고 대학에서의 학과를 선택해야 하는 때가 되니 엄마 역할을 하면서 공부하고 일까지 한 힘든 시기를 견뎌온 엄마가 대단한 것 같다. 포기하지 않고 열심히 공부해 현재의 직업을 갖게 된 엄마를 존경하는 마음도 생긴다. 그래서 요즘 나는 주말도 휴일도 없이 컴퓨터 앞에 앉아서 일만 해대는 엄마만큼은 아니더라도 전문적인 일을 하면서 삶의 성취를 맛보는 멋진 여성으로 살고 싶다는 꿈이 생겼다.

아이에게 중요한 건 엄마의 직업이 아니라 태도

어릴 때는 엄마, 커서는 자유 시간이 필요한 아이

요즘 워킹 맘과 전업주부를 비교한 통계 수치가 많다. 전업주부의 아이가 명문대 합격률이 더 높다는 이야기는 워킹 맘을 불안하고 피곤하게 만든다. 워킹 맘이 안정적 수익을 바탕으로 아이의 꿈을 더 잘 키워줄 수 있다는 이야기에 전업주부도 스트레스를 받는다. 자신의 꿈과 육아를 놓고 평생 저울질을 해야 하는 엄마로서는 어느 편 이야기도 즐겁게 들을 수만은 없다.

대체적으로 아이가 어릴수록 전업주부 엄마를 선호한다. 시간적으로 훨씬 여유롭고 여러 가지 활동을 함께할 수 있기 때문이다. 워킹 맘을 둔 아이는 엄마와 같이할 수 있는 시간이 부족해 늘 엄마를 갈망하고 정서적 허기를 느끼기도 한다. 개인적으로 첫째아이 유치원 참

관 수업에 나 대신 남편이 갔는데 "다른 엄마들은 다 왔어. 아빠가 온 사람은 나밖에 없었다고!"라고 말하는 아이 앞에서 미안한 마음이 들었던 기억도 있다. 이렇게 엄마 품을 그리던 아이도 초등학교 고학년쯤 되면 엄마가 없는 자유로운 시간을 더 좋아하게 된다. 엄마가 일이 생겨 저녁을 못 챙겨준다고 하면 더 늦게 들어오라며 은근히 좋아하는 티를 내기도 한다.

중요한 것은 무엇을 하느냐가 아니라 어떤 태도로 하느냐다

요즘은 전업주부로 살면서 워킹 맘 못지않게 전문적인 역할을 해내는 엄마도 많다. 살림을 평가 절하했던 과거와 달리 요즘의 분위기는 많이 달라졌다. 전업주부들은 살림이나 육아에 고수가 되고 자신만의 만족도 높은 취미를 만들기도 한다. 하지만 여전히 전업주부로 살아가는 것에 자괴감을 느끼며 열등감을 안고 워킹 맘을 부러워하는 엄마도 있다. 워킹 맘은 또 어떤가? 자기 일을 야무지게 하면서 집안일도 잘하는 슈퍼 맘이 되기를 바란다. 언론을 통해 드러나는 슈퍼 맘은 어느 것 하나도 놓치지 않고 심지어 아이 공부까지 잘 시킨다. 이런 엄마의 능력은 부럽기만 하다. 하지만 많은 엄마들이 일도, 양육도 제대로 못하는 것 같다는 생각에 몸과 마음이 고된 하루를 보내고 있다.

아이 눈에 비쳐지는 엄마의 모습은 제각각이다. 전업주부냐 워킹 맘이냐는 엄마의 모습 중 일부에 지나지 않는다. 여자아이의 경우 엄마의 삶을 보고 '롤 모델'을 설정하기도 한다. "엄마처럼 살지 않을 거야."를 외치며 고군분투하는 경우도 있고, 엄마의 좋은 면을 보고 자신의 고유한 정체성을 찾아가는 데 별다른 어려움을 겪지 않는 경우도 있다. 그러니 아이에게 중요한 것은 엄마가 일을 하느냐 안 하느냐가 아닐 것이다. 아이가 영향을 받는 것은 엄마의 태도다. 전업주부로 살면서 아이를 키우는 일과 집안을 가꾸는 일에 만족감을 느끼고 사는 엄마라면 그 자체로 딸에게 긍정적인 역할 모델이 된다. 반면 직장을 가지고 열심히 살아도 스스로 도태되어 간다는 열등감에 어느 것 하나 만족하지 못한다면 아이에게도 건강한 역할 모델이 되기는 어렵다. 중요한 것은 태도다. 집안일이 전부일지라도 그 안에서 삶의 에너지를 충전해가며 긍정적인 에너지를 방출한다면, 직장 일을 하면서 자신의 꿈을 향해 뭔가를 해내고 있다는 만족감을 느끼고 있다면 그것으로 족하다. 바깥일을 하지 못해서, 집안일을 완벽하게 하지 못해서, 경제적으로 도움이 되지 못해서, 아이를 방치하는 것 같아서 등 여러 가지 이유로 자신을 괴롭혀서는 안 된다. 자신의 부족한 부분을 되새기며 스스로를 탓하는 것은 정신적으로나 육체적으로나 소모적일 뿐이다.

엄마처럼 살고 싶어 하는 딸이 많아지기 위해

나는 공부를 하고 임상 심리 병원에서 수련을 받을 때 육아와 집안일을 다른 사람 손에 맡겼다. 그러다 어느 정도 직업적 안정을 얻은 요즘에는 아이를 돌보는 일과 집안일에 더 몰두하고 있다. 반대로 한 친구는 아이가 어릴 적에는 집에서 아이를 돌보며 살림에 최선을 다했다. 그러다 막내가 초등학교 고학년에 접어들자 새로운 일을 시작하겠다며 사회 복지학 전공 대학원에 다니게 되었다. 이후 박봉에 시달리며 힘든 일을 시작했지만 가족들의 격려, 특히 아이의 응원으로 잘 해오고 있다. 결혼 초에 한창 일을 하다가 아이가 생기자 일을 과감하게 그만둔 친구도 있다. 자신이 하고 싶었던 여가 활동에 집중하고 아이와도 많은 시간을 갖고 싶다는 이유에서였는데, 지금까지도 아이와 많은 시간을 보내며 지내고 있다. 엄마가 어느 길을 선택하든 자신의 결정을 믿고 최선을 다하면 아이는 엄마의 삶을 존중할 것이라 생각한다.

엄마들이여, 부디 일과 가사 두 가지 일을 완벽하게 잘 해내겠다는 욕심을 내려놓기를 바란다. 어떤 방식으로든 조화를 이루면 그만이다. 그것이 하나를 포기하는 것이든, 남의 손을 빌리는 일이든, 가족 구성원의 협심을 바라는 것이든 상관없다. 스스로 결정하고 그 과정에서 긍정적인 태도로 인생을 즐긴다면 "엄마처럼 딱 그렇게 살고 싶어."라고 말하는 딸들이 더 많아질 것이다.

아빠와 남자
아빠와 딸의 관계

　어렸을 적 엄마가 일하느라, 공부하느라 너무 바빴기 때문에 나는 주로 아빠와 시간을 보냈다. 유치원에 다닐 때는 거의 매일 아빠가 엄마보다 먼저 퇴근해 날 데리러 왔고, 엄마가 올 때까지 탄천 놀이터에서 놀아주곤 했다. 주말에도 공부에 몰두하는 엄마를 놔두고 아빠와 놀이동산에 다녀오거나 근처 공원에 다니곤 했다. 그래서 내가 아빠와 단 둘이 사는 줄 알았다고 이야기하는 이웃도 있었다. 어려서부터 엄마보다 아빠와 친했던 나는 아빠가 세상에서 가장 재미있고 웃긴 사람인 줄 알았다. 친구들한테도 아빠가 진짜 재밌다고 자랑하곤 했다. 그러나 초등학교 고학년이 되면서 이런 착각(?)은 깨지기 시작했다. 그때부터 나는 아빠 대신 FT아일랜드 같은 아이돌 스타를 쫓아다녔다. 중학생이 되고 나서는 더 이상 아빠와 친하게 지낼 수가 없었다. 자꾸 어렸을 적 기저귀 찼던 이야기를 늘어놓고 술 냄새나는 입으로 뽀뽀하려 드니 기피 대상이 되어버렸다. 아빠는 이제 내게 재미없고 썰렁한 이야기만 하는 사람이다.

다른 아빠들은 어떤지 친구들에게 아빠와의 관계를 물어보니 각양각색이었다. 채빈이는 아빠가 매우 점잖고 조용하고 지적인 엘리트라고 생각했는데 초등학교 5학년 때 그 환상이 깨져버렸다고 했다. 어느 날 아침 식사 중에 채빈이가 먹으려고 집어든 반찬을 채빈이 아빠가 젓가락으로 채가더니 그때부터 아빠는 반찬 채가기에 맛을 들이고 고등학생이 된 지금까지도 그런 행동을 즐긴다고 했다. 유치한 장난을 하는 아빠 때문에 채빈이의 짜증은 폭발하기 일보 직전이었다. 재경이 아빠는 재경이가 어렸을 때부터 지금까지 쭉 바빠서 재경이와 놀아준 적이 별로 없다고 한다. 재경이는 "아빠랑 나는 돈을 주고받는 관계일 뿐."이라고 쿨하게 말했다. 재경이와 나는 음식 코드가 잘 맞아 자주 맛집을 찾아다니는데 하루는 체크카드 통장에 100만 원이 넘는 돈이 들어 있다고 해서 놀란 적이 있다. 내가 한턱 쏘라고 하자 재경이는 아빠가 넣어준 돈이라 함부로 쓸 수 없다고 했다. 나 같으면 아빠가 넣어준 돈이라면 마음껏 먹고 다닐 텐데 말이다. 한 친구는 아빠라는 말만 들어도 경기를 한다. 엄마가 혼낼 때는 신경도 안 쓰다가 "아빠한테 전화한다."라는 한마디만 들으면 무릎을 꿇고 "잘못했어요."라며 싹싹 빈다고 했다. 어느 날은 방 청소를 안 했다는 이유로 아빠가 자기를 때렸다며 아빠가 없어졌으면 좋겠다고 말하기까지 했다. 이와 반대로 은수는 아빠와 베프처럼 지낸다. 아빠가 다 큰 은수를 업고 있는 사진도 보여줬다. 함께 영화를 보러 다니고 당구도 치러 다니는데 엄마가 질투할 정도라고 했다.

사춘기라는 터널을 거의 빠져나온 나는 이제 아빠가 대단히 재미있고 멋진 사람이 아니라 보통 사람으로 보인다. 하루는 무심결에 아빠가 읽고 있는 책을 보았다. 그런데 오 마이 갓!

〈회사 내 인간관계를 잘 하기 위한 방법〉

〈못된 상사와 잘 지내는 법〉

그렇게 재밌고 대단하다고 생각했던 아빠가 고작 윗사람 눈치나 보고 아랫사람도 부리지 못하는 여느 아저씨일 뿐이라니. 내 생각이 사실인지 아닌지를 떠나 나는 그저 아빠의 사회적 안위가 걱정되기 시작했다. 그때부터 아빠의 뒷모습만 보면 회사 일에 찌들고 엄마의 등쌀에 눌려 있는 모습이 떠올라 마음 한 켠이 아련해진다. 딸에게 아빠는 어려서는 세상에서 가장 멋진 존재지만 나이가 들면 아련한 연민 같은 것을 느끼게 하는 존재가 아닐까 싶다.

십대 딸과 아빠의 관계 심리학

아빠와 딸의 관계 맺기

    딸아이가 중학교 1학년 때쯤이었던 것 같다. 회식을 하고 늦게 들어온 남편이 술기운에 "우리 딸 얼굴 한번 보자." 하며 아이의 방으로 들어갔다. 딸아이는 술 냄새를 풍기는 아빠가 싫었던지 버럭 소리를 내질렀는데, 그때 남편은 심한 충격을 받은 표정으로 딸아이의 방을 나왔다. 남편의 입장에서는 사랑스런 딸의 모습은 사라지고 낯선 딸이 그곳에 앉아 있었을 것이다. 상대적으로 아이와 보내는 시간이 적은 아빠는 아이의 성숙 과정을 잘 알지 못하고 뒤늦게 아이의 변한 모습을 보며 실망감과 허전함, 배신감 등의 감정을 느끼게 된다고 한다. 남편에게는 그날이 그때가 아니었을까 싶다.

    우리 사회는 모성 신화가 강해서 엄마와 딸, 엄마와 아들에 관한 이야기가 많다. 반면 아버지와 딸, 아버지와 아들 이야기는 많지 않다. 어린 여자아이가 아버지와 관계를 맺는 방식은 이성 친구, 남편, 친구, 직장 상사, 동료와 관계 맺는 데에 상당한 영향을 미친다.

    머독(Murdock)이라는 분석 심리학자는 딸에게 영향을 미치는 아버지 유형을 7가지로 구분하고 있다. 우선 '충분히 좋은 아버지(good enough father)'다. 이러한 아버지는 딸이 자기 본연의 삶을 살아갈 수 있게 도와주고 자기 충족적인 여자로 자라는 것을 도와준다. '부재한 아버지(absent father)'는 정서적으로 거리가 있고 딸을 무시하거나 일찍 사망해 딸을 버린 아버지를 말한다. 이런 아버지를 둔 딸은 늘 사랑을 갈망한다. 이들은 이성 친구를 사귀거나 배우자를 선택할 때 아버지에게서 받지 못한 무한한 사랑을 갈망하며 충분한 사랑을 받더라도 만족하지 못하고 자주 실망을 경험한다. 다음은 '딸을 응석받이로 키우는 아버지(pampering father)'다. 이런 아버지는 딸을 아이 취급하고 아버지에게 의존하게 만든다. 또한 딸이 큰 뒤에도 아이 다루듯이 하기 때문에 딸이 나이에 맞게 성숙하고 성장하는 것을 막기도 한다. '수동적인 아버지(passive father)'는 딸에게 마땅히 주어야 할 애정을 주지 않는 아버지다. 이런 아버지는 딸이 아버지의 도움 없이 모든 것을 알아내고 해결하기 위해 고군분투하게 만든다. 한편, '유혹적인 아버지(tempting father)' 유형은 딸과의 관계가 미묘하게 성적으로 연결된다. 이런 아버지를 둔 딸은 드물게 근친상간의 피해자가 되기도 한다. '지배적인 아버지(domineering father)'는 딸이 자신에게 복종할 것을 요구한다. 이로 인해 딸은 아버지를 두려워하게 되고 마음이 불안정한 아이로 자라기도 한다. 딸을 끊임없이 통제하려 하기 때문에 이런 아버지 밑에서 자란 여자는 남자를 혐오하거나 남자에게 굴종하는 양극단의 모습을 보인다. 마지막으로 '이상화된 아버지(idealized father)'는 부인보다 딸을 더 좋아하는 아버지로 딸과의 관계가 매우 밀착되어 있다. 이런 아버지는 딸을 지지하고 전폭적으로 후원하며, 이상화된 아버지의 영향을 받은 딸은 웬만한 남자보다 더 눈부신 성취를 이루기도 한다. 다만, 뛰어난 성취력으로 인해 여성성에 결함이 생기는 경우가 종종 있다.

십대 딸과 잘 지내고 싶은 아빠를 위한 팁

많은 아빠들이 딸에게 좋은 아빠가 되고 싶어 하지만 역할 모델을 제대로 수행하지 못해 시행착오를 겪는다. 상담실을 찾은 한 40대 아빠는 이제 십대에 접어든 두 딸을 어떻게 대해야 할지 잘 모르겠다고 하소연했다. 나는 그에게 감정 기복이 심하고 기존에 가졌던 애정 관계와는 다른 모습을 보이는 십대 딸과 사이좋게 지내기 위한 두 가지 팁을 알려주었다.

첫째, 요즘 여자아이는 성장이 빨라 10살 정도가 되면 사춘기 현상이 나타난다. 딸이 어렸을 적에 하던 농담은 사춘기 딸의 화만 돋울 뿐이다. 이쯤 되면 아빠도 유머 코드를 바꾸어야 한다. 딸이 어렸을 적에 깔깔거리고 웃었던 것이 잘 통하지 않는다면 슬슬 유머 코드를 새로 익힐 때가 된 것이다. "아빠 제발 그러지 말라고요." 하는 말이 나오기 전에 아빠가 변해야 한다. 둘째, 언제까지 딸에게 스킨십을 해야 할지 알아야 한다. 대체로 여자아이는 2차 성징이 나타나게 되면 아빠의 스킨십을 달가워하지 않는다. 몸이 바뀌면서 의식도 바뀐다. 아빠가 딸과 스킨십을 할 수 있는 때는 아이가 원할 때까지다. 아이마다 다르긴 하지만 초등학교 5~6학년쯤 되면 초경이 시작하고 가슴도 발달해 아빠의 스킨십을 거부하기 쉽다. 이러한 아이의 몸과 마음의 변화를 받아들여야 한다.

아빠들에게 반가운 소식이 있다. 진화 심리학적으로 봤을 때 천성적으로 딸은 아들에 비해 공감 능력이 발달되어 있다. 때문에 아빠에 대해서도 공감과 연민을 많이 느낀다. 딸은 아빠의 멋진 모습보다도 지친 모습으로 퇴근한 아빠에게서 마음이 닿는 연민을 느낀다. 딸아이가 아무리 다 컸다 해도 단단한 바위처럼 지켜줄 수 있는 아빠의 존재는 여전히 중요하다. 게다가 아빠는 딸에게 성취를 자극하는 좋은 영향을 미칠 수도 있다. 영국의 여성 수상인 마가릿 대처나 미국의 차기 대통령 후보로 거론되는 힐러리 클린턴도 어린 시절 아버지를 통해 정치에 대한 야심을 키워나갔다고 한다. 이렇게 아빠는 딸의 야망과 성취를 북돋워주고 긍정적인 남성상을 심어주는 데에 중요한 역할을 하는 존재다. 아빠가 아이 생활을 강압적으로 통제하지 않는 모습을 보이고 딸의 신체적, 심리적 변화를 인정하고 연령에 맞는 남성 역할의 모범을 보인다면 사춘기 딸에게도 여전히 인기 만점인 아빠가 될 수 있을 것이다.

PART
06

모두가 1등이
될 수는 없잖아요

학 업

시험날이 다가오면 도망가고 싶어요
시험 불안

나는 적어도 고등학교 1학년 때까지는 시험에 대한 불안한 마음이 전혀 없었다. 초등학교 때는 시험 본다고 따로 공부한 적이 거의 없었다. 그래도 점수가 잘 나오는 편이어서 공부할 필요성을 느끼지 못했다. 당시 엄마는 심리학 박사 과정에 있었기 때문에 내 공부에 신경 쓸 겨를이 없었다. 아마 학원만 보내면 대충 해결될 거라 생각했던 것 같다. 그런데 중학교에 들어오고부터는 사정이 달라졌다. 많은 친구들이 초등학교까지는 부모님의 기대를 담뿍 받으며 "내가 제일 잘나가."를 외치다가도 중학교에 올라오면 성적이 곤두박질치곤 한다. 나도 그중 하나였다. 그래도 여전히 시험 스트레스를 받는 일은 없었다. 시험 기간에도 시험이 끝나기만을 기다리며 공부를 하는 둥 마는 둥 했다. 시험 시간에 존 적도 있다. 수학 시험 시간이었는데 문제를 다 풀고는 지루해서 팔베개를 하고 잠이 들어버렸다. 시험이 끝난 후 엄마, 아빠한테 시험 때 졸았다고 아무 생각 없이 말했다가 꾸중을 들어야 했지만….

이런 나의 무사태평과 달리 공부를 잘하는 아이들은 진즉부터 시험 스트레스를 받고 있었다. 공부를 잘하는 아이들은 늘 불안해 보였는데 나로서는 이해가 가지 않았다 초등학교 1학년 때부터 같은 반이었던 수진이는 시험 때는 휴대폰으로 전화를 해도 받지 않고 버스 안에서도 영어 단어를 외웠다. 엄마는 그런 친구를 좀 본받으라고 잔소리를 했지만 나는 그런 친구들을 본받고 싶은 생각은 추호도 없었다. 내 눈에 수진이는 점수에 아등바등하는 성적의 노예처럼 비쳤다. 어떤 때는 그런 아이들이 불쌍해 보이기까지 했다. 때문에 오히려 나는 시험 때도 여유 있는 아이로 보이고 싶다는 건방진 생각을 했다. 물론 나중에 성적이 나와서 주변 아이들이 수진이에게 몰려가 환호해줄 때는 조금 부럽기는 했다.

그런데 고등학생이 되면서 천하태평이었던 내게도 변화가 찾아왔다. 도서관에 가면 가방만 던져놓고 놀기 바쁘던 친구들이 하나둘씩 공부를 시작하는 모습이 눈에 들어왔다. 일찌감치 공부를 포기한 아이들은 나름 진로를 찾아나가기 시작했다. 액세서리를 만드는 전문가가 되겠다며 틈틈이 손재주를 뽐내는 친구, 파티시에가 되겠다며 요리를 배우러 다니는 친구 등도 눈에 들어왔다. 그에 비해 특별한 재능이 없는 나는 공부밖에 할 게 없었다. 이런 생각에 쫓겨 공부를 좀 했더니 성적이 상승곡선을 보였다. 그러자 나에 대해서는 마음을 비워야겠다고 입버릇처럼 말하던 엄마도 감춰뒀던 기대감을 슬그머니 다시금 꺼냈다. 나는 부담스러우면서도 스스로에 대한 욕심이 생겼다. 이 즈음 시험이 다가오면 가슴이 콩닥거리는 이상한 일이 벌어졌다. 심지어 모의고사를 보는 중에 갑자기 불안해지는 증상이 나타나기도 했다. 겨우 마음을 진정시키고 문제를 풀긴 했는데 이전에는 없던 불안감이 생기니까 본격적으로 고3병에 접어든 것이 아닌지 더 불안해졌다. 엄마는 적당한 불안감과 긴장감은 공부에 자극이 된다며 꼭 나쁜 것은 아니라고 했고 나 또한 긍정적인 불안으로 인식하려 노력했다. 신기하게도 불안과 긴장 속에 시험을 마치고 나니 시험 후에 찾아오는 해방감과 자유가 더 커졌다.

시험이라는 과정을 통해 성장하는 아이로 키우기

과도한 입시 열풍이 만든 시험 불안이라는 병

조기 교육 열풍에다 지나친 사교육 그리고 선의를 넘어선 경쟁으로 인해 초등학생부터 고등학생에 이르기까지 시험 불안을 호소하는 아이들이 많아졌다. 상위권에 속하는 성적임에도 불구하고 실패에 대한 두려움 때문에 시험 때만 되면 머리가 아프다는 아이, 배가 아프고 설사가 나서 시험을 망치는 아이, 너무 긴장한 나머지 시험지가 하얗게 보인다고 말하는 아이, 심지어 시험날만 되면 쓰러지는 아이도 있다. 우리나라 학생이 유독 시험 불안이 높은 것은 특유의 사회 문화적 분위기가 작용하기 때문으로 보인다. 수능 시험이 대표적이다. 부모와 교사, 학생뿐만 아니라 나라 전체가 큰 가치를 부여하고 있다. 일례로 대학 수학 능력 시험 관련 소식은 매년 언론에서 떠들썩하게 보도되며 시험 당일 직장인의 출근 시간이 늦춰지고 경찰까지 동원되어 시험장에 늦은 수험생을 실어 나른다. 이런 진풍경은 우리나라에서만 볼 수 있지 않을까 싶다.

물론 모든 아이들이 시험 불안을 느끼는 것은 아니다. 한 연구에 의하면 상위권 학습자 중에서도 자기 효능감과 학업 면에서 긍정적인 자아 개념이 높은 아이는 시험 불안이 낮게 나타났다. 반면에 경쟁 학습에 몰두하고 아이의 학습에 부모가 매우 권위적이라고 지각하는 아이일수록 시험 불안이 높다. 또한 부모가 개입을 많이 할수록 시험 불안이 높다. 이런 결과는 남보다 더 뛰어나고 잘해야 한다는 경쟁적인 학업 분위기와 지나치게 권위주의적인 부모의 태도가 아이의 학습에 악영향을 미친다는 것을 의미한다. 부모나 교사와 같은 유의미한 타인이 시험에 대해 특정 정서적 반응을 보인다면 아이는 그것을 관찰하고 비슷한 반응을 보이게 된다. 특히 부모가 시험에 큰 관심과 기대를 보이는 경우 불안을 느끼며 시험을 앞두고 초조해하는 아이가 많다. 부모의 기대에 부응하려는 노력은 하지만 제대로 되지 않거나 심한 불안을 경험하면서 학습에 몰두하지 못하는 아이도 있다. 심지어 최근 들어 아이 시험에 대해 엄마가 지나치게 불안해하는 경우도 많다고 한다. 부모가 시험에 지나치게 집착하고 반응하는 모습은 자제하는 것이 좋다. 시험 결과에 일희일비하는 모습을 보이면 아이는 시험을 준비하는 과정 내내 결과를 예상하며 불안을 느끼게 될 것이다.

아이가 과정을 통해 성장할 수 있도록 격려하자

기질적으로 불안 성향이 높은 데다 부모의 기대가 높은 환경 때문에 불안이 높아진 경우라면 불안을 완화시킬 수 있는 인위적인 환경을 조성해주어야 한다. 부모는 시험 결과에 연연하기보다 아이 스스로가 자신의 노력에 얼마나 만족하는지, 시험 결과가 아이 자신의 노력을 충분히 잘 반영하고 있는지 관심을 보여야 한다. 이런 관심은 아이 스스로 노력과 성과에 대한 연관성과 의미를 발견할 수 있도록 돕는다. 만일 노력을 충분히 하지 않아 성적이 잘 안 나온 경우라면 노력을 격려하고, 노력했음에도 불구하고 성적이 안 나온 경우라면 아이가 실패와 좌절을 잘 다룰 수 있도록 도와주어야 한다.

흔히 행복은 성적순이 아니라고 한다. 이 말은 단순히 '공부가 전부는 아니다'라는 뜻만을 담고 있는 것은 아니다. 준비하고 공부하는 과정도 충분한 의미가 있으며, 뭔가를 이루고 노력하는 과정에서 성적보다 중요한 가치를 배워야 한다는 뜻이다. 이런 가치를 배운 아이라면 공부와 상관없이 자기가 속한 영역에서 소금 같은 존재로 성장할 수 있다. 중·고등학교 때 아이에게 심어주어야 할 가장 중요한 태도는 성실함과 책임감이다. 길고 짧은 것은 대봐야 안다. 결과 자체만을 가지고 압박을 주기보다는 현재 하고 있는 노력과 과정을 격려해 주는 것이 부모가 해야 할 일이다. 다시 한 번 강조하건대 아이가 뭔가를 끊임없이 배우고 실패의 경험을 통해 성장할 수 있도록 인생이라는 마라톤을 옆에서 코치하며 뛰어주는 것이 부모의 역할이다.

공부 잘하는 아이와 못하는 아이가 공존하는 세상
공부갈등

　공부라는 말은 세상에서 제일 지겨운 단어다. 엄마는 내가 초등학교 저학년 때까지 자기 할 일이 너무 많아서 딸의 시험 기간도 모르고 간섭도 전혀 하지 않았다. 다른 친구들에 비해 공부를 닦달하지 않는 엄마가 고맙기까지 했다. 그러나 6학년이 되던 해 드디어 엄마가 내 공부에 눈을 뜨기 시작했다. 시험 기간에 문제집을 사오는 것으로 엄마의 끈질긴 간섭과 집착이 시작되었다.

　엄마는 시험 기간이 되면 집 근처에 있는 도서관에 가서 공부를 하게 했다. 그때 도서관이고 학원이고 어울려 다니던 친구가 있었는데 딱히 절친은 아니었지만 항상 붙어 다니는 편이었다. 그 친구 엄마도 직장에 다녔다. 그 친구와 나는 우리 집에서 숙제를 하며 많은 시간을 보냈다. 엄마는 일찍 오는 날 잠깐 잠깐 그 친구를 봤는데 그 친구가 공부하는 모습을 보고 틈만 나면 나와 비교하고 우려먹었다. 내가 텔레비전을 보며 낄낄거리고 있을 때 그 친구는 계속 책을 들여다보고 단어를 외우고 있었던 것이다. 당시 텔레비전에서는 영화 '링2'를 하고 있었는데, 내가 그걸 보면서 덜덜 떨고 있는 사이 친구는 아랑곳없이 영어 숙제를 하고 있었다.

그 친구 같은 공부벌레는 반에 꼭 한두 명씩 있다. 중학교 때 만난 하은이는 태어날 때부터 공부와 성실 유전자를 갖고 나온 것 같았다. 마치 엄마와 비슷했다. 친구들이 버스에 우르르 몰려가 손잡이를 잡고 수다를 떨 동안 하은이는 한 손에 요약 정리 메모장을 들고 다니며 보고 또 보았다. 10분도 채 안 되는 시간이었는데 1분 1초를 다투며 공부하던 모습이 아직도 기억난다. 결국 하은이는 타고난 머리에 성실함이 보태져 경기도에서 유명한 외고에 떡하니 합격했다.

한동안 하은이 엄마는 엄마의 부러움의 대상이 되었다. 고등학교에 와보니 더 심한 공부벌레들이 눈에 띄었다. 전교 1등 미정이다. 중학교 친구들은 그래도 놀 때는 놀았는데 미정이는 놀 때도 공부하는 친구였다. 음악실에서 서로 노래를 시키느라 난리 법석을 떨 때였는데 선생님이 미정이를 딱 골라냈다. 혼자서 노래 안 하고 공부한다는 이유였다.

오랜 친구 다은이는 이런 아이들과 굉장히 다르다. 초등학교 때 같이 학습지를 했는데 나도 산만함 대장이지만 다은이는 나보다 더

했다. 정신이 사나울 정도로 집중력이 부족했다. 하지만 다은이는 낙천적인 성격이라 친구들이 많다. 전교 1등 하은이가 전 과목에서 1개 틀렸다고 얼굴을 푹 숙이고 눈물을 보이는 중에도 다은이는 모두 찍었는데 5개나 맞았다고 좋아했다. 나는 다은이가 공부를 못한다는 이유로 하은이보다 못한 미래를 살 거라고는 생각하지 않는다. 공부 잘하는 하은이는 하은이대로, 낙천적이고 긍정적인 다은이는 다은이대로 멋진 삶을 살 것이다.

대머리 외삼촌과 이모는 늘 내게 "넌 머리가 좋으니까 열심히 하면 반전이 있을 거야."라고 하지만 나는 일부러 "나는 공부를 특출나게 잘하고 싶지 않아요. 딱 이 정도만 할 거예요."라고 말하며 기대의 싹을 자른다. 거기다 나는 평범하게 살고 싶을 뿐이라고 강조한다. 그런데 '너의 목소리가 들려'라는 드라마를 보다 검사라는 직업이 눈에 들어왔다. "엄마, 나 검사되면 어떨까? 좀 멋있는 것 같지 않아?"라고 했다가 엄마의 기대 심리를 다시금 자극하고 말았다. 엄마는 이때를 놓칠세라 "검사 되면 좋지. 그러려면 공부 열심히 해야 하는데."라고 말했다. 소위 말하는 좋은 직업을 가지려면 어쨌든 해야 하는 게 공부인가 보다.

공부를 못하는 것도 병일까?

객관적인 눈으로 아이를 보고 목표를 수정해야 할 때

내가 가르치는 과목을 수강하고 있는 40대 학생이 수업 게시판에 올린 사연이다.

"큰아이가 초등학교 때까지는 상위권 성적을 유지했는데 중학교 입학 후 중하위권으로 떨어져 동기와 자신감 부족으로 애를 먹고 있습니다. 전문 과외, 대학생 과외, 학원 교습 등 갖가지 방법을 동원해 보았지만 크게 나아지지 않았습니다. 이제 내년이면 수능이라 초긴장을 해도 모자랄 판인데 야간 자율 학습마저 하기 싫다고 투덜거립니다. 공부나 장래 진로에 대한 얘기라도 하려 들면 입을 다물고 신경질적인 반응을 보입니다. 아이의 학습 문제나 진로 문제에 대해 생각하면 난감하기만 합니다."

고등학생 자녀를 둔 상당수의 엄마 학생들이 이 고민에 공감의 글을 올렸다. 봄에 열심히 씨를 뿌리고 가을에 수확할 날만 학수고대하고 있는데 초여름 태풍에 농작물이 다 쓸려가버린 기분 같다는 것이다. 한 엄마는 어질러진 밭을 보는 농부의 심정으로 아이의 사춘기를 바라보고 있다고 했다. 이럴 때 농부에게 할 수 있는 조언은 밭을 갈아엎고 새 씨를 뿌리라는 것이다. 부모 역시 자식에 대한 기대를 조정하고 수정해야 할 때가 반드시 찾아온다. 아이에 대한 재평가를 통해 기대와 욕심을 내려놓고 아이의 능력에 맞게 목표를 유연하게 재조정해야 하는 때 말이다. 어질러진 밭의 작물을 살려보겠다고 "GO!"만 외치다가는 정작 가을에 거둘 것이 하나도 없게 된다.

"넌 대체 무슨 생각으로 사니? 도무지 이해할 수가 없어. 하라는 공부도 안 하고 목표 의식도 없고 한심하기 짝이 없네. 성격이라도 좋으면 몰라. 성격도 이기적이고 자기밖에 모르잖아. 너도 나중에 너랑 똑같은 자식을 낳아봐라. 그때는 엄마 심정 알 거야."

십대 때부터 엄마로부터 이런 말을 들으며 자란 한 엄마는 자기와 똑같은 딸아이를 키우고 있다. 언제부턴가 딸아이에게 어린 시절 자신이 들었던 말을 고스란히 내뱉고 있는 자신을 발견하고 한참을 울었다고 한다. 마음에 남은 엄마의 말이 평생 동안 굴레가 되어 자신의 자녀에게까지 이어진 경우다.

아이에 대한 객관적 평가와 목표 수정이 안 되는 부모 중에는 이처럼 독설을 내뱉는 이도 있다. 대표적으로 유독 성취 수준이 높은 부모다. 그런 부모가 공부에 흥미가 없는 아이를 키우면 아이가 사춘기에 접어들 때 갈등이 심해진다. 하지만 부모로서는 잘되라고 하는 자극이지만 아이 입장에서는 열등감과 죄책감을 불러일으키는 요인이 된다는 것을 명심해야 한다.

학습 집착으로 인한 강박증, 신경증을 경계하자

아이가 공부를 못해서 걱정인 엄마가 있는가 하면 아이가 공부로 인해 너무 스트레스를 받아서 걱정인 엄마도 있다. 학습 집착은 때때로 강박증, 불안 신경증으로 이어지기도 한다. 줄곧 전교 10등 안에 드는 우등생 종석이는 하루 종일 책만 보았다. 등수를 유지해야 한다는 압박이 심해 쉬는 시간에도 쉴 수 없었다. 친구들과 말도 거의 하지 않았고 밥 먹고 화장실 가는 시간을 빼고는 책을 봤다. 어떤 때는 경쟁 관계에 있는 아이가 모두 죽었으면 좋겠다는 생각이 들기도 했다. 그러다 경쟁 관계의 친구를 마주치기라도 하면 알 수 없는 불안감과 미안함, 죄책감을 느꼈다. 결국 종석이는 상담을 통해 자신에게 강박적 신경증이 있다는 것을 알게 되었다.

한 엄마는 학습 집착이 심해 시험 점수가 조금만 떨어져도 죽고 싶다고 호소하는 중학교 3학년 딸을 보며 "차라리 공부를 못해도 잘 웃고 잘 노는 그런 아이가 더 나을 것 같아요. 시험이 끝나고 나면 한 문제만 틀려도 밤새 울어대며 괴로워한다니까요."라고 하소연했다.

학습 집착의 경우 부모의 높은 기대와 압력이 중요한 원인이기도 하지만 아이가 가진 완벽주의적 성향, 높은 성취력, 실패에 대한 두려움도 한몫을 한다. 이렇게 학습 집착이 심한 아이는 엄마가 나서서 아이의 긴장을 이완시키고 불안을 완화시켜주는 것이 필요하다. 심하면 심리 상담을 받게 하는 것도 좋다.

학업이 부진한 아이를 위한 팁

일반적으로 학습 부진을 해결하기 위해서는 아이 자신의 노력이 가장 중요하다. 학업 문제가 해결되어가는 것 자체가 아이에게 큰 기쁨과 보람을 주기 때문이다. 부모가 아이의 학업에 대한 흥미와 동기를 유발시킬 수 있는 팁을 몇 가지 정리해보았다.

학습 초기에는 어느 정도의 목표를 달성할 때마다 더 잘하고 싶은 마음이 들도록 강화 체제를 마련하는 것이 좋다. 예를 들어 예습·복습을 하고 난 다음이나 과목마다 정해놓은 분량의 공부를 마쳤을 때 아이가 좋아하는 활동을 시켜주는 것이다. 점차 공부에 흥미를 느끼게 되고 누적량이 늘어나면서 아이 스스로 변화를 인식하게 된다. 상담실을 찾는 대부분 학생들의 학업 문제는 오랜 기간에 걸쳐 누적된 문제인 경우가 많다. 일시적인 학업 곤란을 겪은 경우나 급작스런 시험 불안의 경우를 제외하고, 학습은 이전 내용이 다음 학습의 기초가 되므로 한 시기의 학습 부진은 다음 단계에도 문제를 일으킨다. 기초가 되는 이전 학습에서의 문제를 해결하지 않으면 다음 단계 학습이 가능하지 않으므로 초기의 시간과 노력이 중요하다. 요즘은 전문적으로 학습 부진과 학습 장애 문제를 상담해주는 기관이 많기 때문에 아이의 학습 문제가 어디에서 비롯된 것인지 전문적인 상담을 받아보는 것이 좋다. 상담을 통해 아이의 학습 스타일을 진단하고 그에 맞는 해법을 찾을 수 있다. 가장 중요한 것은 어떤 방법을 해도 학습 동기나 의욕이 잘 생기지 않는 경우다. 이때는 과감하게 공부보다는 특기나 소질을 살릴 수 있는 쪽으로 방향 전환을 해보는 것도 좋다. 공부가 만능인 시대는 지났고 직업의 세계도 다양하고 인식도 많이 바뀌었다. 자아실현을 위한 새로운 방법을 모색해보는 것은 하나의 발전적인 대안이 될 수 있다.

우리들도 생각할 수 있거든요
학업 스트레스

어른들은 우리 십대들이 '생각이 부족하고 미성숙하다'라는 편견을 가지고 있다. 어른들도 분명히 우리 같은 시절이 있었을 텐데 마치 태어날 때부터 어른이었던 것처럼 "이마에 피도 안 마른 녀석들이…." 운운할 때는 정말 "우리들도 생각할 수 있거든요!" 하고 소리쳐주고 싶다.

엄마도 예외는 아니다. 엄마는 심리학자답게 "미성년이라는 것은 뇌가 아직 생각이나 판단을 적절하게 할 정도로 충분히 성숙하지 않았다는 의미이니 네가 성년이 될 때까지는 엄마의 생각과 말을 잘 들어야 해."라고 논리적으로 설득하려 한다. 그러나 내가 보기에는 엄마도 미성숙할 때가 한두 번이 아니다. 이를테면 엄마가 학원에 데려다주는 길의 막다른 골목에서 신호를 무시하고 좌회전을 한 일이 있었다. 따라오던 경찰이 쏜살같이 옆에 와 차를 세우고는 딱지를 뗐다. 순간 엄마는 "네가 빨리 준비했으면 서두를 필요가 없었을 텐데 네가 늦장을 부리는 바람에 서두르다 신호 위반을 했잖아." 하며 내게 화살을 돌렸다. 물론 "아무리 사람이나 차가 잘 안 다니는 길이라도 신호를 지켰어야 하는 건데 딸 앞에서 부끄러운 행동을 했네."라며 급사과 했지만, 이럴 때는 어른들도 미숙한 면이 있다는 것을 느끼는 동시에 엄마가 꽤나 인간적으로 보인다.

얼마 전 엄마는 〈생각을 바꾸면 공부가 즐거워진다〉라는 책을 권해주었다. 이 책은 심리학자 교수가 자기 아들에게 쓴 글을 묶은 것인데 공부에 대한 고정관념을 바꾸라고 이야기한다. 가장 마음에 와 닿았던 부분은 '공부는 재미없다는 생각을 바꾸라는 것'이었다. 생각해 보면 지식을 얻는 일 자체는 꽤나 흥미로운 것 같다. 국어 시간에 김수영의 시 '풀'을 읽고 시인의 눈으로 세상을 바라보는 것에 큰 흥미를 느꼈던 적이 있다. 이후 김수영 평론집과 그의 부인이 쓴 에세이집까지 사서 읽었는데 가끔은 배움이 즐겁기도 하다는 것을 체험했다.

그 책에서는 '공부를 못해도 성공하고 돈을 번 사람들이 많은데 굳이 공부를 해야 하나?' 하는 의문을 버리라고 했다. 무슨 일이든 성공한 사람은 공부보다 더 지겨운 반복 훈련을 수만 번 했다는 것이다. 김연아 선수도 박지성 선수도 어려운 고비를 숱한 연습으로 넘겼다는 것을 생각하며 틀린 말이 아니라는 걸 깨달았다. 또한 책 내용 중에

평소의 내 생각을 바꿔준 부분도 있었다. 수학 공부 따위 사회생활에서 쓸모 없을 거라는 게 내 지론이었다. 하지만 수학 같은 것을 배우는 과정에서 참을성과 문제 해결 방법, 세상에 존재하는 여러 가지 원리를 배울 수 있다고 한다. 외우기만 할 뿐 유용하지는 않을 거라 생각했던 것이 배경지식으로 쏠쏠하게 쓰인다는 것을 알았다. 마지막으로 저자는 '부모님 때문에 공부한다는 생각을 바꾸라'라고 했다. 나도 엄마가 학원 가라고 하니까, 공부하라고 하니까 억지로 하는 축에 속했다. 어느 날은 "엄마가 하라는 대로 학원에 다니고 있는데 왜 자꾸 더 하라고 해?" 하고 반항한 적도 있다. 그러나 지금은 좀 다르다. 내가 원하는 꿈을 위해 공부할 만큼 머리가 굵어졌다.

생각을 바꾸면 운명이 바뀐다

생각의 힘을 통해 아이는 어른이 된다

　생각의 힘은 아무리 강조해도 지나치지 않다. 인본주의 심리학자들은 인간은 저마다 성장 잠재력이 있다고 한다. 그럼에도 누군가는 성장하고 누군가는 성장을 멈추는 것은 자기 행동을 돌아보고 생각하는 능력, 반성적으로 숙고하는 능력을 가지느냐 가지지 못하느냐의 차이라고 할 수 있다.

    청소년기는 영어로 'adolescence'다. 이 용어는 '성장하다, 성숙에 이른다'라는 뜻의 라틴어 'adolescere'에서 파생되었다. 청소년기가 미성숙한 아동기에서 성숙한 성인기로 옮겨가는 생물학적, 심리적, 사회적 전환의 시기임을 알려주는 말이다. 발달 심리학자 피아제(Piaget)는 아이가 청소년기에 접어들면 형식적 조작기에 들어간다고 설명했다. 눈앞에 주어진 구체적인 상황을 넘어 보이지 않는 가능성에 대해 고려하며 그 원리를 찾고 이론을 형성해간다는 것이다. 뿐만 아니라 인지가 발달해 자신 외에 다른 사람의 사고 또한 체계화할 수 있게 된다. 사고의 힘이 세지면서 아이는 계획을 세우고 문제 해결을 하는 것이 가능해진다. 가끔씩 사춘기에 접어든 아이에게서 의젓한 말을 듣고 아이가 훌쩍 자란 것을 느끼는 부모도 있다. 이렇게 의젓하게 말하는 것은 형식적 조작기 특징인 현재 경험과 과거, 미래 경험을 이용해 과학자처럼 사고하기 시작했다는 것을 의미한다.

    세부적으로 들어가면 십대 초반의 사고력과 후반의 사고력은 확연한 차이를 보인다. 십대 초반의 아이는 자신이 무대 위 주인공이 된 것처럼 생각하고 주변 사람을 과하게 의식하며 행동해 부모를 힘들게 할 때도 있다. 급격한 신체적, 정서적 변화로 인해 자신의 외모와 행동에 몰두하는데, 다른 사람들도 자신에게 관심이 있다고 생각해 자신의 관심사와 타인의 관심사를 구분하지 못하는 현상도 나타난다. 또 자신의 감정과 사고는 너무나 특별하고 독특한 것이어서 다른 사람들이 이해할 수 없다고도 생각한다. 심지어 자신은 매우 특별해서 영원히 죽지 않을 것이라고 생각하는 아이도 있다. 때문에 부모는 이 시기의 아이가 반성적 사고를 할 수 있도록 '비춰주기'를 잘 해주어야 한다. 아이는 부모를 보며 자란다. 이때쯤 되면 아이도 부모에 대해 객관적으로 보는 능력이 생기기 때문에 말과 행동이 다른 부모의 행태를 예리하게 지적하곤 한다. 그러므로 아이에게 롤 모델이 될 만한 언행을 해야 한다. 아이 스스로 마음속에 어떤 일이 일어나고 있는지 생각하고 탐구할 수 있게 하기 위해 부모가 모범이 되어야 하는 것이다. 중기에서 후기 정도의 청소년기가 되면 자기중심적인 사고를 했던 아이도 타인의 관점이나 조망을 수용할 수 있게 된다. 이런 조망 능력은 자기 성찰 지능을 발달시킨다.

극단적으로 치닫는 생각의 오류를 점검하자

어른들이 흔히 빠지는 생각의 오류 중에 '전부 아니면 아무것도 아니다(all or nothing)'라는 흑백 논리가 있다. 아이에게 "안 하려면 때려치워라." "그럴 거면 대학 가지 마라."라는 식의 말을 많이 하면 아이 역시 경직된 생각의 오류에 빠지기 쉽다. 절충과 타협은 생각조차 못하고 사는 어른이 되는 것이다. 이를 예방하는 심리 치료 방법 중에 변증법적 행동 치료라는 것이 있다. 이 치료의 핵심은 정(thesis)과 반

(antithesis)을 잘 조화시켜 균형 있는 생각을 하고 균형 있는 행동을 하게 한다는 것이다. 사람은 누구나 상반된 욕구와 감정, 소망, 사고를 가지고 있다. 갈등 상황과 대립적인 가치, 정서, 사고가 전개되는 상황에서 양립하는 두 개의 힘을 변증법적으로 풀어가면 갈등을 쉽게 알아차릴 수 있으며 극단적인 행동도 막아준다. 성격이 극과 극을 오가는 스타일이라면 더더욱 변증법적인 생각을 알아차리고 통합할 필요가 있다. 예를 들어 아이가 학교에 가고 싶지 않다고 하더라도 아이 안에는 두 가지 생각이 존재한다. 정말로 학교에 가고 싶지 않다는 생각과 학교에 나가서 친구들과 어울리고 공부하고 싶다는 양극단의 생각이 변증법적으로 갈등한다. 이때 부모는 양극단을 수용하도록 도와줄 필요가 있다.

"생각이 행동을 낳고 행동은 습관을 만들며 습관이 성격을 형성하고 성격은 운명을 만든다."라는 말이 있다. 생각의 스위치를 어떻게 누르느냐에 따라 행동과 습관이 달라지고 결국 운명이 바뀐다는 것이다. 현재 처한 상황이나 운명이 마음에 들지 않는다면 생각과 경험을 바꿔야 한다. 부모 역시 아이에 대해 비관적이고 극단적인 생각을 가져서는 안 된다. 행동만 강조하기보다는 공부에 대한 생각을 바꾸어 주는 것이 백번 옳다.

문과 vs 이과? 우열을 가리지 마세요
진로 선택

 문과냐 이과냐 그것이 문제로다. 나는 중학교 2학년부터 3학년 초까지 이과에 대한 막연한 꿈을 갖고 있었다. 그 꿈은 한 교생 선생님으로부터 시작되었는데 연예인처럼 잘생겨 인기가 많았던 그 선생님의 과목이 하필 수학이었던 것이다. 지금 생각해보면 굉장히 허무맹랑하지만 그때는 교생 선생님과 같은 수학 선생님이 되고 싶다고 생각했다. 그 꿈은 중학교 3학년 초까지 이어져 과학 중점 학교인 지금의 고등학교에 지원하게 된 직접적인 계기가 되었다.

 하지만 이 과정에서 엄마는 내가 전혀 이과 성향이 아니라고 계속 태클을 걸었다. 그래도 나는 완전 이과 체질이라 굳게 믿으며 신조를 지켰다. 그러다 중학교를 마칠 때쯤에서야 수학과 과학 교과서를 앞에 두고 이건 내 길이 아니라는 걸 깨달았다. 그러나 이후 고등학교 입학 통지서가 날아왔고 이미 나는 과학 중점 학교에 배정되어 있었다. 입학하고 보니 역시나 과학 중점 학교답게 과학 행사가 잔뜩 있었다. 문과 성향인 것을 뒤늦게 파악한 나로서는 참 황당한 상황이었다. 내가 사는 곳은 일명 '뺑뺑이'를 돌리는 곳이라서 과학 중점 학교에서도 문과를 선택한 아이들이 꽤 있었다. 친구들 중에는 좋은 대학에 가겠다는 일념 하나로 이과로 방향을 틀어 과학 중점 학교를 선택한 아이도 있었다.

이과, 문과를 선택할 때 가장 중요한 것은 자기 관심, 흥미 적성일 것이다. 그런데 주변 친구들을 보면 의외로 부모, 친구, 선생님, 미래의 직업 전망 등에 더 많은 영향을 받는다. 일반적으로 수학, 과학을 좋아하는 아이들이 이과에 가는데 개중에는 수학을 잘 못하지만 엄마, 아빠의 성화에 못 이겨 이과에 가서 고생을 하는 아이들도 있다. 영어와 국어에 그다지 관심이 없으면서 문과로 온 친구들도 있다. 2학년이 시작되고 여름방학 정도 되었을 때 과를 옮기기 위해 상담을 하는 친구들도 생겼다.

문과반으로 배정이 된 후부터 나와 친구들은 학년 부장 선생님으로부터 문과의 무궁무진한 가능성에 대해 수시로 설교를 들어야 했다. 심지어 "문과에 왔다고 상대적 박탈감을 갖는 것은 개나 줘버려라."라는 말을 귀에 딱지가 앉도록 듣기도 했다. 이런 이야기가 계속 될수록 "내가 문과면 상대적 박탈감을 느껴야 된다는 말인가?"라는 생각이 들었다. 애초에 적성과 성향에 맞춰 문과를 선택한 것이니 상대적 박탈감을 가질 이유가 없는데 왜 계속 상대적 박탈감을 가지지 말라고 하느냐는 말이다. 오히려 아이들보다 선생님이 문과에 대한 차별 의식을 갖고 있는 것은 아닌지 의문이 들었다.

가끔은 이과로 갈걸 그랬나 하는 후회가 들기도 한다. 내가 생각하기에 이과에 비해 문과는 대학의 문이 턱없이 좁다. 문과를 전공해서는 먹고사는 길이 확실해 보이지도 않는다. 그럴 때 학년 부장 선생님의 말은 약간의 위안이 되기도 한다. 기계를 만지는 엔지니어들은 다 이과 출신이지만 그들에게 어떤 기술이 필요하고 어떤 기계를 만들자고 하는 이들은 문과 출신이기 때문이다. 그러나 한편으로 이건 또 너무 문과에 대한 우월감을 드러내는 것이 아닌지 불편하기도 하다.

얼마 전 텔레비전에서 '이제는 100세 시대니 하나의 직업으로 평생을 살기는 어렵다. 평균적으로 2~3개 정도의 직업을 가질 것이다'라는 내용을 보았다. 이과다, 문과다 고민이 많지만 100세 시대라는 말을 놓고 보면 모두 다 도움이 될 거라는 막연한 희망이 생긴다. 엄마는 관심, 흥미, 적성은 바뀔 수 있지만 현재에 충실하다보면 다음 길도 자연스럽게 보일 거라 했다. 말은 쉽지만 과연 그럴까? 아직도 나는 문과, 이과에 대한 기로에서 고민이 많다.

문과 대 이과, 진로 선택의 기준에 대하여

문과와 이과를 선택하는 우리의 기준

흔히 문과와 이과를 구분해서 선택해야 할 때 다음과 같은 질문을 한다고 한다.

1. 물건을 구입할 때 제품 설명서를 보지 않거나 대충 훑어본다. 그러다 나중에 문제가 생기면 제품 설명서를 찾는다.
2. 작동 원리를 알아보는 것을 즐긴다. 새로운 제품이나 물건을 구입하면 제품 설명서를 유심히 살펴본다.

1번이라고 답한 사람은 당연히 문과 체질, 2번이라고 답하면 이과 체질로 구분한다. 아이 진로와 관련된 학부모 교육에 가면 "눈이 내릴 때 '아!' 하고 감동하면 문과, 눈송이 결정체를 유심히 관찰하고 있으면 이과" 하는 식으로 구분하라고도 한다. 그러나 이런 식의 구분은 지나치게 이분법적이고 요즘과 같이 융복합 학문을 지향하는 시대에는 맞지 않다.

아이들이 과를 선택할 때 영향을 미치는 요인은 많다. 가장 많은 영향을 주는 것은 아이의 학업 성취(성적)다. 한 조사에 따르면 문과 선택의 경우 국어와 사회, 외국어 교과목에 영향을 받는 비율이 약 65%, 이과 선택의 경우 수학과 과학 교과목에 영향을 받는 경우가 약 80%로 나타났다. 그러나 학업 성취도가 반드시 그 과목에 대한 흥미와 선호도를 반영하지는 않는다. 수학을 좋아하지 않아도 타고난 지적 능력이 뛰어나 수학 성적이 좋은 아이도 있다. 사회 탐구도 마찬가지다. 별로 좋아하지 않지만 성실하게 암기해서 좋은 성적을 받을 수도 있다. 따라서 학업 성취도만 가지고 문과 이과를 선택하는 것 역시 오류가 있을 수 있다.

진로 발달의 3가지 단계

이과냐 문과냐 하는 선택의 문제는 결국 진로와 연결된다. 효율적인 진로 목표를 설정하기 위해서는 '진로 개념' 또는 '진로 성숙도'라는 말을 이해해야 한다. 아이가 크면서 신체적, 정서적으로 발달해가듯이 진로나 직업 적성 역시 연령에 따라 발달하며 진로 성숙도도 연령과 경험에 따라 변화한다.

긴즈버그(Ginzberg)는 직업 선택 과정에 가치관, 적성, 관심 범위 등 개인의 내적 요소와 가정, 사회 여건, 직업 조건 등의 외부 요소가 모두 작용한다고 보았다. 또한 구체적인 진로 및 직업 발달을 위해 아이들이 거치는 3가지 단계도 설명했다. 우선, 유치원 시기에서 초등학교 저학년까지(6세에서 10세까지)는 '공상 단계(fantasy period)'다. 이 시기의 아이는 인지와 현실 지각 능력이 충분히 발달하지 않은 상태이기 때문에 현실적 여건이나 자신의 객관적 능력을 고려하지 않고 막연하게 특정 직업을 선호한다. 이 과정에서 남자아이는 소방관이나 경찰, 여자 아이는 피아니스트나 발레리나가 되겠다고 선언한다. 두 번째 단계는 초등학교 고학년부터 고등학교 1학년까지(11세에서 17세까지) 단계로 '시험 단계(tentative period)'다. 이 시기의 아이는 자신의 능력이나 관심사 등의 주관적인 요인을 고려하되 현실 상황을 고려하지 않는 비현실성을 보인다. 세 번째 단계는 17세 이후부터 실제로 직업을 선택하기까지의 '현실적 단계(realistic period)'다. 이 시기의 아이는 자기가 좋아하는 직업 세계에서 요구하는 조건, 흥미, 능력 등을 살피고 자신의 주관적인 욕구를 고려해 최종적인 결정에 이른다.

　이처럼 진로 발달은 인지 발달, 정서 발달, 안목 발달 등과 맞물려 꾸준히 이루어진다. 일반적으로는 중학교 이후부터 20대 중반까지를 자신에게 적절한 직업을 잠정적으로 시험하는 시기로 본다. 능력과 적성에 맞는 직업을 찾아보는 탐색기를 지나 20대 중반에서 40대 중반 정도 되면 진로 발달과 성숙이 서서히 자리를 잡는다. 요즘은 수명이 길어져서 40대 이후, 심지어 50대 이후에도 직업을 바꾸는 경우가 허다하다. 그렇기 때문에 고등학교 1학년인 17세에 결정한 이과, 문과의 선택이나 20대 초반에 선택한 대학 전공 하나만으로 평생 직업을 찾기는 어렵다.

선택과 집중에 앞서 융합과 통섭을 가르치자

빠르게 진화하는 세상이다보니 우리 아이들이 직업을 가질 10~20년 후에는 직업 세계도 많이 바뀔 전망이다. 최근 학문과 직업의 트렌드는 단연 '융합'과 '통섭'이다. 여러 가지 분야를 아우른다는 의미에서 이과와 문과를 이분법으로 구분하는 것은 맞지 않다. 현실적으로 문과에 가면 수학의 미적분은 필요 없다고 생각하지만 대표적인 문과 전공인 경제학이나 경영학에서도 미적분을 포함한 수학적 감각은 매우 중요하다. 의학자나 과학자도 자기 분야를 알리고 타 분야 전문가들과 소통하기 위해 인문학적 소양이나 소통 능력을 키우는 것이 좋다.

대학 역시 통폐합을 통해 학문 간의 균형 있는 발전을 도모하고 있다. 이는 문과와 이과라는 구별을 없애고 울타리를 부수어서 '균형 잡힌 지성'을 추구하려는 움직임이다. 이과와 문과를 통합해서 교육하려는 시도가 최근 정부 중심으로 일어나는 것은 매우 고무적인 일이다. 우리 아이들에게 문과, 이과 딱 잘라 선택을 강요하며 중압감을 주기보다는 융합과 통섭의 정신을 가르치는 것이 우선이 되어야 한다.

엄마도 친구 엄마랑 비교당하면 싫잖아요
엄친딸, 엄친아 비교의 심리

난 공부를 못하는 편은 아니다. 하지만 엄친아, 엄친딸 앞에서는 주눅 들게 된다. 그런 말이 유행하기 훨씬 전부터 그 피해자의 대열에 들어가 있었기 때문이다. 엄마 친구 아들 준호는 초등학교 저학년 때까지 그냥 토실토실한 보통 남자아이에 불과했다. 그때는 엄마가 뒤늦게 박사 과정을 시작한 데다 늦둥이 동생까지 생겨 내 공부에 열을 올리지 않았다. 나에 대한 관심은 뒷전이었던 터라 준호도 엄친아의 위용을 자랑하지는 못했다. 그러나 엄마가 박사 학위를 받을 무렵 내가 중학교에 진학했고, 엄마의 박사 학위 공부가 끝나서인지 내 공부에 대한 엄마의 관심이 하늘을 찌르기 시작했다. 시험 기간이 되면 내 방에 들어와서 일거수일투족을 감시하고 심지어 도서관까지 따라왔다. 멀찍감치 앉아 있다가 내가 졸거나 나가서 친구들과 수다를 떨면 바로 제재가 들어왔다. 그동안 고삐 풀린 망아지처럼 하고 싶은 대로 하고 살았던 나는 갑자기 목을 조여오는 엄마의 통제가 맘에 들 리 없었다.

마침 그때 엄마 친구 아들인 준호는 중학교에 들어가서 두각을 나타내기 시작했는데 외고를 목표로 준비할 정도로 성적이 좋았다. 그때부터 나와 준호의 비교 전쟁이 시작되었다.

"준호는 암기 과목 다 맞았다고 하더라."

"준호는 시험 때면 새벽 4시에 일어나서 공부한대."

"준호는 동생한테 그렇게 잘한다고 하더라."

수없이 비교당하다보니 나는 그림자고 준호는 내가 아무리 쫓아가도 닿을 수 없는 빛과 같은 존재가 된 것 같았다. 물론 나도 한 성격 하는지라 엄마의 말을 고분고분하게 듣고 있지는 않았다. 엄마에게 비교하지 말라고 항변하기도 했는데 그때마다 엄마는 그저 객관적인 사실을 말한 것뿐이라며 말끝을 흐렸다. 나는 고작 초등학교 1학년 때 딱 한 번 준호를 봤을 뿐인데 준호는 어느새 내 삶 깊숙이 들어와 있었다. 이렇게 엄친아의 피해자로 살아가다보니 나름 오기가 생긴다. 짧고 긴 것은 대봐야 한다 하지 않았는가. 엄친아인 준호의 미래와 나의 미래가 어떻게 될지 아무도 모른다. 지금 당장은 공부에서 밀리지만 공부가 인생의 전부는 아니다. 인생에는 더 흥미롭고 무궁무진한 것이 있을 거라고 나는 믿는다.

덧붙이자면 엄마들은 자기 집 아이와 친구 집 아이를 비교하는 데 달인들이지만 엄마들만 그런 것은 아니다. 아이들도 자기의 부모를 친구 부모와 비교한다. 엄마가 친구 엄마보다 예쁜지 미운지, 우리 집이 친구 집보다 잘사는지 못 사는지 눈에 다 들어온다. 친구 엄마가 요리를 잘하는 것을 보면 부러워하는 마음도 같은 맥락이다. 비교하는 심리가 자연스럽다는 것을 인정하지만, 엄마들도 다른 집 엄마들과 비교당하는 것이 유쾌하지만은 않을 테니 부디 적당히 해주었으면 하는 바람이다.

기다림을 배우는 것도 부모의 할 일

비교는 매우 자연스러운 심리, 하지만…

사람들은 일반적인 정서상 나보다 못한 사람을 보면 마음이 편하지만 나보다 나은 사람들을 보면 몹시 불편해한다. 아이들 사이에서 유행하는 엄친아, 엄친딸와 같은 말은 남과 비교하는 게 일반화된 우리나라 분위기에서만 생길 수 있는 용어가 아닌가 싶다. 그렇지만 엄마가 다른 아이와 내 아이를 비교하는 것은 보편적인 심리적 현상이라고 봐야 한다.

심리학적인 측면에서 인간은 기본적으로 자신의 위치보다 상승하고 싶은 욕구가 강한 존재다. 이런 현상을 '사회적 상승 비교'라고 한다. 사회 비교 이론을 주장한 미국의 사회 심리학자 페스팅거(Festinger)에 따르면 인간은 자기 자신을 평가하기 위해 끊임없이 남과 비교하는데 이에 부작용도 따른다. 하향 비교, 즉 나보다 못한 사람들과 비교할 경우 스스로 우월감과 자존감을 유지할 수 있지만, 나보다 잘난 사람들과 상향 비교를 하다보면 신세한탄만 하고 늘 부족한 사람이 된다.

하향 비교든 상향 비교든 본능이기는 하지만 의지를 가지고 판단할 경우 상향 비교는 득보다는 실이 더 많다. 더 잘 살기 위해, 남보다 더 뛰어나기 위해 노력하는 것은 어느 정도 자기 발전에 도움이 된다. 위를 쳐다보며 용수철처럼 튀어 올라 성공한 이도 많다. 하지만 능력에 비해 너무 높은 목표치를 두면 늘 허덕이고 쫓기는 기분을 떨쳐낼 수 없다. 돈을 많이 벌어도, 1등을 해도 마찬가지다. 늘 '더 높이'를 외치며 계속 위를 쳐다보면 삶에 대한 만족과 여유가 사라진다. 엄친아와 엄친딸이 생길수록 상대적 박탈감에 허덕이는 엄마와 아이가 늘어나는 것은 바로 이 때문이다.

아이가 꽃피울 계절을 기다려주는 것도 부모의 할 일

아이가 반에서 6~7등을 하자 한 엄마가 조바심을 냈다. 5등 안에 들게 하기 위해 무진 애를 썼다. 아이 뒤에 있는 30여 명의 아이들보다 앞에 있는 5명을 의식하고 아이를 계속 밀어붙였다. 그러던 어느 날 아이는 드디어 5등 안에 들었고 엄마의 꿈이 이루어진 것처럼 보였다. 그런데 엄마는 만족하지 않았다. 이제는 반에서 1, 2등 그리고 전교에서 몇 등, 엄마의 꿈은 계속 커지기만 했다. 다행히 아이는 엄마의 뜻을 따라 열심히 해주었지만 마지막에는 힘에 부쳤다. 누구나 1등이 될 수는 없는 현실에서 아이를 몰아치는 엄마로 인해 아이는 어떤 결과든 실패로 받아들일 수밖에 없게 되었다.

아무리 각박한 사람도 아래를 내려다보면 너그러운 마음이 생긴다. 엄마도 마찬가지다. 비교 심리에서 벗어나는 방법은 나보다 부족한 사람, 즉 아래를 내려다보는 것이다. 남이 나를 어떻게 볼까? 남이 내 아이를 어떻게 볼까? 이런 고민을 하는 데 시간을 낭비해선 안 된다. 남들의 시선을 신경쓰다보면 자존감은 너덜너덜해지고 아이와 부모 모두 힘들어진다. 뿌리 깊이 박혀 있는 나무는 비바람에 흔들릴지언정 뽑히지 않는다. 아이가 이처럼 튼튼한 뿌리를 갖는 방법은 자존감을 키우는 것뿐이다. 아이의 자존감은 아이의 독창성과 유일한 존재성을 인정받을 때 쑥쑥 자란다. 비난당하는 아이의 자존감은 절대 건강하게 자라지 못한다.

아이의 독창성과 유일한 존재성을 확인하기 위해서는 내 아이와 다른 아이를 비교하지 말고 내 아이의 어제와 오늘을 비교하는 마음을 가져야 한다. 아이의 어제와 오늘을 비교하기 위해서는 주의 깊은 관찰이 필요하다. 관찰을 통해 아이를 바라보면 자연스럽게 격려와 위로를 할 수 있다. 흔히들 아이는 크면서 열두 번도 더 바뀐다고 한다. 발달 심리학자들도 아이는 자라면서 어디로 튈지 모르기 때문에 최종 목적지가 다양하다고 했다. 아이의 현재 모습에 너무 안달하지 말라는 이야기다. 아이라는 씨앗은 지지와 격려라는 토양에서 잘 자란다. 여러 가지 꽃이 각자 정해진 계절마다 꽃을 피우듯이 어느 날 내 아이도 자신만의 계절에 가장 화려한 꽃을 피울 것이다. 봄에 먼저 피어나는 산수유 같은 아이가 있는가 하면 비바람을 견디고서 가을에 꽃을 피우는 국화 같은 아이도 있다. 아이가 자기 색깔로 피어날 때까지 기다려주는 것 역시 부모가 할 일이 아닐까 싶다.

노예 학원에서 얻은 것과 잃은 것
학원과 사교육

18년 짧은 내 인생사에서 '학원'은 나름 긴 부분을 차지하고 있다. 초등학교 저학년까지는 학원에 가지 않겠다고 엄마, 아빠의 속을 썩이다가 초등학교 6학년부터 본격적으로 학원을 다니기 시작했다. 초등학교 6학년 무렵, 그러니까 2008년 6월 5일은 잊을 수 없는 날이다. 엄마가 갑작스레 악명 높은 영어 학원인 ○○에 나를 보내기 시작했다. 그것도 새벽부터 줄을 서가며 간신히 등록한 것이었다. 그 학원은 같은 반 아이 10명 중 7명이 다닐 정도로 매우 유명한 학원이었는데 초등학생들에게는 혹독할 정도로 수업량이 많았다. 이미 친구들 사이에서 악명이 높았던 그 학원은 내게도 지옥 같은 곳이었다.

이후 학원과 맞지 않다는 평계로 여러 학원을 전전했는데, 고등학교 1학년 때 다닌 곳은 일명 노예 학원으로 절대 못 잊을 학원이었다.

그 학원은 수요일을 빼고 일주일 내내 등원을 해야 했는데 평일 월·화·목요일은 밤 12시까지 공부를 시켰다. 그 학원이 노예 학원으로 불렸던 결정적 이유는 절대 학원을 빠지면 안 된다는 원칙 때문이었다. 수학여행, 수련회, 축제, 체육대회 등 학교에 무슨 일정이 있든 꼭 학원에 가야 했다. 시험이 끝난 날조차도 말이다. 나는 내가 그 학원을 다니게 될 줄은 꿈에도 몰랐다. 엄마한테 무심코 "엄마 우리 반에 노예 학원 다니는 애가 있는데 12시까지 공부시킨대."라는 말을 던졌는데 엄마는 호기심 가득한 눈빛으로 이것저것 물어보았다. 나는 엄마의 의도를 눈치 채지 못하고 착실히 대답해버렸고 엄마는 나 몰래 학원에 찾아가서 상담까지 받았다. 처음에는 안 다니겠다고 펄쩍 뛰었지만 친구가 "근데 그 학원 진짜 도움될 것 같긴 해. 한번 다녀볼래?" 하고 말하는 바람에 귀가 팔랑팔랑해서 그만 넘어가고 말았다. 생각해보면 그 친구는 노예 학원을 먼저 다닌 남자아이를 좋아해서 그런 것이었는데, 친구 따라 강남 간다고 나는 그 친구를 따라 무작정 노예 학원에 갔던 것이다.

    노예 학원은 정말 지옥 같았지만 원장 선생님은 내가 12년간 만나본 선생님들 중에 제일 인상 깊은 사람이었다. 선생님은 무조건 자신의 가르침을 믿고 따라야만 성적이 오른다며 자신의 뜻에 따르지 않는 학생은 다 자르겠다고 엄포를 놓았다. "가방만 들고 왔다 갔다 하는 애들은 부모님에게 죄송하다고 생각해야 됩니다. 그런 애들은 결국 학원에 전기세 내주러 오는 것입니다. 그래서 그런 학생은 돌려보내는 게 도리라고 생각합니다."라고 말했다. 그 말을 듣자 만날 학원 가서 친구랑 웃고 떠들며 어영부영 시간만 때우고 왔던 내가 엄마, 아빠의 노후 자금을 축내는 것 같아 죄책감이 들었다. 게다가 원장 선생님은 공부는 자신이 하는 것이기 때문에 공부할 마음이 제대로 잡혀있는 학생은 어떤 학원을 다녀도 상관없다고 했다. 그간 나는 학원 선생님이 못 가르친다며 학원을 바꾸기 일쑤였는데 굉장히 찔렸다.

저녁을 먹고 학원에 30분 늦게 가는 바람에 결국 규칙 위반으로 강제 퇴원을 당했지만 원장님으로부터 들었던 이야기는 계속 기억에 남는다. 또 밤 12시까지 공부하느라 낮에는 꾸벅꾸벅 졸게 되는 부작용에도 불구하고 장시간 의자에 엉덩이를 붙이고 공부한 일은 뿌듯하다. 저녁밥도 시간을 아껴가며 먹고 주말도 없이 학원에 가서 자율 학습을 하고 밤 12시까지 공부했던 날은 잊지 못할 것 같다.

학원의 순기능과 역기능

대한민국 학원가 풍경

주말에도 학원에서는 초등학생 수백 명이 한꺼번에 쏟아져나온다. 우리나라 교육열은 정말이지 과열된 정도가 지나치다. 고등학생은 당장 입시가 있으니 그렇다 치더라도 초등학교 저학년부터 아이들을 학원에 내몰고 있는 현실은 학부모라면 누구나 답답할 것이다. 그러면서도 아이가 뒤처질까 걱정되어 시류에 편승함에도 불구하고 기대보다 성적이 오르지 않으면 엄마들은 속상한 마음에 학원 탓을 하며 다른 학원으로 갈아탄다. 학원 선생님들 이야기를 들어보니 중간고사나 기말고사가 끝나면 "학원 끊으려고요. 점수가 잘 안 나와 엄마가 다른 학원으로 옮기래요."라고 말하는 아이들이 많다고 한다.

나와 딸아이 역시 이러저러한 이유로 여러 학원을 전전했다. 그중에 가장 인상에 남는 학원이 바로 D학원이다. 학원장과 심층 인터뷰만 3시간 정도 했다. 시간을 지키지 않는 경우, 조는 경우, 학습 태도가 좋지 않은 경우 삼진 아웃을 시킨다고 엄포를 놓았다. 실제로 3개월 유예 기간을 주고 이 기간에 학원에 적응하지 못하는 아이는 퇴원 조치를 당했다. 그런데 원장님은 나름대로 학원 운영에 철학을 가진 사람이었다. 공부를 하지 않는 아이는 부모의 돈지갑만 얇게 만들 뿐이니 그런 아이는 받을 수 없다는 것이었다. D학원은 학원장의 독특한 경영 철학과 맞물려 독특한 원칙이 있었다. 아파서 쓰러질 지경이 되어도 학원에 나와야 한다는 것, 시험 끝난 날에도 밤 12시까지 학원에서 공부해야 한다는 것 등이다. 엄마로서 동의하기 어려운 부분이었다.

한번은 시험 이틀 전에 아이가 심하게 열이 났다. 망설임 끝에 학원에 보냈는데 몇 시간 만에 응급실에 가서 수액을 맞아야 할 정도로 상태가 나빠졌다. 엄마인 내가 먼저 학원을 그만두는 것이 어떻겠냐고 말릴 정도였는데 웬일인지 아이는 계속 다니겠다고 했다. 그 후로 몇 개월 뒤에 지각과 졸음 때문에 쫓겨나고 말았지만 내게도, 아이에게도 잊지 못할 기억을 남긴 학원이었다. 아이는 누가 시킨 것도 아닌데 밤 12시까지 학원에 남았다. 주말에도 늦잠을 자지 않고 일찍 학원에 가서 종일 공부를 했다. 그리고 이 책을 쓰게 된 것도 그 학원 원장님의 한마디가 크게 작용했다.

"너희들 뭔가에 열심히 몰입한 적이 없지. 공부가 아니더라도 책을 쓴다든지, 기타를 친다든지, 피아노를 친다든지 세상에는 열심히 몰입해서 할 수 있는 일이 많아. 나중에 학창 시절을 기억했을 때 빈둥빈둥거리지 않고 뭔가 몰입해서 한 기억은 오래도록 자신에 대한 성취감으로 남을 거야."

이제는 학원의 역기능에 대해 고민해야 할 때

학원은 순기능도 있지만 역기능도 있다. 초등학생에게 중등 수학 과정을 모두 떼게 한다는 광고를 보면 한숨이 절로 난다. 상위 1% 정도의 아이는 상급 과정을 마스터할 능력이 있겠지만 대다수의 아이는 그럴 만한 인지 능력을 갖추고 있지 않다. 수학 같은 과목에서는 더욱 그렇다. 수학은 '수'라는 상징을 다루는 교과목이다. 아직 수 개념도 이해하지 못한 아이에게 추상적이고 고차원적인 문제를 풀게 한다고 해서 지적 자극이 되는 것은 아니다. 이런 선행 학습으로 뇌에 과부하를 주게 되면 오히려 흥미를 떨어트리는 길밖에 되지 않는다.

한 학원장이 "대부분의 아이는 수학 선행을 해도 못 따라옵니다. 설명해주고 돌아서서 풀어보라고 하면 못 풉니다. 그런 아이는 학원 운영 경비를 대주기 위해 오는 것과 마찬가지이지요. 그래서 저희는 3개월 이상 앞의 것은 하지 않습니다."라며 자신의 학원 철학을 피력하는 것을 본 적이 있다. 그러나 대부분 학원은 부모의 불안 심리를 이용해 무리하게 선행 학습을 시킨다. 교과 과정이라는 것은 나이와 학년에 맞게 학습 가능한 내용을 넣어둔 것이다. 너무 쉬워도, 너무 어려워도 지적 호기심이 생기지 않는다. 아이가 뒤처질까 봐 걱정하고 불안해하며 학원의 상술에 넘어가지 말아야 한다. 사교육에 의존하지 않을 수 없는 현실을 살고 있는 학부모 중 한 명으로서 아이가 학업 스트레스를 받지 않고 대학에 들어갈 수 있는 날이 왔으면 얼마나 좋을까 하는 바람이다.

야간 자율 학습을 경험하며 생각한 것
학업과 자기관리

고등학교에 입학해보니 첫날부터 야간 자율 학습을 한다고 했다.
"헐!"

나뿐만 아니라 모든 아이들이 놀랐다. 하지만 고등학교 첫날이라 약간의 기대와 흥분을 가지고 있었다. 처음 보는 아이들과 밤 10시까지 공부하고 저녁 급식도 먹고 보니 1년 정도 만난 사이처럼 가깝게 느껴졌다. 그러나 그도 잠시 체질적으로 초저녁잠이 많은 나는 자율 학습 시간마다 심하게 졸아서 3주 정도 지난 어느 날 밤 강제 퇴실 조치를 당했다. 영문을 모르고 밤 10시에 나를 데리러 온 엄마는 내가 쫓겨난 사실을 알고 놀라움을 금치 못했다. 게다가 반 아이들 34명 중에서 2명이 쫓겨났고 그 둘 중에 한 명이 자신의 딸이란 사실에 실망하는 눈치였다.

나는 만회를 해보고자 집에서 자기 주도 학습을 하겠다고 선언했다. 엄마는 간식을 해 나르며 지원해주었지만 허구한 날 졸거나 아예 침대에 누워 쿨쿨 자는 모습을 보더니 강경한 태도로 바뀌었다. 다시 자율 학습을 하든지 학원에 가든지 하라는 것이었다. 2학기가 되고 나는 새로운 마음으로 자율 학습을 시작했다. 그런데 2주쯤 지났을 때 앞 친구 자리에 떨어진 볼펜을 잡으러 일어섰다가 선생님한테 걸려 또 다시 퇴실 조치를 당하고 말았다. 끝나기 10분 전이었다. 나를 데리러 온 엄마는 10분만 참으면 되는데 왜 일어났냐고 닦달했다. 하지만 나는 속으로 차라리 잘린 게 잘됐다고 생각했다. 나는 자율 학습 체질이 아니었다.

2학년이 되면서 마치 패자 부활전을 하듯 기회가 왔다. 그런데 이때부터는 전 학년을 통틀어 상위권 80명 정도를 한 반에 모아 심화반을 만들었다. 나도 심화반에 들어가게 되었는데 엄격하게 통제하지는 않았다. 심화반 아이들은 똑같은 자세로 3시간 이상 자율 학습을 하는 경우가 많았다. 선생님들은 공부 잘하는 아이들에 대한 기본적인 신뢰감 때문인지 졸다 걸려도 내버려두었고 볼펜을 줍기 위해 일어나도 신경 쓰지 않았다. 노는 물이 중요하듯이 확실히 공부하는 물도 중요하다는 생각이 들었다. 우여곡절 끝에 자율 학습은 계속되고 있다. 이제야 야간 자율 학습이 비로소 몸에 익어간다. 어떤 날은 졸지 않고 맑은 정신으로 밤 10시까지 열심히 공부를 한 내 자신이 대견하고 뿌듯하게 느껴지기도 한다. 이런 날은 엄마 차에 올라 탈 때 좀 더 당당한 표정이 된다. 엄마도 눈치를 챘는지 어김없이 "우리 딸 오늘 공부 열심히 한 것 같네."라고 인사한다. 그렇게 하기 싫은 자율 학습에 익숙해지고 거부감도 사라지는 걸 보면 습관도 길들이기 나름이라는 말이 맞는 것 같다.

고등학교 3학년이 다가오면 아이들은 자신의 길을 찾아간다. 마음을 잡고 열심히 하자는 쪽과 해도 안 될 것 같으니 포기하고 다른 길을 찾아보는 쪽으로 갈리는 분위기다. 나는 끝까지 해보자는 쪽으로 기울었는데, 엄마의 정성과 내 마음의 변화 때문에 조금씩 철이 들어가는 것 같다. 세상에서 제일 지겨운 것이 공부지만 그래도 나중에 돌이켜보면 친구들과 밤 10시까지 죽어라 공부했던 경험은 즐거운 추억으로 남을 것이다.

대한민국에서 고등학생 엄마로 살아가기

고3 아이와 함께 입시를 치르는 부모

큰 딸아이와 꼭 30년 차이다. 30년 전 딸아이와 같은 18살 때 나도 매일 야간 자율 학습을 했다. 그때도 방학도 없이 자율 학습을 밤 10

시까지 했으니 30년 전이나 지금이나 대한민국의 교육은 하나도 변한 것이 없다는 생각이 든다. 그나마 30년 전에는 학원이나 과외가 없어 주말에는 쉴 수 있었는데, 요즘 아이들은 주말에도 사교육으로 뛰어다녀야 하니 딸아이를 보는 나의 마음은 안쓰러울 따름이다.

개인적으로 밤늦은 시간 학교 앞에서 야간 자율 학습을 끝내고 나오는 아이를 기다릴 때면 여러 가지 복잡한 심정이다. 아침 일찍부터 늦은 시간까지 공부와 씨름하는 아이가 안쓰럽기도 하고 내가 수험생인 것마냥 불안하기도 하다. 재수라도 하면 어쩌나 하는 괜한 걱정과 불편한 마음이 이어지기도 한다. 그러다 자다 나온 표정의 딸아이를 만나기라도 하면 "오늘도 졸았니? 아니 잤니? 얼굴이 왜 그렇게 자다가 나온 얼굴이니?" 하고 묻고 싶은 충동을 느끼기도 한다. 다들 눈에 불을 밝히고 공부하고 있을 때 혼자 졸고만 온 건 아닌지 다그치고 싶지만 꾹 참는다. 금세 미안한 마음이 밀려오기 때문이다. 고생하고 나온 아이에 대한 예의가 차려지는 것이다. 어쨌든 아이 못지않게 엄마 역시 학업 스트레스를 받는 현실의 한복판에 놓여 있다는 것을 절감하는 날들이다.

흔한 말로 고등학교 3학년 학생을 둔 가정은 상전을 모시고 산다고 한다. 우리 집 고등학교 2학년 딸 역시 상전 대우를 받는다. 학원 시간에 맞추어 엄마, 아빠가 교대로 실어 나르고 시험 기간이 되면 공부에 방해될까 봐 텔레비전 소리도 줄여놓는다. 아예 볼륨을 꺼놓고 TV를 본 적도 있다. 대학 수능 시험장에 아이를 보낼 때는 마치 전쟁터에 아이를 내보내는 비장한 마음이 들 것 같다. 며칠 전에는 아이가 "엄마, 시험 보는 꿈을 꾸었는데 시험 범위가 아닌 곳에서 문제가 나와 걱정하는 꿈이었어. 꿈이라서 얼마나 다행이었는지 몰라."라고 말해서 안쓰러운 마음이 들었다. 성격상 별로 긴장하지 않고 각성도 잘 안 되는 아이라고 생각했는데 수능이 1년 앞으로 다가오니 긴장감이 생기는 모양이다. 수험생은 그동안 갈고 닦은 것을 하루 동안에 보여주어야 한다는 압박감을 느낄 텐데 엄마도 그 마음만은 마찬가지일 것 같다.

야간 자율 학습이 추억으로 남을 수 있기를

한 조사에서 보니 우리나라 고등학생이 가장 스트레스를 느끼는 것은 아침 0교시, 방학 보충 수업, 야간 자율 수업이라고 한다. 혼자 공부하거나 독서실에서 공부하는 것을 선호하는 아이, 자기 주도적 학습에 익숙하지 않은 아이는 특히나 야간 자율 학습을 힘들어한다. 아이마다 학습 태도, 동기, 학습 효과 등이 다를 텐데 일률적으로 모아놓으니 학업 효과가 얼마나 될지는 알 수 없다. 실제로 한 연구를 보면 야간 자율 학습이 고등학생의 주관적 삶의 질과 만족감을 떨어트리고 우울, 자살 사고 등을 유발한다고 나왔다. 하지만 부모로서는 아이가 다른 데 가지 않고 학교에 남아 공부를 하는 것이 심리적으로 안정감을 주니 아이러니하지 않을 수 없다. 늦게까지 공부하는 아이가 안쓰러우면서도 "남들 다 하는데 너도 해야지." 하는 마음이 든다. 다행히 학교도 예전에 비해 학생의 의사를 존중하는 분위기다. 야간 자율 학습을 하지 않고 원하는 대로 학원을 가거나 독서실에 가서 공부하는 것을 허용하기도 한다. 딸아이가 담임 선생님에게 야간 자율 학습을 안 하겠다고 하자 "나는 너의 인격을 존중한다." 하며 쿨하게 허락해주었던 것을 기점으로 학교 분위기가 바뀐 것을 실감했다.

내 아이를 포함해서 이 땅의 많은 고등학생이 야간 자율 학습 스트레스를 덜 받고, 인생을 반추할 나이에 "나름 즐거운 추억의 한 자락이지."라고 돌아볼 수 있기를 바라본다.

대학에 가면 해보고 싶은 것
20대를 준비하며

　대학교 진학을 위해 하루에 14시간씩 책상에 붙어 있는 아이들이라면 당연히 대학에 대한 로망을 가지고 있다. 공부에 관심 없는 친구들도 그렇다. 물론 나 또한 그렇다. 어느 날 친구들에게 대학 가면 무엇을 하고 싶으냐 물었더니 몇 명은 "갈 수나 있으면 좋겠다."라면서 깔깔 웃기도 했다. 한 친구는 "학점 잘 받아 스펙 쌓고 취업 준비할 거야."라는 지극히 현실적인 대답을 했다. 물론 나도 낭만이고 뭐고 먹고 살 길을 걱정하면서 취업 준비를 할 때가 있겠지만 대학에 들어가서는 일단 로망을 실현하는 데 최선을 다하고 싶다. 한 친구는 남자친구가 없으니 우선 성형을 해서 얼굴을 뜯어고친 후에 연애를 해보고 싶다고 했다. 많은 여자아이들이 공공연하게 성형외과 의사 선생님의 힘으로 다시 태어나서 잘생긴 남자친구를 만나고 싶다고 이야기한다. 대학과 연애는 떼려야 뗄 수 없는 것 같다.

　대학에 가서 하고 싶은 것 중 한 가지는 여행이다. 친구들과 같이 가는 것도 재밌겠지만 혼자서 다녀보는 것도 괜찮을 것 같다. 맛있는 것을 좋아하니까 맛집 탐방하는 것도 좋겠다. 우리나라 곳곳을 여행한 후에는 세계로 뻗어나갈 것이다. 먹성이 좋아서 딱히 가리는 음식도 없으니 외국에 나가서도 음식 걱정은 안 해도 될 것이다. 맛집 블로그를 운영하거나 여행 작가로 데뷔하는 것도 좋지 않을까? 여행가기 전에 외국어를 한두 개 쯤은 배워보고 싶다.

　어학과 함께 배우고 싶은 것이 악기다. 6살부터 11살까지 피아노를 배우다가 질려서 그만두었는데 어느 날 반에 전학 온 남학생이 피아노 치는 것을 본 후로 조금씩 다시 치고 싶어졌다. 대학생이 되어 시간이 많이 생기면 피아노 레슨을 제대로 받고 싶다. 영화 '늑대 소년'에서 여주인공이 기타를 치며 노래를 부르는 장면이 인상 깊게 봤는데, 기타 치면서 노래하는 훈녀가 되어보는 것도 나쁘지 않겠다. 그런데 이 모든 것을 하기 위해 우선 아르바이트를 하며 돈을 벌어야 할 것 같다. 스스로 돈을 버는 즐거움을 느끼고 싶다. 지금도 내 친구들 중에는 알바를 하고 있는 애들이 많지만 나는 귀찮기도 하고 시간이 없어서 엄마한테 용돈을 타 쓰는 처지다. 대학생이 되면 엄마가 강조하는 자율성과 독립심을 키울 겸 여러 가지 일에 도전할 것이다. 서비스를 받기만 하다가 남에게 서비스하는 것이 힘들겠지만 내 손으로 직접 돈을 버는 경험은 필요할 것 같다. 친구들은 나더러 성질이 별로 고분고분한 편이 아니어서 카페나 레스토랑에서 일하다보면 손님이랑 싸움날 수도 있겠다고 야단이지만 성질을 죽이고 사회생활을 배우고 싶다. 마지막으로 밤을 세워가며 대학로의 밤 문화를 즐겨보고 싶다. 난 춤은 못 추지만 친구들과 몸을 털어가며 날밤을 세는 것은 멋지고 자유로울 것이다.

한편 대학에 가서라도 아니 내 인생에서 절대 하지 말아야 할 3가지는 명심하고 있다. 담배, 마약 그리고 원 나잇 스탠드다. 책임질 수 없으면서 책임질 일을 만드는 짓은 절대로 하고 싶지 않기 때문이다.

대학에 대한 로망을 마음에 품은 채 앞으로 1년은 공부에 매진해야 한다. 이 로망이 있기에 고3 1년을 버틸 수 있을 거라 생각한다. 대학에 가면 지금 내가 적어놓은 로망을 언제, 어떻게 실현했는지 체크해가며 자유와 낭만을 누릴 것이다.

아이를 키우며 성숙해가는 엄마를 위해

아이를 믿고 자신을 믿자

많은 엄마들은 아이를 키우며 양육 딜레마를 느낀다. 모성 중독,

모성 과잉에 빠진 엄마도 많다. 어디까지 내버려두고 어디서부터 개입을 해야 할지 뚜렷한 선을 세우지 못하고 살기 때문이다. 하도 험하고 치열한 세상에 살다보니 부모 노릇을 제대로 하지 못하는 것이 아닐까 하는 불안과 두려움, 걱정으로 괴로워하기도 한다. 이런 부모의 걱정과 불안에 대해 〈양육 딜레마(pressured parents, stressed-out kids)〉의 저자 웬디(Wendy)와 캐시(Kathy)는 '쫓기는 부모 현상(PPT, pressured parents phenomenon)'이라고 표현하고 있다. 양육으로 인한 압박감이 너무 강해서 아이와 관련된 일에 지나치게 개입하고 몰두한다는 것이다. 부모 교육이나 양육 코칭 전문가들은 아이에 대한 집착을 버리라고 조언한다. 이는 아이에게 몰두하며 아이를 통해 대리 만족하려는 욕심을 버려야 가능하다. 하지만 아이의 생활에 개입하되 아이가 가진 내적 동기와 내면의 열정을 키워주기란 말처럼 쉽지 않다.

나는 강의에서 부모 교육을 할 때면 '자율적으로 자란 아이는 설령 자기가 선택한 일이 잘못되었다고 하더라도 부모를 원망하지 않는다'라는 말을 주지시킨다. 아이는 스스로 선택한 일에 대해서는 혹여 실패하더라도 부모를 탓하지 않으며, 끝까지 같은 편으로 남아 응원해줄 마지막 한 사람으로 엄마를 꼽는다. 아이가 엄마를 믿고 손을 내밀 듯 엄마도 자신을 믿고 스스로를 보듬어야 한다. 자신을 사랑할 줄 아는 아이로 키우기 위해 엄마도 자신을 사랑하는 사람이 되어야 한다.

대학생이 된 딸아이를 상상하며

개인적으로는 육아와 일을 병행하며 바삐 살았다. 이제 딸아이가 대입을 앞두고 있는데 마음은 이미 그 이후의 일을 꿈꾸며 설렌다. 딸아이는 대학에 가서 어떤 모습으로 살게 될까? 대학생이 된 딸아이 모습을 생각하면 엄마인 내 가슴도 떨린다.

많은 아이들이 중·고등학교까지는 엄마와 학교에서 만들어주는 스케줄에 따라 움직이다가 대학에 가서는 갑자기 주어진 자유를 어떻게 사용할지 몰라 당황한다. 딸아이도 시간 관리가 잘되는 타입은 아닌지라 그 많은 시간을 어떻게 사용할지 벌써부터 궁금해진다. 처음에는 자유로움을 만끽하느라 일상이 헝클어지기도 할 것이고 그러면서 시행착오를 거쳐 자기 나름의 목표를 세우고 자기를 관리해나가지 않을까 싶다.

요즘 대학생들은 학교에 들어가자마자 취업을 위한 스펙 쌓기로 바쁘다고 하는데, 우리 시절에 느꼈던 대학의 낭만은 많이 없어진 듯하다. 그나마 여행을 하면서 자유롭게 세상을 누빌 수는 있으니 다행인 건지…. 요즘 대학생은 휴학을 하고서라도 견문을 넓히기 위해 외국 여행을 자주 간다고 들었다. 나는 낯선 나라를 여행하는 것을 좋아하지 않지만, 나와 성향이 매우 다른 딸아이는 이국적인 여러 나라를 여행하면서 다양한 삶의 방식과 문화를 체득할 것이다. 내 아이가 부모와 학교가 만들어둔 좁은 세상을 벗어나 더 넓은 세상에서 자유롭게 숨 쉬고 꿈꿀 수 있기를 바라본다.

우리 때는 대학 생활에서만 누릴 수 있는 낭만 중에 이성 교제가 꼭 포함되어 있었다. 요즘 아이들은 중·고등학교 때부터 이성 친구를 사귀기도 하지만 시간적으로 여유가 많지 않은 데다 미성년자이기 때문에 절제해야 하는 일이 더 많았을 것이다. 딸아이가 여느 20대와 마찬가지로 사랑의 기쁨과 실패를 경험하면서 인생을 알아가길 바란다. 어떤 이성을 사귈지 벌써부터 기대가 되고 궁금해지지만 이성을 자유롭게 사귀되 자기 선택이나 행동에 책임질 줄 아는 사람이 되었으면 하는 바람이다.

날마다 야간 자율 학습과 학원 수업에 지쳐 있는 딸아이가 수능이라는 무거운 과제를 완수하고 환하게 웃으며 대학문을 들어갈 날을 기대해본다. 딸이 대학에 가면 엄마인 나 역시 인생의 큰 짐을 조금 덜어낸 기분이 들 것 같다.

◆ 나오며 ◆
대한민국의 모든 십대딸들에게

　지금까지 전공 관련 책은 여러 권 써왔지만 열여덟 살 딸아이와 함께 책을 쓰기는 처음이다. 1년 전 어느 날 딸아이가 책을 쓰고 싶다고 했을 때 사실 처음에는 많이 망설였다. 책을 쓰는 만만찮은 과정을, 더구나 전업 작가도 힘들어하는 그 일을 고등학생 딸아이가 하겠다고 하니 끝까지 해낼 수 있을지 의구심이 들었기 때문이다. 게다가 딸아이는 천성적으로 성실함과는 거리가 먼 매우 평범한 여고생이다. 야간 자율 학습과 학원 공부에 늘 지쳐 있는 아이가 규칙적으로 시간을 내서 책을 쓸 수 있을지도 의문이었다. 예상대로 아이는 몇 개월 동안 글을 한 줄도 쓰지 않았다. 그렇게 몇 개월을 보내던 중 아이는 무슨 이유에서인지 컴퓨터 앞에 앉아 글을 쓰기 시작했다. 야간 자율 학습이 끝난 밤 10시 이후나 학원을 마친 주말 시간에 잠깐씩 글을 써나갔다. 그렇게 해서 어느새 책 한 권 분량의 글이 쌓이게 되었다.
　아이와 함께 글을 쓰는 과정은 힘은 들었지만 소중한 경험이었다. 한 주제를 놓고 딸아이와 같이 이야기하고 글감을 정리하는 과정에서 십대들의 생각, 감정, 언어, 트렌드 등을 알게 되었다. 딸아이와 나

눈 대화와 글을 통해 십대의 심리를 이해하고 거기에 심리학적 이론을 연결시키는 과정은 엄마이자 심리학자로서 매우 흥미로웠다. 마지막으로 딸아이와 또래의 십대들에게 들려주고 싶었던 내용을 정리하며 이 책을 마무리한다.

♦ 네 본연의 모습이 되어라

아프리카의 반투족 사람들은 자기 아이가 잠자리에 들 때 귀에 대고 이렇게 속삭인다고 한다.

"네 본연의 모습이 되어라."

이는 말 그대로 원래의 자기 모습을 잃지 말라는 뜻이다. 상담실에서는 본연의 모습에서 너무나 멀어져서 자신이 누구인지, 어디로 가는지 모르고 방황하는 40대 이상의 중년을 자주 만난다. 이들을 만나며 반투족이 한 말의 의미를 떠올렸고 나도 아이를 본연의 모습이 아닌 내 기대와 욕심으로 키우려고 하지는 않았는지 반성하게 되었다.

본연의 모습을 지키기 위한 방법 중 마인드풀니스(mindfulness)라는 것이 있다. 마인드풀니스는 '깨어 있음, 마음 챙김'이라는 말로 번역되는데, 의도적으로 주의를 기울이는 것을 말한다. 깨어 있기 위해서는 자기가 느끼는 감정과 상황, 경험에 대해 이름을 붙여주면서 (labeling) 관찰하는 태도를 가져야 한다. 의도적으로 자신의 모든 경험을 관찰하면서 이름을 붙이면 그 경험으로부터 한 발짝 뒤로 물러서서(step away) 바라볼 수 있는 힘이 생긴다. 이렇게 마음을 챙겨 자신을 바라보게 되면 쓸데없는 생각과 감정의 과잉에서 자유로워질 수 있다. 또한 자기 본연의 모습을 성찰하는 삶은 어제보다 나은 오늘, 오늘보다 나은 내일을 살게 해준다.

♦ 자신을 잃지 않도록 내면의 키다리 아저씨를 가꿔라

많은 여자들이 자기 인생에서 '키다리 아저씨'에 나오는 멋진 남자 주인공을 찾고 싶어 한다. 수호천사와 같은 남성상을 기대하던 여자는 결혼을 통해 세상에 키다리 아저씨는 없으며 남편은 결코 키다리 아저씨가 아니라는 사실을 깨닫는다. 자신의 소중한 시간을 존재 여부마저 불투명한 키다리 아저씨를 기다리는 데 쓰지 않기를 바란다. 그보다는 자기 자신을 믿고 앞으로 나아가는 것이 낫다. 융(Jung)은 여성 안에 들어 있는 내적 인격인 남성을 아니무스(animus), 남성 안에 들어있는 내적 인격인 여성을 아니마(anima)라고 지칭했다. 여성 안에 들어 있는 아니무스는 흔히 말하는 남성적인 주도성과 힘을, 남성 안에 들어 있는 아니마는 흔히 이야기하는 여성적인 부드러움과 연약함 등을 상징한다. 융의 관점에서 보면 키다리 아저씨는 여성 안에 들어 있는 남성성을 지칭한다. 자기 안에 아니무스를 건강하게 가꾸는 여자는 외부의 남자에 의존하기보다 주도적으로 성취하고 성장해나간다. 따라서 여성 스스로 자신이 먼저 내면의 인격인 아니무스를 가꾸고 독립심을 키워야 한다.

♦ 즐겁게 살아가되 그 안에서 의미와 가치를 발견하라

요즘 심리학의 한 트렌드인 긍정 심리학에서는 '인간이 궁극적으로 추구해야 할 삶'에 대해 3가지로 설명한다. 재미있는 삶, 의미 있는 삶, 뭔가에 관여하는 삶이 그것이다. 〈개미와 베짱이〉를 예로 들면, 개미처럼 의미만 추구하고 뭔가에 관여만 하는 삶은 재미라는 중요한 요소가 빠져 있고 베짱이처럼 재미만 추구하는 삶은 의미와 뭔가에 몰두하는 요소가 빠져 있다.

딸에게 물려주고 싶은 정신적 유산은 '재미있고 의미 있고 뭔가에 몰입하고 관여하는 삶'에 대한 가치다. 어느 날 초등학생 딸아이가 "엄마, 재미있게 놀면서 돈 많이 버는 직업은 뭐야? 그게 있다면 그런 직업을 갖고 싶어."라고 묻기에 "엄마 생각엔 그런 직업은 없는 것 같은데? 열심히 노력하지 않으면 돈을 벌 수 있는 직업이란 없어." 하고 대답해주었다. 그러나 다시 생각해보니 아이 생각대로 즐기면서 뭔가에 몰입하고 돈을 벌 수 있는 직업이 있을 것 같기도 하다. 설사 지금은 없어도 앞으로 딸아이가 직업을 가질 훗날에는 생길지도 모른다. 나와 같은 어른들은 실현 가능한 확률이 높은 일을 추구하는 것이 안전하다고 믿는다. 그러나 내 딸과 같은 세대는 인생의 재미를 추구하되 뭔가에 관여하고 몰두하면서 매 순간 크고 작은 삶의 의미를 발견하는 삶을 살기를 바란다.

딸아이를 비롯한 모든 십대들이 인생의 관문을 무사히 건강하게 통과해서 각자에게 의미 있는 삶을 살아가길 기대하며 이 글을 마친다.

이우경

엄마는
절대 모르는
10대
속마음

초판 1쇄 발행 2014년 2월 3일
초판 3쇄 발행 2014년 11월 27일

지은이 | 김현지 · 이우경
발행인 | 이원주

임프린트대표 | 김경섭
기획편집 | 한선화 · 김순란 · 박햇님 · 강경양
디자인 | 정정은 · 최소은
마케팅 | 노경석 · 조안나 · 이철주 · 이유진
제작 | 정웅래 · 김영훈

발행처 | 지식너머
출판등록 | 제2013-000128호
주소 | 서울특별시 서초구 사임당로 82 (우편번호 137-879)
문의전화 | 편집 (02) 3487-1650, 영업 (02) 2046-2800

ISBN 978-89-527-3997-1 13590

본서의 내용을 무단 복제하는 것은 저작권법에 의해 금지되어 있습니다.
파본이나 잘못된 책은 구입하신 곳에서 교환해드립니다.